权威·前沿·原创

皮书系列为
"十二五""十三五"国家重点图书出版规划项目

BLUE BOOK

智库成果出版与传播平台

广州蓝皮书

BLUE BOOK OF
GUANGZHOU

广州市社会科学院／研创

广州城乡融合发展报告
（2020）

ANNUAL REPORT ON URBAN-RURAL INTEGRATION
DEVELOPMENT OF GUANGZHOU (2020)

主　　编／朱名宏
执行主编／郭艳华

社会科学文献出版社
SOCIAL SCIENCES ACADEMIC PRESS（CHINA）

图书在版编目（CIP）数据

广州城乡融合发展报告 . 2020 / 朱名宏主编. －－北
京：社会科学文献出版社，2020.7
（广州蓝皮书）
ISBN 978 - 7 - 5201 - 6834 - 2

Ⅰ.①广…　Ⅱ.①朱…　Ⅲ.①城乡建设－区域经济发
展－研究报告－广州－2020　Ⅳ.①F299.276.51

中国版本图书馆 CIP 数据核字（2020）第 116494 号

广州蓝皮书

广州城乡融合发展报告（2020）

主　　编 / 朱名宏
执行主编 / 郭艳华

出 版 人 / 谢寿光
组稿编辑 / 丁　凡
责任编辑 / 王玉霞
文稿编辑 / 王　悦

出　　版 / 社会科学文献出版社·城市和绿色发展分社 （010）59367143
　　　　　　地址：北京市北三环中路甲 29 号院华龙大厦　邮编：100029
　　　　　　网址：www.ssap.com.cn
发　　行 / 市场营销中心 （010）59367081　59367083
印　　装 / 天津千鹤文化传播有限公司

规　　格 / 开　本：787mm × 1092mm　1/16
　　　　　　印　张：20　字　数：299 千字
版　　次 / 2020 年 7 月第 1 版　2020 年 7 月第 1 次印刷
书　　号 / ISBN 978 - 7 - 5201 - 6834 - 2
定　　价 / 128.00 元

本书如有印装质量问题，请与读者服务中心（010 - 59367028）联系

主要编撰者简介

朱名宏 现任广州市社会科学院党组副书记，经济学博士，经济学研究员。为第一、第二届广东省人民政府决策咨询顾问专家，第一、第二届广州市政府决策咨询专家，广州市优秀中青年社会科学工作者。研究方向为区域经济和产业经济，以区域经济社会发展规划见长。2010年被南宁市人民政府聘为特岗专家，2011年被中国热带农业科学院聘为客座研究员。先后在《世界经济文汇》《上海经济》发表论文100余篇。出版专著、合著《广州建设华南汽车产业基地研究》等6部，主编《广州农村发展报告》等蓝皮书10多部。近年来主持"加快建立广州现代产业体系研究"等重大课题30多项。其中《人才激变：现代人力资源开发机制》获人事部第四次全国人事科研成果三等奖；研究课题"广州市人才中长期发展规划研究"分别获广东省、广州市哲学社会科学优秀成果二等奖；研究课题"推进广州绿色发展的理论机制与实践创新研究"获广州市科技进步三等奖。

郭艳华 现任广州市社会科学院经济研究所所长、研究员，农村研究中心执行主任。专业研究方向和领域为"三农"问题、生态文明。获得广州市优秀中青年哲学社会科学工作者、广州市"五一"巾帼奖（个人）、广州市三八红旗手、广州市直机关优秀党支部书记等荣誉称号，被聘任为广州市政府重大行政决策论证专家、广州市政府第四届决策咨询专家，共有12项成果获得哲学社会科学优秀成果政府奖。

摘　要

建立健全城乡融合发展体制机制和政策体系，是党的十九大做出的重大决策部署。城乡融合发展重在重塑新型城乡关系，促进乡村振兴和农业农村现代化。2019年，广州市举全市之力深入推进乡村振兴战略，努力在全省乡村振兴中当好示范和表率，乡村产业振兴实现良好开局，农村基础设施补短板取得新进展，城乡基本公共服务均等化取得新成效。

展望2020年，城乡融合发展是实现新时代乡村振兴的必由之路，城市化仍然是城乡融合发展的强劲动力支撑，产业融合将成为城乡融合发展的重要基础，城乡融合发展的制度体系将逐步完善，城乡融合发展的实践探索将逐步推进。

本书由五部分组成。

第一部分是总报告。阐述了城乡融合发展的深刻内涵和现实意义，全面系统回顾和总结了2019年以来广州市城乡融合发展的主要成效与亮点，分析了广州市城乡融合发展的短板和制约因素，对2020年城乡融合发展形势进行了分析和展望，提出了广州市城乡融合发展的实现路径。

第二部分是专题研究篇。主要就广州市加快推进旧村活化改造、加快建设粤港澳大湾区"菜篮子"工程实施路径、2019年农业经济运行情况、农村劳动力现状及其劳动力转移等问题展开研究。

第三部分是乡村振兴篇。主要就乡村振兴背景下广州市发展壮大农村集体经济，实施乡村振兴战略的内涵、路径与举措，创新村级工业园整治提升的实现路径，以城乡一体化思路加强农村供水保障助力广州市实现全面小康等问题展开研究。

第四部分是区域发展篇。主要就广州市发挥知识城辐射带动作用、统筹

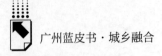

推动周边五镇联动发展，增城区农村居民收支比较分析与对策，规划建设花都从化增城北部生态文化旅游区对策建议，从化区创建乡村振兴示范区、推进城乡融合发展等问题展开研究。

第五部分是农村调查篇。主要为广州市农村人居环境整治、增城区农村党建引领基层治理、广东省梅州市梅江区西阳镇双黄村脱贫攻坚等方面的调查报告。

关键词：广州　城乡融合　乡村振兴　新型城乡关系　城乡基本公共服务

Abstract

Establishing and perfecting the system and policy of urban-rural integrated development is a major decision of the 19th National Congress of the Communist Party of China. It is known that re-establishing the urban-rural relationship, promoting rural revitalization and realizing agricultural modernization are crucial to urban-rural integrated development. In 2019, Great efforts are made by Guangzhou city to deeply promote rural revitalization strategy and set an example for other regions in Guangdong province. Meanwhile, Guangzhou has started rural revitalization successfully, has realized new progresses in the improvement of rural infrastructure, and has achieved new performances in the equalization of urban-rural public services.

Looking forward to 2020, urban-rural integrated development is necessary to realize rural revitalization in the new period. Urbanization is still a strong driving force for the development of urban-rural integration. Industrial integration will become an important basis for the development of urban-rural integration. The system of urban-rural integration will be gradually improved; the practical exploration of urban-rural integration development will be gradually promoted.

This book is consisted of five parts.

The first part is general report. It explains the deep connotation and practical significance of urban-rural integrated development, and systematically reviews and summarizes the main performances and strengths of urban-rural integrated development in Guangzhou city since 2019. Additionally, the weakness and constraint of urban-rural integrated development in Guangzhou city are analyzed, and we also investigate and look forward to the urban-rural integrated development in 2020. Finally, the realization routine of urban-rural development is presented.

The Second part is special topic research. The main contents include speeding up to promote the activation and transformation of old villages and construct the

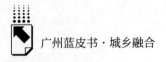

vegetable basket project in Guangdong-Hong Kong-Macao Greater Bay Area, depicting the agricultural economy, analyzing the current situation and migration of rural labor in Guangzhou city, etc.

The third part is about rural revitalization. This part is to analyze how to develop and strengthen rural collective economy under the background of rural revitalization, describe the connotation, path and measures of rural revitalization, explore how to renovate and upgrade village-level industrial zones, study the way to guarantee water supply in rural areas to help realize all-round well-off society considering urban-rural integration, etc.

The fourth part is about regional development. The main contents include 1) giving full play to the role of wisdom city and promoting the coordinated development of surrounding five towns, 2) comparative analysis and countermeasures study of the income and expenditure of rural residents in Zengcheng district, 3) relevant suggestions for constructing ecotourism cultural area in the northern regions of Guangzhou, Huadu, Conghua and Zengcheng, 4) creating a demonstration zone of rural revitalization in Conghua District and Promoting urban-rural integration, and etc.

The fifth part is about rural survey. The main contents include 1) the survey of the improvement of rural human settlements in Guangzhou city, 2) the survey of rural party construction leading grassroots governance in Zengcheng district, 3) the survey of poverty alleviation and storm fortifications in Meijiang district, Xijiang town, Shuanghuang village, Meizhou city, Guangdong province, and etc.

Keywords: Guangzhou; Urban-Rural Integration; Rural Revitalization; New Urban-Rural Relationship; Urban-Rural Public Services

目 录

Ⅰ 总报告

B.1 广州市城乡融合发展的总体思路与战略研究

················· 广州市社会科学院课题组 / 001

一 城乡融合发展的现实意义 ················· / 002

二 广州城乡融合发展的主要成效 ················· / 004

三 广州城乡融合发展的短板与制约 ················· / 010

四 广州城乡融合发展短板的成因分析 ················· / 022

五 广州城乡融合发展形势分析与展望 ················· / 024

六 广州城乡融合发展实现路径 ················· / 027

Ⅱ 专题研究篇

B.2 广州市加快推进旧村活化改造专题调研报告

················· 广州市人大常委会课题组 / 041

B.3 广州市加快建设粤港澳大湾区"菜篮子"工程实施

路径研究 ················· 郭艳华 江彩霞 尹绣程 邱志军 / 052

B.4 广州市2019年农业经济运行情况分析报告

················· 朱展翔 卢志霞 / 063

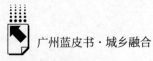
B.5 基于大数据的北上广深人口与劳动力供给及其
变化研究·······························周晓津 / 072

B.6 广州农村劳动力现状及其劳动力转移分析与思考
·······························罗明忠　陈江华 / 092

B.7 国土空间规划体系下的广州市村庄规划编制研究
——基于"多规合一"的实用性村庄规划探索
·····················广州市规划和自然资源局课题组 / 107

Ⅲ　乡村振兴篇

B.8 乡村振兴背景下广州发展壮大农村集体经济的思考······江彩霞 / 123

B.9 广州实施乡村振兴战略的内涵、路径与举措·············万俊毅 / 139

B.10 创新广州市村级工业园整治提升的实现路径研究····邱志军 / 150

B.11 强优势补短板，扎实推进乡村振兴··········朱展翔　卢志霞 / 158

B.12 以城乡一体化思路加强农村供水保障助力广州实现
全面小康·······························柏　啸　梁群英 / 168

B.13 建管并重、扎实有序推进农村生活污水治理
·······························石永琦　南　燕 / 176

Ⅳ　区域发展篇

B.14 发挥知识城辐射带动作用，统筹推动周边五镇联动发展
·····················黄金海　左向宇　王　阳 / 184

B.15 增城区农村居民收支比较分析与对策研究
·····················国家统计局增城调查队课题组 / 193

B.16 规划建设花都从化增城北部生态文化旅游区
对策建议·······························宋仕友　曹　添 / 203

B.17 从化区创建乡村振兴示范区，推进城乡融合发展······叶　平 / 211

B. 18 优化产业布局，促进农业提质增效

⋯⋯⋯⋯⋯⋯⋯⋯⋯⋯⋯⋯ 从化区农业农村局课题组 / 223

B. 19 探索广州乡村产业振兴之路

——以从化区南平村、莲麻村、西和村为例

⋯⋯⋯⋯⋯⋯⋯⋯⋯⋯⋯⋯ 广州市统计局课题组 / 233

Ⅴ 农村调查篇

B. 20 广州市农村人居环境整治调查报告

⋯⋯⋯ 广州市统计局、广州市农村发展研究中心联合课题组 / 244

B. 21 增城区农村党建引领基层治理调查报告

⋯⋯⋯⋯⋯⋯⋯⋯ 国家统计局增城调查队等联合课题组 / 257

B. 22 广东省梅州市梅江区西阳镇双黄村脱贫攻坚调查报告

⋯⋯⋯⋯⋯⋯⋯⋯⋯⋯⋯⋯⋯⋯⋯⋯ 尹绣程 / 268

B. 23 生态涵养与产业兴旺的融合发展之路探索

——以广东省梅州市梅江区西阳镇双黄村为例 ⋯⋯⋯ 阮晓波 / 287

皮书数据库阅读**使用指南**

CONTENTS

I General Report

B.1 Guangzhou Urban-Rural Integration Develop: General

Thoughts and Strategic Studies

Research Group of Guangzhou Academy of Social Science / 001

  1. Practical Significance of Guangzhou Urban-Rural Integration   / 002

  2. Main Performance of Guangzhou Urban-Rural Integration   / 004

  3. Weakness and Constraint of Guangzhou Urban-Rural Integration

/ 010

  4. Underlying Reasons of Guangzhou Urban-Rural Integration   / 022

  5. Situation Analysis and Expectation of Guangzhou Urban-Rural Integration

/ 024

  6. Realization Routine of Guangzhou Urban-Rural Integration   / 027

II Special Topic Research

B.2 Special Research Report of Accelerating the Activation and

Transformation of Old Villages: Guangzhou Case

Research Group of Guangzhou NPC Standing Committee / 041

B.3   Studies on the Approach to Speeding up the Construction of

"Vegetable Basket" Project in Guangdong-Hong Kong-Macao

Greater Bay Area: Guangzhou Case

Guo Yanhua, Jiang Caixia, Yin Xiucheng and Qiu Zhijun / 052

B.4   Guangzhou Agricultural Economy Report in 2019

Zhu Zhanxiang, Lu Zhixia / 063

B.5   Studies on the Labor Supply and Its Change in Beijing,

Shanghai, Guangzhou and Shenzhen: Evidence from

Mega Data   *Zhou Xiaojin* / 072

B.6   Analysis and Thoughts of the Present Situation and Migration of

Rural Labor: Guangzhou Case   *Luo Mingzhong, Chen Jianghua* / 092

B.7   Studies on the Village Planning of Guangzhou City Under the

System of Land and Space Planning

—*Based on the "Muti-Planning United" Practical Village Planning*

Research Group of Guangzhou Municipal Planning and Natural Resource Bureau / 107

Ⅲ   Rural Revitalization

B.8   Some Thoughts of Developing and Strengthening the Rural

Collective Economy Under the Background of Rural

Revitalization: Guangzhou Case   *Jiang Caixia* / 123

B.9   Implementing Rural Revitalization Strategy in Guangzhou

City: Connotation, Path and Measures   *Wan Junyi* / 139

B.10   Studies on the Approaches to Innovating the Renovation and

Upgrading of Village-level Industrial Zone in Guangzhou City

Qiu Zhijun / 150

B.11   Increasing Advantages and Complementing Disadvantages to Solidly

Promote Rural Revitalization   *Zhu Zhanxiang, Lu Zhixia* / 158

B.12 Guarantee Rural Water Supply with Considering Urban-Rural
Integration to Achieve All-around Well-off Society in
Guangzhou City   *Bai Xiao, Liang Qunying* / 168

B.13 Constructing and Managing Harmoniously to Promote the Treatment
of Rural Domestic Sewage Solidly and Orderly   *Shi Yongqi, Nan Yan* / 176

Ⅵ Regional Development

B.14 Give Full Play to the Role of Wisdom City and Promote the
Coordinated Development of Surrounding Five Towns
Huang Jinhai, Zuo Xiangyu and Wang Yang / 184

B.15 Comparative Analysis and Countermeasures Study of the Income and
Expenditure of Rural Residents in Zengcheng District
Research Group of National Bureall of Statistics Zengcheng Survey Team / 193

B.16 Relevant Suggestions for Constructing Ecotourism Cultural Area in the
Northern Regions of Huadu, Conghua and Zengcheng
Song Shiyou, Cao Tian / 203

B.17 Create a Demonstration Zone of Rural Revitalization in Conghua
District and Promote Urban-Rural Integration   *Ye Ping* / 211

B.18 Optimize Industrial Layout to Improve Agricultural Quality and
Efficiency   *Research Group of Conghua Agricultural and Rural Bureau* / 223

B.19 Explore the Path of Rural Revitalization in Guangzhou City
—*Taking Nanping Village, Lianma Village and Xihe Village of
Conghua District for Example*
Research Group of Guangzhou Statistics Bureau / 233

Ⅴ Rural Survey

B.20 Survey of the Improvement of Rural Human Settlements in
Guangzhou City

Joint Research Group of Guangzhou Statistics Bureau and

Guangzhou Rural Development Research Center / 244

B.21 Survey of Rural Party Construction Leading Grassroots Governance in
Zengcheng District
Joint Research Group on National Bureau of Statistics Zengcheng
Investigation Team and other teams / 257

B.22 Survey of Poverty Alleviation and Storm Fortifications in
Meijiang District, Xijiang Town, Shuanghuang Village,
Meizhou City, Guangdong Province   *Yin Xiucheng* / 268

B.23 Integrated Development Ways to Ecological Conservation and
Industrial Prosperity
—*Taking Shuanghuang Village in Meijiang District, Xijiang Town,*
Meizhou City, Guangdong Province for Example   *Ruan Xiaobo* / 287

总 报 告

General Report

B.1
广州市城乡融合发展的
总体思路与战略研究

广州市社会科学院课题组*

摘　要： 建立健全城乡融合发展体制机制和政策体系，是党的十九大做出的重大决策部署。实施乡村振兴战略以来，广州在促进城乡融合发展上取得了良好成效，城乡融合发展政策创新不断加强，乡村产业振兴实现良好开局，农村基础设施补短板取得新进展，城乡基本公共服务均等化取得新成效。但仍然存在如下发展短板：城乡要素自由流动和平等交换存在壁垒，城乡居民人均收入与消费存在一定差距，城乡基本公共服务未能实现普

* 课题组成员：郭艳华，广州市社会科学院经济研究所所长、农村研究中心执行主任，研究员，研究方向为农村经济、绿色经济等；江彩霞，广州市社会科学院经济研究所副研究员，研究方向为城市经济、农村经济；邱志军，广州市社会科学院经济研究所助理研究员，研究方向为农村经济。报告执笔人：郭艳华、江彩霞、邱志军。

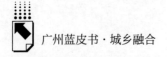

惠共享，农村基础设施建设与管护亟须提升，农村经济发展面临诸多挑战。为重塑城乡关系，构建城乡融合发展新格局，提出如下对策措施：完善城乡融合发展制度和政策体系，推动乡村经济多元发展，促进城乡基本公共服务普惠共享，加快农村基础设施规划与布局建设，不断拓宽农民收入增收渠道。

关键词： 广州　城乡融合　农村振兴　农村现代化　现代农业

在中国特色社会主义进入新时代的背景下，城乡融合发展正面临着新起点和新使命，新时代背景下中国持续推进城乡融合发展具有重要的实践价值。城乡融合意味着城乡要素流动性和再配置功能的增强，城乡产业多样化、空间交错性以及城乡居民社会福利均等化程度的提高，即与现代化建设新阶段要求相适应的更高水平、更高层次的城乡融合状态。城乡融合发展，是指在社会生产力充分发展条件下，由制度变革、技术进步、需求增长、文化创新等共同推动和作用下，形成新的地域组织结构、均衡化资源要素配置格局、互补型城乡功能形态等，最终实现人的全面发展的动态过程。

一　城乡融合发展的现实意义

（一）城乡融合发展是顺应时代发展的必然要求

党的十九大报告中首次提出坚持农业农村优先发展，历史性地把农业农村工作摆在党和国家工作全局的优先位置，并提出了"建立健全城乡融合发展体制机制和政策体系，加快推进农业农村现代化"的明确要求。2017年底召开的中央农村工作会议上，习近平总书记深刻阐述了坚持农业农村优先发展的重大意义和科学内涵，指出"重塑城乡关系，走城乡融合发展之路"。"要坚持以工补农、以城带乡，推动形成工农互促、城乡互补、全面融合、共同繁荣的新型工农城乡关系。"2018 年中央政治局第八次集体学习时，习近平总书记明确提出坚持农业农村优先发展是实施乡村振兴战略的总方针，指出"要向改革要动力，加快建立健全城乡融合发展体制机制和政策体系"。城乡融合发展既是一个自然的历史过程，也是经济社会发展到一定阶段的必然趋势，随着工业化、城市化进程不断深入，乡村振兴战略扎实推进，必然要求从城乡分割走向城乡融合。因此，顺应时代发展趋势推进城乡融合发展，更有其现实意义和紧迫性。

（二）城乡融合发展是开启现代化建设新征程的实现途径

2020 年是全面建成小康社会的决胜之年，全面建成小康社会之后，我国将开启现代化建设新征程。社会主义现代化建设是中华民族实现伟大复兴的重要战略部署，农业农村实现现代化，是广州现代化建设的重要内容。因此，通过实施城乡融合发展，加快补齐农业农村发展短板，也是农业农村现代化的题中应有之义。在广州建设现代化新征程中，要深化农村改革，着力破除影响农业农村发展的体制机制障碍和约束，充分发挥市场在配置资源中的决定性作用，让城乡要素自由流动，特别是要打通技术、资本、人才向农村流动的瓶颈制约，补齐农村在产业发展、基础设施、公共服务等方面的短板，实现农业农村现代化。

（三）城乡融合发展是激发经济增长潜力的重要推力

中国经济仍处于重要战略机遇期，随着乡村振兴战略和新型城镇化战略协调推进，城乡融合发展提速，促进中国经济增长潜力不断释放。广州最大的发展潜力和后劲在乡村，推动城乡融合发展、促进乡村资源要素与广州城区大市场相对接，能够释放出可观的改革红利，带动经济社会持续发展。改革开放以来，随着工业化、城市化进程不断向纵深推进，广州经济发展实力和竞争力不断增强，居国内一线城市之列，为城乡融合发展奠定了良好基础。2018年，广州市实现地区生产总值 22859.35 亿元，比上年增长 6.2%。然而也应该看到，在城乡产业协同发展的过程中，农村面临着不少实际困难。广州乡村产业相对薄弱,城乡之间的产业发展差距较大,未来的乡村经济应该是以现代农业为基础,以三次产业融合发展以及乡村文化旅游等为补充的多元化经济。

(四)城乡融合是破解区域发展不平衡的根本出路

从党的十六大提出"统筹城乡发展"到"城乡一体化",再到"城乡融合发展",广州农业农村有了明显改观,但由于农业农村发展欠账太多,中心城区与乡村地区发展差距依然较为明显,缩小城乡发展差距,破解不平衡不充分发展难题,根本出路在于城乡融合。只有加快和推动城乡融合,让工业和城市的资源和要素下沉到农村,更好地服务于乡村振兴,才能带动农业农村发展。而城乡融合也旨在矫正以往重工业轻农业、重城市轻农村、城乡分割的发展方式,通过政府引导和市场机制,让城市和农村"联姻",互相赋能和互相加持,促进城乡发展的政策体系趋同,工作机制和工作体系建立健全,农业农村能够跟上城市发展步伐,实现城乡共同繁荣与发展。

二 广州城乡融合发展的主要成效

2018年以来,广州市深入学习贯彻习近平总书记关于"三农"工作的重要论述、对广东重要讲话和重要指示批示精神,认真贯彻落实中央、省推进实施乡村振兴战略工作部署,举全市之力推进乡村振兴,努力在全省乡村振兴中当好示范和表率,乡村振兴工作不断取得新成效,城乡融合深入推进。2018年农村居民人均可支配收入达到26020元,同比增长10.8%,比城镇居民增幅高2.5个百分点,城乡居民收入比从2017年的2.36:1下降为2019年的2.31:1;农业增加值为248亿元,同比增长3%。[①]

[①] 如果没有特别说明,本文涉及的广州数据来源均为《2019广州统计年鉴》、《广州经济社会发展统计公报》、广州市农业农村局网站;北京、上海、杭州、成都、重庆数据均来源于各城市2019年国民经济和社会发展统计公报。

（一）城乡融合发展的政策创新不断加强

建立村庄规划工作机制。广州市成立了以市长为组长的市村庄规划领导小组，建立"市指导、区负责、镇（街）具体组织、村参与"的工作机制，完成村庄地区发展战略规划、镇（街）村庄布点规划。搭建村庄规划编制管理信息平台，编制历史文化名村保护规划，划定保护范围并对非国有历史建筑给予修缮资金补助。

强化城乡统筹规划。推进国土空间规划先行先试，加快"多规合一"村庄规划，7个涉农区全部完成乡村建设规划编制，明确集聚提升、城郊融合、特色保护、撤并消失四种类型村庄名册。推进农房规划建设带方案审批和按图施工，2018年核发《乡村建设规划许可证》2036宗，较2017年增长1.4倍。制定村庄风貌提升和微改造指引，按四种类型、七个核心要素指导村庄环境整治与建设。

激活农村土地活力。明确涉农区每年安排不少于10%的新增建设用地指标，市、区两级制定实施集体建设用地建设租赁住房试点方案、优化建设用地报批程序、设施农用地正负面清单、点状供地操作试行规定、农村道路用地管理、非公寓式农村建房管理指引、农村建筑工匠管理等多个土地、建房政策，赋能农村人居环境整治。

加大财政资金投入力度。2018年市级财政投入131亿元推进乡村振兴，2019年市级财政安排156.2亿元，同比增长19.2%，并通过"大专项+任务清单"，加强涉农资金整合。其中，市级财政每年安排3.64亿元用于扶持发展北部地区596个行政村。增城区设立总规模50亿元的乡村振兴基金，首期实缴5亿元。同时，广州通过产业发展平台，引导工商资本为人居环境整治、城乡融合发展提供资金支持，制定实施金融支持乡村振兴战略实施意见，加强农村金融服务。

（二）乡村产业振兴实现良好开局

广州市积极探索各种融合模式，让农民、农企参与三次产业融合发展全

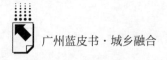

过程，大力推动农村各类经营主体以资产为纽带，将农业的各个环节和要素集成在一起，着力构建农村三次产业融合发展的长效机制。

大力推进现代农业产业园建设。全市获批创建 7 个省级现代农业产业园，主导产业种养面积共计 17.1 万亩，主要建设实施主体 41 家，2018～2019 年两年投入资金约 24.5 亿元，规划建设 172 个项目。到 2019 年底，累计创建国家级"一村一品"示范村 3 个、省级专业镇 2 个，认定市级"一村一品"专业村 16 个，3 个优势区入选省特色农产品优势区名单。

广州市现有农村集体经济组织 12313 个，其中经济联社 1299 个、经济社 11014 个，集体资产总量 1957.84 亿元，总负债 918.43 亿元，集体土地 674.35 万亩，其中农用地 589.67 万亩、建设用地 61.73 万亩、未利用地 22.95 万亩。目前，为促进农村集体产权流转，全市已建立完善市、区、镇（街）、村、社五级农村产权流转管理服务平台体系，包括 9 个区级交易服务机构（越秀、海珠、荔湾、天河、白云、黄埔、番禺、花都、从化）、83 个镇（街）级交易服务机构、241 个村社交易站，实现有交易的镇（街）全覆盖。截至 2018 年底，平台累计交易 103023 宗，交易金额 1267 亿元，较平台接管前，交易数量增长 475%，交易金额增长 381%。2018 年全年交易 397 亿元，比上年交易的 204 亿元增长 94.6%。

全力推进粤港澳大湾区"菜篮子"工程建设。制定印发《粤港澳大湾区"菜篮子"建设实施方案》《广州市支持粤港澳大湾区"菜篮子"建设的若干意见》，"一个标准"统一提升"菜篮子"产业水平。2019 年 5 月，启动建设的粤港澳大湾区"菜篮子"工程，不仅为粤港澳大湾区市场提供更多更优质的农产品，还将建成全球优质农产品进出口大平台，打造优质农产品加工进出口集散地。2019 年 12 月 30 日，粤港澳大湾区"菜篮子"全国行起步，城际合作签约暨配送中心集中开业仪式在广州举行。目前，已有包括湖南永州在内的粤港澳大湾区"菜篮子" 8 个配送中心（分中心）开业，并初步建成信息网络平台和平台指挥中心，建立农产品质量安全监控指标体系。平台在全国认定三批共 517 个粤港澳大湾区"菜篮子"生产基地和首批 44 个产品加工企业，广州市有 71 家基地、4 家加工企业通过认证，在全国各地州市中位居前列。

搭建城乡产业协同发展平台。规划建设特色小镇，北部山区 30 个特色小镇初具规模，带动社会资本投入达 70 多亿元。制定村级工业园整治提升实施意见，力争三年完成全市 20～30 平方公里村级工业园整治提升。规划建设农村创业（孵化）基地，已建成市级基地 31 家。制定实施民宿旅游发展专项规划，计划创建 300 个品质民宿、10 个旅游特色镇、30 个旅游文化特色村。

产加销一体化经营水平不断提升。依托国家中心城市、农产品集散中心地位和特大城市人口的巨大消费市场优势，推进农产品生产、加工、销售一体化经营，构建现代农业市场体系，打造了一批现代产销一体化、经营水平较高的上市公司和龙头企业。2018 年，全年都市农业总收入 1953.8 亿元，同比增长 2.7%。都市农业总产值 1428.9 亿元，同比增长 2.2%。广州市的国家级、省级、市级农业龙头企业分别有 6 家、42 家和 135 家，农业产业化产值 71.7 亿元，同比增长 19.9%；农业产业化规模达 16.6%，比上年提高 2.9 个百分点。集生产、加工、销售于一体的市级龙头企业共有 57 家，占全市农业龙头企业的 42.2%，其中种植类企业 23 家、养殖类企业 34 家，产加销龙头企业销售收入达 523.5 亿元，占全市农业龙头企业销售总收入的 86.2%，已成为带动广州市农业产业发展的重要引擎。

乡村旅游呈快速发展态势。截至 2018 年，已创建全国休闲农业和乡村旅游示范县 2 个（从化区、增城区），全国休闲农业与乡村旅游示范点 1 个（永乐农庄），省级休闲农业与乡村旅游示范镇 5 个（良口镇、派潭镇、城郊街、沙湾镇、正果镇），省级休闲农业与乡村旅游示范点 18 个。据不完全统计，全市观光休闲农业经营主体近 1800 家，市级农业公园 20 家，省级农业公园 1 家（番禺区海鸥岛），从业人员约 3.2 万人，吸纳农民就业约 2.9 万人。

"互联网 + 农业"新业态不断涌现。推进华南农产品电子商务交易等信息发布平台建设，为全社会提供农业信息共享服务。成立广州市农业电子商务协会，组建广州市农业电子商务专家讲师团，开展广州农业电商培训活动，不断提升广州市农业企业电商知识技术水平。先后认定了省级名特优新农产品电商体验馆 12 家、市级农业电商示范企业 6 家，其中 1 家被推荐为省级农业电商示范企业。2018 年，向广东省推荐申报了 472 家益农信息社，其中花都区和白云区分别为 88 家和 50 家。支持农业龙头企业应用电子商务拓展销售渠道，培育出一批农产品电子商务企业，促进开展线上销售，拓展电商渠道。

（三）农村基础设施补短板取得新进展

近年来，广州积极落实中央和省、市关于实施乡村振兴战略的部署，加快补齐农村基建设施短板，着力提升基础设施供给数量和质量，农村水利、电力、通信、道路、供水、垃圾污水处理等基础设施建设投入机制基本健全完善。全力做好特色小镇、名镇名村和美丽乡村保障，助力广州市打造美丽城市，推进乡村振兴。

提升电力基础设施一体化水平。优化乡村电力营商环境，推进黄埔、白云、南沙、番禺、花都、增城、从化等涉农区加大业扩投资界面延伸力度，降低小微企业接电成本。2018 年，涉农区业扩配套项目投资 12.1 亿元。"十三五"以来，涉农区中低压配电网投资达到 120 亿元，加快解决乡村配电网供电能力不足、台区重过载、配变低压线路供电半径长、电压质量差等重点问题。2018 年，涉农区中低压配电网投资达到 34.6 亿元，乡村电网供电可靠率为 99.98%，户均停电时间 1.55 小时，综合电压合格率为99.99%，户均配变容量 3.52 千伏安。

推动村村通光纤、宽带到户建设。2015 年广州市启动全市行政村和 20户以上自然村光纤到村建设工作，2017 年，完成全市 1142 个行政村和 1243个 20 户以上自然村光纤到村建设工作；2018 年，根据《广州市信息基础设施建设三年行动方案（2018~2020 年）》，继续推动全市剩余 779 条 20 户以上自然村的光纤到村建设工作，并于当年向各相关区下发奖补资金 4665 万元，用于推进相关建设工作；2019 年完成 95 条村建设，其余在 2020 年全部完成，实现全市 20 户以上自然村光纤全覆盖。

统筹推进美丽乡村、中心镇和名镇名村建设工作。坚持高质量规划、高标准建设，突出配套完善和生态优化，积极促进基本公共服务均等化，努力提升宜居环境，在农村基础设施建设、基本公共服务设施建设等方面采取有力措施，村镇建设取得了阶段性成效。截至 2018 年底，全市共创建 305 条市级美丽乡村，3 镇 6 村获"全国美丽宜居小镇""美丽宜居村庄示范""环境整治示范村"等称号，番禺沙湾镇入选全国特色小镇，10 个村被评为住建部第一批绿色村庄，4 个村获"全国历史文化传统村落"称号，86 个村被评为广东省名村。

（四）城乡基本公共服务均等化取得新成效

农村卫生建设稳步推进。2016～2019 年，广州市市级财政基本公共卫生服务项目补助经费共投入 129544.83 万元，其中涉农区（白云区、黄埔区、花都区、南沙区、从化区、增城区、番禺区）投入 77142.85 万元。公办优质医疗资源加快向增城、从化、花都等区延伸辐射，南方医科大学南方医院增城院区一期工程投入使用，广州市妇女儿童医疗中心增城院区、中山大学附属仁济医院（花都）正在加快建设，从化区与广州医科大学签订合作协议，共建广州医科大学附属从化妇女儿童医院。2018 年，广州市共建有村卫生站 932 所，应设已设率达到 100%，全市紧密型镇村一体化管理的村卫生站覆盖率达到 49.84%。

农村公共文化服务深入发展。推进落实农村"十里文化圈"建设，丰富农村文化生活，精心打造村综合性文化服务中心建设。利用文化室、农家书屋、闲置校舍、党群服务站等公共场所，建设行政村综合性文化服务中心。截至 2018 年底，1151 个乡村均建有综合性文化服务中心，覆盖率为 100%。截至 2019 年 9 月，全市共建成免费开放、通借通还的公共图书馆 229 个。各级各类公共文化馆（分馆）共计 182 个（中心馆 1 个、总馆 11 个、分馆 170 个）。在全市 170 个镇（街）均建有综合文化站，其中 131 个

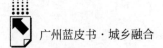

为省特级站、39 个为省一级站；包括 13 个市、区级图书馆和 12 个市、区级文化馆（除南沙区图书馆外）。

大力提升农村义务教育均衡优质水平，启动"百校扶百校"行动，不断缩小县域内和区域间义务教育办学差距，全市所有镇均建有 1 所以上规范化公办中心幼儿园，所有公办义务教育学校为标准化学校。

构建城乡一体化来穗人员服务体系。建立起"以居住证为载体、以积分制为办法"的城乡一体化来穗人员公共服务提供机制，使来穗人员根据居住、就业时间长短和贡献大小，梯次享受公共服务。规范积分制管理程序，搭建了比较科学的积分指标体系框架，完善了来穗人员基本权益保障措施，基本形成了具有广州特色的来穗人员积分制入户政策法规体系。积分制入户指标从 2015 年 4500 个增至 2019 年 8000 个，保障了更多在广州长期居住、缴纳社保时间长的来穗人员及广州市急需的技能人才和特殊工种行业人才享受到积分制入户政策。

三 广州城乡融合发展的短板与制约

近年来，广州不断加强城乡融合发展，努力构建城乡融合发展的体制机制，取得一些成效，但也面临发展短板与制约，具体表现在以下几个方面。

（一）城乡要素合理自由流动和平等交换机制有待畅通

城乡要素合理配置是城乡融合发展的基础条件，但目前的体制机制对城乡要素自由流动和平等交换的支撑能力仍然有待提升。

1. 农村土地资源价值增值机制有待顺畅

土地资源作为农村集体存量最大的"沉睡资产"，不仅是战略实现的重要支点，而且是农民收入和社会保障的基础。土地承包经营权是国家赋予农民最重要的财产权利，承包地是农民最基本的生产资料，土地承包经营权和宅基地抵押对农民而言，是一种重要的融资手段，对充分发挥农地的使用价值、促进资金融通有重要意义。但在现行严格的土地管理中，农民家庭承包地、宅基地由资源变现为资产面临诸多障碍，2016 年以来，广东省、广州市开始倡导和推进农村土地承包经营权和宅基地使用权抵押贷款试点工作，出台了相关指导意见，但实际推进中成效并不明显，广州市还出台了集体经营性建设用地入市的相关指导文件，但在政策执行过程中仍然不够顺畅，体制机制还需要进一步理顺。

2. 人才下乡返乡激励机制有待健全

毋庸置疑，市场在资源配置中要发挥决定性作用，但市场经济的本质和核心是追求效率最高、效益最大化，各种资源要素包括人才，向工业和城市流动，能够实现效益最大化，而向农业、农村流动则明显效益低下，为弥补市场经济的缺陷和不足，政府就需要充分发挥调节市场的作用，鼓励和支持各类人才入乡。目前，广州陆续出台了鼓励支持各类人才入乡的激励政策，例如，城市科教文卫等工作人员定期服务乡村，职称评定向乡村教师、医生等倾斜，规划、建筑、园林等设计人员入乡等。但在具体操作中，由于缺乏实施办法等因素，推动进程相对缓慢。

3. 农业固定资产投资有待提升

农业固定资产投资增长速度同比呈现下降趋势。从表 1、图 1 固定资产投资情况来看，2018 年广州固定资产投资增长速度为 8.2%，高于北京（-9.9%）、上海（5.2%），但第一产业固定资产投资增长速度为 -71.5%，低于北京（8.9%）、上海（209.1%）。

表 1　2018 年北京、上海、广州三次产业固定资产投资增长情况比较

单位：%

城市	北京	上海	广州
固定资产投资增长速度	-9.9	5.2	8.2
其中:第一产业固定资产投资增长速度	8.9	209.1	-71.5
第二产业固定资产投资增长速度	-43.2	17.2	51.7
第三产业固定资产投资增长速度	-6.3	3.2	2.6

资料来源：各市统计局网站。

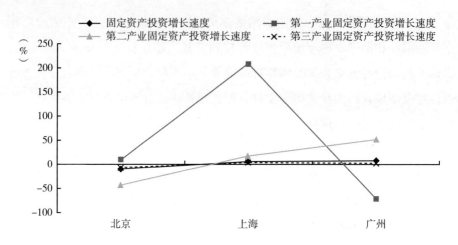

图1 2018年北京、上海、广州固定资产投资增长情况

（二）城乡居民人均可支配收入与消费仍存在差距

随着新农村建设力度不断加大，城乡融合发展的各项举措逐步实施，广州农村居民收入水平持续提高。从表2、图2可以看出，广州城乡居民人均可支配收入比呈现下降趋势，从2014年的2.43下降到2019年的2.25，城乡居民可支配收入差距在进一步缩小。但与省内其他城市、国内农业先进城市相比，广州城乡居民人均可支配收入差距仍较大。

表2 2010～2019年广州城乡居民人均可支配收入情况

年份	2010	2011	2012	2013	2014	2015	2016	2017	2018	2019
城市居民人均可支配收入（元）	30658	34438	38054	42049	42955	46735	50941	55400	59982	65052
农村居民人均可支配收入（元）	12676	14818	16788	18887	17663	19323	21449	23484	26020	28868
城乡居民人均可支配收入比	2.42	2.32	2.27	2.23	2.43	2.42	2.38	2.36	2.31	2.25

注：表中城市居民人均可支配收入，2014年之前是旧口径，2014年（含）以后为新口径。农村居民人均可支配收入，2014年以前数据为"人均纯收入"数据。

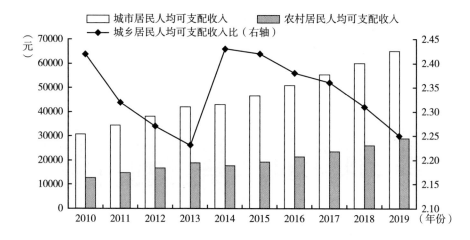

图 2　2010～2019 年广州城乡居民人均可支配收入情况

　　从表 3 和图 3 可以看出，与珠三角城市相比，2018 年广州城乡居民可支配收入比（2.31）仍然高于中山（1.51）、东莞（1.57）、佛山（1.76）和珠海（1.94），广州城乡居民人均可支配收入差距较大。

表 3　2018 年珠三角主要城市城乡居民人均可支配收入情况

城市	广州	佛山	东莞	珠海	中山
城市居民人均可支配收入（元）	59982	50737	50721	50713	48804
农村居民人均可支配收入（元）	26020	28765	32277	26198	32263
城乡居民人均可支配收入比	2.31	1.76	1.57	1.94	1.51

资料来源：各市统计局网站。

　　从表 4 可以看出，与国内农业先进城市上海、天津等相比，2019 年，广州城乡居民人均可支配收入比高于上海（2.22）、天津（1.86）、成都（1.88），低于重庆（2.51）。

　　在消费方面，2018 年，广州全年城市常住居民家庭人均消费支出 42180.96 元，同比增长 3.8%；农村常住居民家庭人均消费支出 20633.94元，同比增长 9.0%。城市常住居民恩格尔系数为 32.1%，城市常住居民消

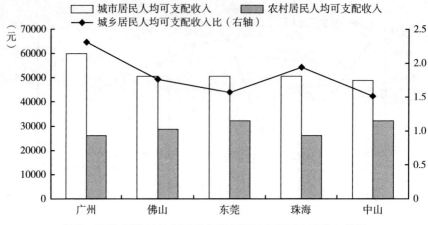

图3　2018年珠三角主要城市城乡居民人均可支配收入情况

费支出中教育文化娱乐支出所占比重为13.4%；农村常住居民恩格尔系数为38.3%，农村常住居民消费支出中教育文化娱乐支出所占比重为9.8%。

表4　2019年国内主要城市城乡居民人均可支配收入情况

城市	城市居民人均 可支配收入（元）	农村居民人均 可支配收入（元）	城乡居民 人均可支配收入比
广州	65052	28868	2.25
上海	73615	33195	2.22
天津	46119	24804	1.86
重庆	37939	15133	2.51
成都	45878	24357	1.88

注：自2018年起，北京市不再对社会公布农村居民人均可支配收入数据。
资料来源：各市统计局网站。

（三）城乡基本公共服务均衡化优质化程度有待提升

一是医疗卫生机构和从业人员等医疗资源分布不均衡。表5、图4、表6和图5显示，广州市11个区医疗卫生机构和人员分布不够均衡。排除各区土地面积和人口密度差异等因素，广州有7个涉农区（白云、黄埔、花都、番禺、南沙、增城、从化）与4个非涉农区（越秀、荔湾、海珠、天河），各区之间的医疗公共资源分布差异较为明显。天河区拥有卫生机构 709 个，南沙区 222 个，荔湾区 220 个，天河区是荔湾区的 3.22 倍；越秀区实有床位 24141 张，南沙区 1410 张，越秀区是南沙区的 17.12 倍；越秀区拥有卫生从业人员 50317 人，南沙区 3483 人，越秀区是南沙区的 14.45 倍。

表 5　2018 年广州市各区医疗卫生机构分布情况

地区	卫生机构数（个）	其中：医疗机构数（个）	其中：医院（个）	实有床位（张）	其中：医院床位（张）
荔湾区	220	218	26	6810	6618
越秀区	370	352	34	24141	22255
海珠区	307	302	19	10431	9757
天河区	709	681	44	12345	11916
白云区	709	683	46	19937	18475
黄埔区	323	307	21	4078	3726
番禺区	372	365	24	6421	5585
花都区	481	477	10	3755	2653
南沙区	222	220	12	1410	1296
从化区	351	339	8	2560	1984
增城区	534	519	11	3246	1746
总计	4598	4463	255	95134	86011

资料来源：《2019 广州统计年鉴》，中国统计出版社，2019。

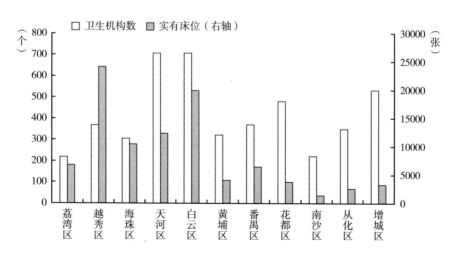

图 4　2018 年广州市各区医疗卫生机构分布情况

表6 2018 年广州市各区卫生技术人员分布情况

地区	人员数（人）	其中：卫生技术人员（人）	其中：职业（助理）医师（人）	其中：注册护士（人）
荔湾区	12163	10286	3751	4700
越秀区	50317	42607	13390	19963
海珠区	20055	16721	5619	7824
天河区	29879	24282	8841	11209
白云区	26885	21808	7507	10183
黄埔区	8029	6351	2250	2624
番禺区	13920	11730	4466	5100
花都区	10264	8681	3172	3808
南沙区	3483	2841	1075	1231
从化区	5127	4051	1412	1834
增城区	8573	7139	2651	3264
总计	188695	156497	54134	71740

资料来源：《2019 广州统计年鉴》，中国统计出版社，2019。

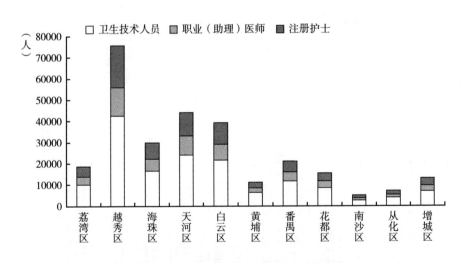

图5 2018 年广州市各区卫生技术人员分布情况

二是城乡教育资源分布不均衡。广州市越秀、荔湾、海珠、天河等区经过多年教育资源积累，优质教育资源相对集中，而南沙、增城、从化等区优质教育资源相对不足。近年来，广州市教育主管部门采取学区化办学、集团化办学等多种方式将优质教育资源向非中心城区扩散，取得了一定成效，但由于非中心城区教育发展基础薄弱，仍然与中心城区存在一定差距，特别是广州北部农村地区的学校在硬件和软件建设方面亟待加强。

三是城乡文化资源供给不均衡。伴随着工业化、城镇化进程不断加快，各种文化资源要素加速向城市积聚。近年来，广州不断加强镇文化站、村文化室建设，硬件设施基本配置齐备，但实际利用率并不高，优质文化资源如图书馆、博物馆等主要集聚在中心城区，农村文化产品和文化服务相对供给不足，文化活动供给持续性有待加强。

（四）农村基础设施建设与管护仍需完善

一是农村公路路网通行能力有待提高。"十三五"以来，广州不断加强农村道路建设，2018年，户籍人口100人以上自然村全部实现了村村通公路，农村公路路面铺装率达到100%。但农村公路中仍然存在断头路和局部拥堵节点，造成路网通行能力差，部分县乡道存在安全隐患，农村客运服务和监管水平以及农村地区群众出行便利度仍需进一步提升。此外，农村公路养护费用不足，公路养护能力有限，导致公路完好率不及城市。

二是部分农村地区供水、供电等存在安全隐患。广州市北部地区个别村庄，由于交通不便，仍然未能实现自来水供给，用水质量和安全得不到保障。部分农村地区缺乏220千伏变电站支撑，线路距离过长，电网结构有待加强，供电可靠性不高，且由于农村地区供电负荷分散，配变台区低压供电线路较长，供电末端存在低电压问题，加之乡村地区安全用电意识不强，线路私拉乱接问题较多，设备残旧，供电存在安全隐患，亟须加快解决。

三是农村污水处理设施建设仍不完善。近年来，广州加大农村生活污水治理及设施建设和维修力度，但仍存在设施用地难、施工走廊难以提供等问题。部分村社建成进村污水干管，支次管网和接户管建设仍不完善，仅在现有村居排水沟渠端头截留污水，收集范围小，户接入面窄，导致污水收集率低，与"进村入户"每栋楼污水全收集的要求有较大差距。

（五）农业产业规模和效益有待提高

近年来，由于工业化进程加速推进，生态环境整治标准不断提高，广州农业产业规模和效益增长放缓，有待进一步提高。

一是农业产业总体效益不高。2018年，广州市实现地区生产总值22859.35亿元，按可比价格计算，比上年（下同）增长6.2%。其中，第一产业增加值223.44亿元，增长2.5%；第二产业增加值6234.07亿元，增长5.4%；第三产业增加值16401.84亿元，增长6.6%。第一、二、三产业增加值的比例为0.98:27.27:71.75。第二、三产业对经济增长的贡献率分别为26.6%和73.0%，第一产业对经济增长的贡献率为0.4%。表7和图6、图7显示，广州农林牧渔业从业人员高于北京、上海，农林牧渔业总产值、农林牧渔业增加值、平均每一位从业人员创造增加值均高于北京、上海，但广州平均每一位从业人员创造产值为65198元，低于北京（65896元/人）、上海（81594元/人）。

表7　2018年广州、北京、上海农林牧渔业总产值、增加值及人均情况比较

城市	广州	北京	上海
农林牧渔业从业人员（万人）	63.91	45.04	34.62
农林牧渔业总产值（亿元）	416.70	296.8	282.48
农林牧渔业增加值（亿元）	253.09	121.1	111.98
平均每一位从业人员创造产值（元/人）	65198	65896	81594
平均每一位从业人员创造增加值（元/人）	39600	26887	32345

注：上海农林牧渔业从业人员数量为2017年数据。

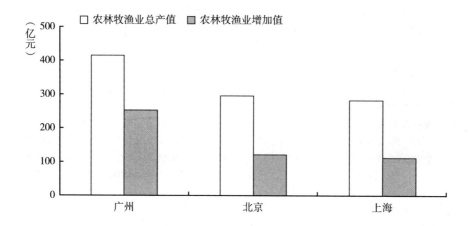

图6 2018年广州、北京、上海农林牧渔业总产值、增加值比较

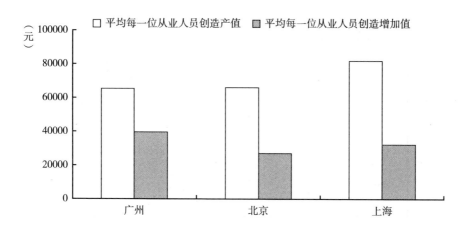

图7 2018年广州、北京、上海平均每一位从业人员创造产值和创造增加值比较

表8、图8显示，广州农业产值在农林牧渔业总产值中占比55.6%，高于北京（38.66%）、上海（52.23%），低于杭州、重庆和成都；广州林业占比0.61%，在6个城市中所占比重最低；牧业占比10.07%，高于杭州（9.62%）；渔业占比19.67%，低于上海（19.79%），高于北京、杭州、重庆、成都；农林牧渔业及辅助性活动占比14.04%，高于北京、上海、杭州、重庆、成都。

表8　2018年广州与国内先进城市农林牧渔业总产值构成及占比情况

指　　标	北京	上海	杭州	广州	重庆	成都
农林牧渔业总产值(亿元)	296.7	282.48	312.3	416.7	1378.04	909.3
其中:农业产值(亿元)	114.7	147.54	201	231.69	936.81	577
农业占比(%)	38.66	52.23	64.36	55.60	66.98	63.46
林业产值(亿元)	95.1	15.26	45	2.54	73.33	20.6
林业占比(%)	32.05	5.40	14.41	0.61	5.32	2.27
牧业产值(亿元)	72	46.34	30	41.97	263.65	254.2
牧业占比(%)	24.27	16.40	9.61	10.07	19.13	27.96
渔业产值(亿元)	6.1	55.9	30	81.98	77.49	32
渔业占比(%)	2.06	19.79	9.61	19.67	5.62	3.3
农林牧渔业及辅助性活动产值(亿元)	8.8	17.44	6.3	58.52	26.76	25.5
农林牧渔业及辅助性活动占比(%)	2.97	6.17	2.02	14.04	1.94	2.8

资料来源：各市统计局网站。

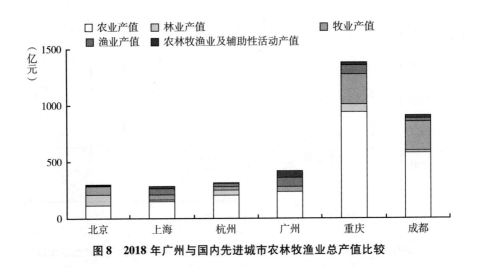

图8　2018年广州与国内先进城市农林牧渔业总产值比较

表9显示，广州农林牧渔业总产值较上年下降3.7%，上海下降4.4%，杭州、重庆、成都均为正增长；广州农业较上年下降3.5%，上海下降2.1%，杭州、重庆、成都均为正增长；广州林业较上年下降3.1%，上海下降3.6%，杭州、重庆、成都均为正增长；广州牧业较上年下降25.8%，上海下降17.9%，杭州下降6.8%、重庆、成都均为正增长；广州渔业较上年增长3.1%，仅低于重庆（5.5%）。

表9 2018年广州与国内先进城市农林牧渔业总产值增长情况

单位：%

指标	上海	杭州	广州	重庆	成都
农林牧渔业总产值较上年增长情况	-4.4	2	-3.7	4.5	3.4
其中:农业较上年增长情况	-2.1	2.4	-3.5	4.8	4.8
林业较上年增长情况	-3.6	6.3	-3.1	13.5	6.5
牧业较上年增长情况	-17.9	-6.8	-25.8	0.8	1.1
渔业较上年增长情况	-4.5	2.1	3.1	5.5	3
农林牧渔业及辅助性活动较上年增长情况	125.4				

二是农业产业组织化程度不高。广州农业发展规模较小，相对分散，组织化程度偏低，与北京、上海相比有一定差距。2018年，北京市有农业观光园1172个，实现总收入27.3亿元。民俗旅游实际经营户7783户，实现总收入13亿元。设施农业和种业分别实现收入51.7亿元和12.4亿元。2018年，上海有农业企业1701家、6396个产品获得"三品一标"农产品认证。其中，无公害农产品证书使用企业1342家，产品5824个；绿色食品证书使用企业350家，产品536个；有机农产品生产企业9家，产品22个；农产品地理标志14个。市级蔬菜标准园177家，农业产业化龙头企业378家，具有一定经营能力的农民专业合作社2865家，经农业主管部门认定的家庭农场4434户。

由农民日报社评选的2018年全国农业龙头企业500强榜单中，北京5家，上海5家，广东17家。其中广州2家，分别为广东海大集团（22名）、广州市江丰实业有限公司（340名）；深圳3家农业企业进入500强榜单，分别是深圳市大生农业集团（9名）、深圳市农产品股份有限公司（224名）、深圳市光明集团（234名）。

三是都市农业的多种功能尚未有效发挥。都市农业在传统农业基础上，融合了文化、旅游、休闲、观光、度假、康养、科普等多种功能，通过产业之间融合与链接，加快实现农业发展。广州市常住人口接近1500万人，消费能力和潜力巨大，广州发展现代都市农业基础条件相对成熟。但从目前广州农业发展来看，度假、康养、科普等功能尚未充分挖掘，第一、二、三产业融合发展的广度和深度不够，产业之间的融合创新度有待加强。例如，农产品加工业是农业产业的重要支撑，但广州农产品加工业多年来没有形成拳头产品和品牌，竞争力不强。

四　广州城乡融合发展短板的成因分析

（一）无法有效突破城乡分割的二元结构体制

造成城乡融合发展受阻的制度原因是城乡分割的二元结构，城市和农村实行不同的管理体制，彼此处于相对独立的运行状态，城乡之间的融合度较低、融合性较差。一方面，城市经济发展的市场化改革和市场化趋势越来越明显，在市场化的道路上不断探索，而农村经济的发展，无论是农业生产的组织形式，还是农产品的经营方式，基本上都是以分散的生产和经营为主体，与现代市场经济要求的大规模、集约化的组织生产有一定的差距，因而导致农业经济总体竞争力呈弱势发展状态；另一方面，城市与农村在基础设施、基本公共服务、医疗、卫生、社会保障等诸多方面实施的管理政策和措施都不一样，而社会资源的分配与再分配，在城乡之间也是采取不同的分配模式，这种制度导致城乡要素不能实现平等交换，不利于推动城乡融合发展。

（二）"重城市、轻农村"的传统发展模式根深蒂固

改革开放以来，广州为加快推进工业化、城市化进程，采取重城市轻农村、重工业轻农业的发展战略，导致城乡发展差距不断扩大。2006年党的十六届三中全会提出加快城乡统筹发展后，"三农"工作开始得到各级政府的重视，并提上议事日程，但由于历史欠账多，农业发展基础差，加之重城市轻农村、重工业轻农业的发展观念由来已久并且根深蒂固，各级政府的工作重点、资源配置都是采取城市优先战略。特别是在当前国家对土地管理调

控非常严格的形势下，有限的建设用地指标也不断往城市建设、工业、大项目上倾斜，在一定程度上挤压了农业、农村的发展需求，造成城乡资源配置不均衡。

（三）农村综合改革滞后影响农村发展

改革开放以来，与快速发展的城镇化和工业化改革相比，农业和农村的改革步伐相对缓慢，特别是农村各种利益关系错综复杂，因而使得农村发展受到一定阻滞，城乡发展差距不断扩大。农村综合改革不到位和滞后，不仅导致农村发展的动力不足、改革的红利无法释放，而且农村市场化程度也相对较低，生产要素流动不够顺畅。例如，农村建设用地不能顺畅地实现流转，农民家庭承包地不能作为抵押物进行贷款等，这些事例引发的问题就是农民身份如何转化，农民如何进城，进城后如何安居下来。这些问题不解决，不仅长期困扰农村发展，也使城市化建设难以迈上新的台阶，难以有效提升发展质量。

（四）传统城乡关系不利于城乡融合发展

城乡融合发展必须建立在一种新型城乡关系的体制框架内，而以往传统的城乡关系不利于城乡融合发展。原因在于受二元结构影响，工业和农业、城市和乡村基本是在两条平行的轨道上运行，彼此被分割在不同的体系框架内，产业之间的关联度不高、融合性不强，工业与农业、城市与农村之间的发展落差仍比较大。基于这种制度框架下的城乡关系，由于城乡融合的体制机制不顺畅，无法为城乡融合发展提供坚实的制度支撑。也就是说，只有把工业与农业、城市与农村作为一个紧密相连的联合体，力戒以往重工业、轻农业，重城市、轻农村发展弊端的重演，城乡融合发展才有可能逐步实现。

（五）城乡和谐发展的工作机制和工作体系有待健全

要想实现城乡融合发展，必须首先健全城乡和谐发展的工作机制和工作体系。从目前广州市的情况来看，虽然中央提出统筹城乡发展和开展新农村建设多年，广州对"三农"问题的重视程度有较大提高，工作力度也有加大，但仍与实现城乡和谐发展目标有较大差距。一是城乡融合发展的工作力度不足。与北京、上海、杭州、成都、重庆等国内先进城市相比，在组织机构设置、资源配置、干部配备、财政投入等方面仍有差距。二是城乡基本公共服务普惠共享的体制机制不健全。如教育培训工作体系和工作网络在城市比较密集，工作渠道也极为通畅和顺畅，而在农村地区则相对不够完善。

五　广州城乡融合发展形势分析与展望

（一）城乡融合发展是实现新时代乡村振兴的必由之路

当前，城乡二元结构体制是影响城乡融合发展最为突出的结构性矛盾之一，不仅导致城乡之间发展不平衡，也是制约"三农"发展的根本性体制障碍。为破除这一体制机制发展障碍，2019 年 4 月，国家出台了《中共中央　国务院关于建立健全城乡融合发展体制机制和政策体系的意见》，这意味着国家将从顶层设计上加大力度推进城乡融合发展，以政府意志、政府力量破除久以形成的重城市轻农村、重工业轻农业的发展弊端。乡村振兴如果单靠农业自身发展，就农业谈农业无法实现，必须通过城乡融合发展，走城市带动农村、工业支援农业的发展道路，使城市与农村、工业与农业紧紧融合在一起，二者共同促进、共同发展，只有在城乡深度融合发展的基础上才能实现真正意义上的乡村振兴，才能有效推动和促进农业农村走上良性循环的发展轨道。

（二）城市化仍然是城乡融合发展的强劲动力支撑

如果说改革开放 40 多年来广州取得举世瞩目的发展成就得益于快速的工业化和城市化，那么，未来城乡融合发展仍然需要城市化强劲的发展动力支撑，抑或是说，广州城市化快速发展仍将持续更长一段时期，为城乡融合发展提供源源不断的发展动力。2018 年广州常住人口城镇化率为 86.38%，高于全国 59.58% 的水平。随着城市化不断发展，城市人口规模会适度增长，人口素质和人民生活质量进一步提升，消费能力和消费潜力不断释放，不仅对农业农村的发展需求更为迫切，而且城市发展的各种要素，例如现代信息技术、文化创意等对农业农村都有渗透和拓展。此外，越高质量的城市化，辐射带动能力越强，城市化发展释放的红利将延伸和辐射到广大农村，进而加快实现乡村振兴。

（三）城乡融合发展的制度体系将进一步完善

实施乡村振兴战略是党的十九大做出的重要战略部署，是"三农"工作的总抓手，2018 年 8 月广州市印发《中共广州市委　广州市人民政府关于推进乡村振兴战略的实施意见》，要求完成 10 多项政策文件的制定，这些政策文件涵盖农业产业发展、农村用地、农村公共基础设施管护、生态保护补偿、特色小镇等方面，都是农业农村发展亟待解决的问题，随着这些政策文件的制定、颁布及实施，影响农业农村发展的瓶颈制约将会得到进一步缓解。《中共中央　国务院关于建立健全城乡融合发展体制机制和政策体系的意见》也将为广东省、广州市推进城乡融合发展提供科学指引，省、市将按照国家的战略部署，加强城乡融合发展顶层设计，完善体制机制和制度体系建设，以科学的制度体系建设引领城乡融合发展不断迈上新的台阶。

（四）城乡融合发展的实践探索将逐步推进

2019 年 12 月，国家发改委等十八部委联合下发了《国家城乡融合发展试验区改革方案》，希望通过城乡融合发展，实现城乡生产要素双向自由流动的制度性通道基本打通，城乡有序流动的人口迁徙制度基本建立，城乡统一的建设用地市场全面形成，城乡普惠的金融服务体系基本建成，农村产权保护交易制度基本建立，农民持续增收体制机制更加完善，城乡发展差距和居民生活水平差距明显缩小等。广东广清接合片区为广东省唯一的试验区，包括广州市增城区、花都区、从化区，清远市清城区、清新区、佛冈县、英德市连樟样板区，面积9978平方公里。主要试验任务：建立城乡有序流动的人口迁徙制度，建立农村集体经营性建设用地入市制度，完善农村产权抵押担保权能，搭建城中村改造合作平台，搭建城乡产业协同发展平台。通过增城、花都、从化城乡融合发展试验探索，以点带面，逐步形成可借鉴、可复制的典型经验和体制机制改革措施，将在更大的面上深入推进广州城乡融合发展。

（五）城乡融合发展重在形成新型城乡关系

2003年党的十六届三中全会提出统筹城乡发展以来，政府对统筹城乡发展的认识在不断深化，之后提出城乡发展一体化，2019年国家提出建立城乡融合发展体制机制和政策体系。从统筹城乡发展到城乡一体化，再到城乡融合发展，不仅反映了政府对城乡关系认识过程的不断深化，也反映了城乡关系是全面建成小康社会、开启现代化新征程的重要内容。如果不能补齐农业农村发展的短板，农业农村不能实现现代化，那么，广州的现代化进程就会迟滞，就会拖现代化的后腿。因此，城乡融合发展事关广州现代化建设大局，必须从战略高度予以重视，重新认识和赋予农村更多的内涵和价值，不仅从农业发展本身，更要突出农村对城市发展要素、资源、生态的支撑作用，从自然环境、生态宜居、乡愁文化等方面提升农村价值，推动农村与城市互动发展。因此，如何紧跟时代发展要求，把乡村振兴、农业农村发展放在工业化、城市化的视角下统筹考虑，是城乡融合发展不能忽视的核心问题，绝不能以城市与农村相割裂的视角研究农村问题，要通过制度设计，创新体制机制，使城市和农村相互赋能、相互加持，形成你中有我、我中有你的发展态势，努力构建城乡融合发展新格局。

（六）产业融合将成为城乡融合发展的重要基础

城乡融合发展要求通过城市带动农村，工业支援农业，高质量推进农村产业发展，增强农村内生发展动力。农业在国民经济发展中的地位不能被取代，农业是弱势产业，单凭农业自身循环发展很难实现跨越，因此必须在工业化、城市化背景下，实现产业融合发展。调整城乡产业布局是城乡融合发展的先决条件，未来一个时期，广州要健全引导城市产业、消费、要素向农村流动的体制机制和政策体系，将资源型产品开发、农业初级产品加工等产业布局到农村，降低生产成本，活跃农村经济，增加农民收入。围绕产业链延伸、价值链提升、供应链优化，推动第一、二、三产业深度融合，推动"农业+文化""农业+旅游""农业+电商""农业+康养""农业+科普"等产业融合，让农业在为这些产业发展赋能的同时，促进自身不断发展壮大。

（七）高质量是农业农村发展的一条主线

党的十九大提出我国经济发展已由高速增长阶段转向高质量发展阶段，高质量发展将是未来我国经济发展的重要遵循。虽然广州农业总体规模不大，在生产总值中所占比例也不高，但高质量发展仍然是引导农业农村发展的重要指向。一方面，随着工业化、城市化进程加快推进，广州土地资源日益紧缺，农业农村发展的空间有限，必须要走高质量、精致农业发展道路，在有限的空间、有限的土地资源内，使土地发挥最大效益，让土地产出最大化；另一方面，随着城乡居民生活水平不断提高，城乡居民对优质绿色农产品需求越来越大，客观上也要求加快农业农村高质量发展，从追求数量增长转向追求质量和效益，以不断满足城乡居民日益增长的对优质绿色农产品的需求。

六　广州城乡融合发展实现路径

（一）完善城乡融合发展制度和政策体系

1. 加快农业转移人口市民化

加强农业转移人口市民化财力保障。用好广东省下达的农业转移人口市民化奖励资金，完善市、区两级政府在农业转移人口市民化过程中提供的教育、卫生、社保等财政分担机制，有效支撑农业转移人口基本公共服务、增强社区能力及支持城市基础设施运行维护。对常住人口较多、社会管理压力较大的部分区给予专项补助（均衡性转移支付资金），促进全市区域间财力均衡和公共服务均等化，切实加强各区在统筹农业转移人口教育、就业、社会保障等方面的财力支持。在健全教育、城乡基本医疗保险、城乡社会保障、就业扶持、市民化奖励机制、城市承载能力、农村产权制度改革等方面予以重点支持。全面落实支持农业转移人口市民化的财政政策、城镇建设用地增加规模与吸纳农业转移人口数量挂钩政策，以及预算内投资安排向吸纳农业转移人口落户数量较多的城镇倾斜政策。

2. 提高进城落户人员基本权益

实施农业转移人口市民化支持政策，完善由政府、企业、个人共同参与的市民化成本分担机制，优化农村户口户籍变动与农民土地承包权、宅基地使用权、集体收益分配权挂钩的措施，保障进城落户农民相应权益。建立多层次住房保障体系，推进住房保障覆盖符合条件的城镇中等偏下收入住房困难家庭、新就业无房职工。落实来穗人员及进城落户人员医疗保险关系转移接续，推进异地就医直接结算，提高医疗保险水平，保障城乡居民医疗保险待遇，落实进城落户人员参加城镇养老保险等政策，解决好进城落户未成年人的受教育问题，完善来穗务工人员随迁子女义务教育。

3. 加强农村土地制度管理与创新

保障乡村振兴建设用地需求。建议广州市每年土地利用计划要专项安排用于乡村振兴的建设用地指标，涉农区每年安排不少于一定比例的新增建设用地指标，保障乡村振兴用地需求。积极用好用足农业新产业新业态、产业融合、农民住房建设的省级专项用地指标。统筹安排现代农业项目、农村产业项目、"菜篮子"基地、助农服务综合平台项目等用地指标。积极探索"点状供地"等供地模式，推动拆旧复垦，释放土地资源活力，在村民自愿、符合国土空间规划的前提下，鼓励腾退的空闲宅基地、废弃的集体公益性建设用地转为村经济发展用地，可按照集体建设用地使用权流转管理办法的相关规定探索开展流转入市。

盘活农村集体建设用地。鼓励农村集体经济组织依法以集体经营性建设用地使用权租赁、入股、联营等形式共同开发经营。开展利用集体建设用地租赁住房试点，将原来批准用途仅限于工业和商服用地的村经济发展用地（含留用地）纳入试点范围，保留集体土地性质，研究改革村经济发展用地（含留用地）用途限制。支持广州条件成熟的区探索集体建设用地同城同价、平等上市交易。加强留用地兑现和管理，采取置换物业、货币补偿等多种方式兑现留用地指标。继续用足用好拆旧复垦政策，鼓励将农村旧住宅、废弃宅基地、空心村等存量建设用地指标以公开交易方式流转用于城镇建设，把流转指标的收益返还给农村用于乡村振兴。促进旧村更新改造与特色小镇建设紧密融合，做好规划和设施配套，支持以集体用地开展旧村、园区、环境等改造提升，开展模式创新，推进连片改造，引入现代服务业和新兴产业。

探索设施农用地管理新模式。通过土地综合整治归并地块，完善农田基础设施。制定设施农业用地负面清单，简化设施农业项目用地备案管理。种植大棚、水产养殖大棚，按照耕地和养殖水面管理。服务于农业生产和农村水安全的在册水利工程，属于安全达标、原址重建、改建的，无须办理用地手续，服务于农村且建成后恢复农用地的分散式农村生活污水治理设施按农用地管理，在不占用永久基本农田前提下，宽度小于8米的农村道路用地按农用地管理，进一步完善设施农用地信息备案制度，建立健全信息共享制度。

4. 完善农村产权保护交易制度

完善农村承包地"三权分置"制度，在依法保护集体所有权和农户承包权前提下，进一步放活土地经营权，允许土地经营权入股从事农业生产和经营。全面规范农村集体资产清产核资，健全农村集体资产定期清查以及登记、管理、使用、处置等制度，完善农村集体产权流转管理服务平台。明晰农村集体资产股份权能，探索农村集体经济组织成员对所持有集体资产股份占有、收益、有偿推出及抵押、担保、继承权等更多有效实现形式。将集体资产所有权确权到不同层级的集体经济组织。鼓励以土地股份合作、混合经

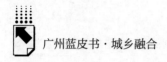

营等方式壮大村级集体经济,支持农村集体经济组织成员盘活利用闲置宅基地和闲置房屋,有效利用农村分散存量建设用地。

5.建立城市人才入乡机制

继续贯彻落实各项返乡下乡创业扶持政策,深入推进返乡人员创业服务。进一步加大对高校毕业生等人员返乡创业人员的扶持力度。配合相关部门为专业技术人员返乡提供基层服务。选派科技人员以科技特派员的身份为涉农企业、农民专业合作社提供科技服务,形成农村科技特派员在涉农区全覆盖。一方面,将涉农技术纳入广州市科技攻关计划重点支持领域,通过民生专项、平台建设、科普等项目支持,将新技术、新品种、新工艺推广到涉农企业、农民专业合作社;另一方面,围绕广州生物种业、都市菜园、特色农产品营养与食品安全、人畜共患病监控、设施果菜生产、现代农业科技创新、科技培训,开展共性关键技术研究与示范,培育一批新品种、攻克一批关键技术,建设农业科研及科技服务平台。

出台相关政策,设立专项扶持资金,提供创业平台,吸引优秀青年农民回乡创业。鼓励更多青年人才扎根农村,助力乡村经济发展,做好"大学生村官""三支一扶"等工作,招录一批乡镇公务员,优化农村基层干部队伍结构,让青年优秀人才走上推动农村治理、经济发展的重要岗位。培养一批乡村本土人才,组织乡村干部队伍外出参观学习先进乡村建设经验,强化乡村振兴人才支撑。积极参与选调生录用考试,科学设置招录职位,进一步向基层倾斜,加大宣传力度,吸引更多优秀大学毕业生报考广州市选调生。坚持基层培养锻炼方向,推进"大学生村官"与选调生工作衔接,所有新招录的选调生均有计划地安排到广州市农村、社区一线锻炼两年,使选调生真正了解基层、热爱基层、融入基层、服务基层。选调生本人志愿留在基层的,经所在部门同意,可留在基层任职,为乡村振兴提供后备干部。

(二)推动乡村经济多元发展

1.建立城乡产业协同发展平台

建设城乡协同发展先行区,着力打通制约城乡要素跨界配置的若干瓶颈。开展北部地区特色小镇建设成效评估，实行典型引路与规范纠偏"两手抓"，研究出台广州市精品特色小镇建设工作方案，强化产业兴镇、特色兴镇，突出生产、生活、生态"三生"融合，着力打造宜业宜居宜游优质生活圈，推动特色小镇高质量、可持续发展。依托特色小镇、各类产业园区、重大交通站点等空间，加强统筹规划、项目谋划及相关扶持，会同相关区和市直部门，打造一批与广州城市能级相匹配的城乡融合典型项目，进一步扩大其示范带动效应。支持农业产业化龙头企业发展，鼓励发展农业龙头企业带动、农民合作社和家庭农场跟进、小农户参与的农业产业化联合体。支持发展产业关联度高、辐射带动力强、多种主体参与的融合模式，实现优势互补、风险共担、利益共享。优化农村产业发展环境，推动农村传统产业结构向现代农业、旅游业等新型产业形态转变，实现农村经济结构转型升级。

2. 建设广州现代农业枢纽中心

以建设广州现代农业枢纽中心、培育枢纽经济作为农业发展的重点，以枢纽引导统筹生产，扩大联结产地范围；以枢纽服务消费市场，拓展服务消费半径；以枢纽促进农产品加工发展，提升农产品价值；以枢纽延伸产业链条，推动三次产业融合发展。优化农产品、农资集散体系，积极有序调整农产品批发市场、物流基地布局建设，抽疏主城区，在二环高速以外的乡村地区布局建设集散量大的农产品流转基地，着力加强村道建设和管护，完善农村公路体系，加强乡村物流站点建设，提升农资、农产品通达，物资集散便利程度。加快建设广州枢纽型农产品国际冷链物流园，形成农产品物流产业集群。围绕枢纽功能培育价值增值产业，发展壮大深加工、标准化配送包装，产品展贸，结算，信息服务等增值产业。通过信息化、集成化改造提升江南果蔬等一批批发市场，促进交易、结算、推广等"软环节"集中集聚，货物交割、流转等"硬环节"外移外延。

3. 打造现代农业产业园区

建设主导产业突出、现代要素集聚、设施装备先进、生产方式绿色、辐射带动有力的现代农业产业园。以优质蔬菜、岭南水果、花卉、水产、畜牧等特色优势产业为依托，建设一批规模化生产片区。深入挖掘农业的生产、生态和文化等功能，将农业生产与观光休闲农业、农资农产品电商等业态结合起来，把现代农业产业园打造成为第一、二、三产业融合发展先导区和示范基地。提升现代农业产业园规划和建设水平，形成产业集群效应，发挥辐射带动作用，让现代农业产业园成为农业技术研发、产业转化的孵化器。以农业现代产业园为载体，推动农业经营体系、生产体系、产业体系转型升级，创新完善农业支持保护制度，率先在产业园实施城乡融合发展的体制机制和政策体系，建设乡村振兴的样板区。

4. 建设粤港澳大湾区"菜篮子"基地

狠抓粤港澳大湾区"菜篮子"基地建设。全力推进广州市粤港澳大湾区"菜篮子"基地建设，逐步建设一批穗港澳共同认证的覆盖"菜篮子"主要产品的"示范基地"和"信誉农场"。支持"菜篮子"产品生产基地的生产、加工、环保、检测、设施栽培等农业设施设备建设，支持禽畜养殖和水产养殖规模化、标准化、设施化、生态化建设。鼓励农业龙头企业兴办产业化农产品生产基地，创建农业农村部蔬菜标准园、畜禽养殖标准化示范场、省级重点生猪养殖场、省级重点家禽场、省级水产良种场。

创建"菜篮子"产品品牌。以粤港澳大湾区"菜篮子"需求为导向，以供港备案生产基地、绿色食品为基本品质要求，打造大湾区"菜篮子"高端品牌形象并注册品牌商标。深入推进"一村一品""一镇一业"专业村、专业镇建设，培育发展村镇品牌产业和产品，争取创建一批"土字号"特色品牌。围绕优质、绿色和功能性"菜篮子"产品，打造一批科技水平高、加工能力强的"菜篮子"加工品牌企业。

建设粤港澳大湾区"菜篮子"总部经济集聚区。以建设粤港澳大湾区"菜篮子"为基础，建设广州粤港澳大湾区"菜篮子"总部经济集聚区，吸引国内外优质"菜篮子"总部企业集聚广州，以总部企业为核心，在大湾区及国内城市建设多个"菜篮子"生产基地。通过农业总部经济模式，发挥广州科教资源丰富的优势，面向大湾区、面向全国，向大湾区、国内城市输出服务与技术，科学指导生产基地和加工基地，形成总部与生产基地相互促进、共同发展的双赢格局。

5. 加快农村新产业新业态培育

跨界配置农业和现代产业要素，促进产业深度交叉融合。聚焦新产业新业态，实施定向精准扶持，着力提高产品附加值和竞争力，进一步提高乡村地区可持续发展能力和乡村居民生活品质。推进规模种植与林牧渔业融合，发展循环生态农业、林下种养等，推广综合种养、生态养殖。推进农业与加工流通业融合，发展中央厨房、直供专销、网上"菜篮子"、"互联网＋"农产品电商销售等新模式。推进农业与文化、旅游、教育、康养等产业融合，发展创意农业、功能农业等，推进农业与信息产业融合，发展数字农业、智慧农业等。

6. 推动三次产业深度融合发展

拓展产业融合发展方式。依托种养资源发展耕种采收农趣、托管托种、代耕代收、林下经济等体验农业。推广种养结合，支持禽畜农场、水产生态立体养殖，推进农林、农渔复合经营。发展烘干储藏、田头预冷等增值产业，利用高新技术提升农产品精深加工水平。推动农产品加工向功能性食品以及药品、保健品等领域拓展。推动专业化、社会化服务，发展综合服务业，着力发展以市场信息、农资配送、良种供给为重点的农业生产前端支撑性产业，以物流、邮政、快递配送、品牌建设等为重点的后端引导性产业，推动农业与旅游、教育、文化、康养等产业深度融合。

（三）促进城乡基本公共服务普惠共享

1. 大力推动农村基础教育优质均衡发展

一是多措并举推进农村义务教育优质均衡发展。在全市各区全部成功创建"全国义务教育发展基本均衡区""广东省推进教育现代化先进区"，农村义务教育均衡优质发展取得显著进步的基础上，进一步优化示范性高中布局，新建的广州市示范性普通高中重点考虑相对薄弱的外围农村地区。二是大力推进集团化、学区化办学。加大优质教育资源向外围城区辐射延伸力度，落实《广州市教育局关于进一步推进中心城区优质教育资源向外围城区辐射延伸工作方案》等文件，进一步加大力度推动市属和中心城区公办名校以新建校区、委托管理等方式到外围城区和农村地区办学，将城区优质学校的先进教育理念、管理经验和校园文化输出到从化、花都、黄埔、南沙等外围城区和农村地区。以努力办好人民满意的教育为宗旨，继续推进中小学校建设三年行动计划，持续增加学位供给，扩大优质教育资源覆盖面。探索与市属优质教育资源集团化办学相结合的教研扶持方式、农村义务教育学校"智慧课堂"新模式，同时，全面优化区域内的师资资源配置，重点推动资源向非中心城区的学校倾斜，缩小校际、区际、城乡之间的教育水平差距。

2. 建立城乡医疗资源均衡配置机制

进一步优化全市医疗卫生资源配置，合理布局医疗卫生设施，积极引导中心城区优质医疗资源向外围城区、新城区辐射延伸，规划形成"一主一副五分网格化"医疗卫生设施空间布局结构。推进紧密型镇村卫生服务一体化管理，推广"花都模式"，大力推进紧密型医联体建设，加大医疗帮扶力度，落实医务人员晋升高级职称前到基层服务经历制度，加大政府办医责任落实情况督导检查力度。

落实中心城区与农村镇卫生院结对帮扶，力争通过对口帮扶，以建立技术团队形式，进行一对一技术帮带和交流，指导镇卫生院基础建设，帮助镇卫生院完善工作制度和技术操作规程，规范和改进管理，提高服务能力，提高常见病、多发病的诊治水平，争取受援的中心镇卫生院达到二级甲等医院的医疗水平，并持续改进和提高。

指引各区加快完成区域内医疗集团和医共体建设布局。总结花都区、从化区医联体建设经验，推广实施区域内签约服务参保人群医保费用"总额管理、结余留用"的结算方式。疾控机构继续加强对镇卫生院的技术指导和培训，进一步提高镇卫生院疾控水平。积极构建职业健康三级监管体系，建立职业病防治工作联席会议制度，强化职业病危害源头管控，加强重点职业病专项监测，创新用人单位职业健康帮扶，推进职业卫生和放射卫生监管信息化建设，开展宣传教育工作，探索建设"职业健康体验馆"，加快推进各区"一站式"婚育服务中心建设，进一步加强优生优育健康教育。

3. 建立公共文化服务体系

按照"协调发展、统筹规划，多规融合、市区联动，远近结合、适度超前"的原则，对接城乡规划和经济社会发展规划，梳理目前全市公共文化设施现状，制定广州市公共文化设施的发展目标、总体布局、分级布局、分类布局，对各区文化设施布局进行指引，推动全市文化服务保障更充分更平衡，文化特色优势更鲜明更突出。未来广州公共文化设施的建设需要重点从建成现代公共文化服务体系、提升设施空间品质、打造文化特色品牌三个方面进行强化，实现城乡居民文化需求保障更充分更平衡更优质，实现环境品质与文化形象全面提升，实现文化传承发展与综合品牌出新出彩。完善非遗名录体系，结合当地非遗项目开展相应的文化活动。发动、组织农村非遗项目参与到全市非遗活动中，加大对镇级图书馆、文化馆等分馆建设力度，力争"十四五"期间完成对全市 35 个镇的分馆升级改造工作，实现 100% 覆盖率和 100% 达标率。坚持从标准化、均等化、数字化、社会化等方面提升现代公共文化服务质量和效能，进一步明确主体责任，着力督导解决镇、村基层公共文化服务管理中存在的薄弱环节。

4. 落实农民工与城镇职工平等就业制度

深入贯彻落实党的十九大关于促进异地务工人员就业创业、精准扶贫和推进城镇化的部署要求，进一步加强异地务工人员服务工作，建立更加完善的就业、社保和人才公共服务体系，形成"就业有岗位、职工有社保、人才有发展，就业质量不断提高"的人力资源社会保障公共服务体系。做好异地务工人员就业失业登记，进一步完善异地务工人员数据分析功能，优化网上办理就业登记服务手段，配合指导广州市各级就业服务机构向社会推广网办就业政策。全面实施覆盖全体城乡劳动者的劳动力技能晋升培训均等化补贴制度，为异地务工人员提供创业培训服务，提升异地务工人员创业能力，异地务工人员享受与本市户籍人员无差别化社会保险。落实异地务工人员劳动权益保障。推行建筑用工实名制管理，对工人工资专用账户进行实时监控，规范和强化监管广州市建设领域支付行为，加大查处力度，落实劳动保障执法维权举措。

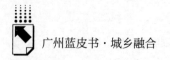

（四）加快农村基础设施规划与布局建设

1. 加大基础设施向农村倾斜力度

进一步明确市区负责制，加快消除城乡差别、工农差别，加大基础设施向农村倾斜力度，坚持农业农村优先发展。按照分级分类原则，落实属地政府责任，切实把农村地区摆在优先发展位置，加大政府财政投入力度，财政要全额保障乡村道路、水利、渡口、公交和邮政等公益性强、经济性差的设施建设项目资金需求，并制定好统一的建设标准（标准可适度超前），引导好准公益性、经营性设施建设，着力解决不平衡、不充分问题。结合粤港澳大湾区建设、乡村振兴、区域协调发展等战略，利用特色小镇和轨道交通等交通站点建设，以及村级工业园升级等契机，加大改革创新力度，进一步推动城乡融合、站城融合、农村三次产业融合。

2. 加强农村公路建设，完善农村客运网络

一是组织开展广州市新一轮农村公路建设。紧贴广州农村经济社会发展和服务广大农民安全便捷出行需求，坚持因地制宜，组织开展新一轮农村公路建设、改造和路网提升工作，到 2020 年底，全市新建农村公路约 400 公里，打通农村公路网中的断头路，实现农村公路网的有效联通，改造现有农村公路约 250 公里，适当加宽断面，基本解决农村公路网的交通阻塞黑点，提升农村公路网通行能力。二是探索具备条件的农村公路按照城市道路标准管理养护。结合城市化发展程度和相关区的经济条件，探索具备条件的农村公路按照城市道路标准管理养护。对白云区、黄埔区、南沙区已纳入中心城区范围内和已按城市道路标准改造建设的农村公路，可考虑在充分协商、理清权属和责任界面的基础上，按照相关程序，探索按照城市道路标准管理养护，提高管理养护标准和服务水平。三是进一步完善农村客运网络，提升农村客运服务质量与水平。结合白云区、黄埔区等农村公路网络完善和出行需求情况，动态优化公交线路，进一步完善微循环公交网络布局，方便居民出行，完善农村客运硬件设备设施，进一步加强农村客运候车站（亭）运、管、养与升级改造工作。农村客运候车站（亭）与新建农村公路项目同步

设计、同步建设、同步交付使用。花都区、增城区等北部山区或边远地区，在"村村通客车"线路中逐步投入新能源或清洁能源的中小型客车，更加贴近农村实际需求。进一步提升从化北部山区或边远地区居民出行需求，逐年提高农村公交微循环覆盖率，鼓励试行特色小镇旅游专线巴士，借助移动网络等信息化方式，不断提升电话、网络约车和定制约车在农村客运中的比重。

3. 加强农村电网及功能能力建设

结合乡村电网专项规划，围绕加快解决乡村配电网存在的供电能力不足、台区重过载、配变低压线路供电半径长、电压质量差等重点问题，系统梳理全市乡村电网现状，明确改造实施计划，满足乡村负荷逐年增长需求，提高乡村用电可靠性。开展乡村电网中低压线路排查，及时更换残旧线路，对安全距离不足的中压线路落实安全措施，对残旧低压线路进行整改和更换，对存在安全风险的低压线路落实安全措施。开展乡村电网配电变压器及低压配套设施排查，对存在安全隐患的设备进行改造更换，结合实际用电情况配置调容调压、高过载等配电变压器，以满足居民用电需求。全面落实乡村"三线"整治工作要求，坚持"规整为主、下地为辅"的原则，确保安全美观。对于存在下地需求的情况，在市政府的指导下，探索采用基于OPLC的"四网融合"模式进行"三线"整治。全力支持镇村企业发展，提升供电服务水平，对于用户用电报装，实行"先接入后改造"，缩短用户接电时间，降低小微企业接电成本。

4. 提高农村水务建设与管理水平

一是加快提升农村地区供水用水质量。推进广州市北部地区自来水供应工程，有序更新替换残旧输水管道，提升农村供水保障能力，实现全市自然村集中供水全覆盖。二是加大农村水利基础设施建设力度，大力推进灌区水库水利工程建设，补齐农村水利工程短板，农田灌溉水有效利用系数符合国家及广东省标准。三是大力推行农村"雨污分流"和生态治污。力争全市农村生活污水收集处理行政村全覆盖，农村生活污水处理率达到75%以上，自然村基本实现雨污分流、污水排放管道收集或暗渠化。四是开展河湖水系连通和农村河塘清淤整治。全面落实河长制、湖长制，落实区、镇街、村居三级河（湖）长，建立健全河（湖）长巡查制度，做到每条河（湖）有人巡、有人管、有人督。加大中小河流和乡村水体生态治理力度，保护好村域水面、水质，实现河道清洁，水体流畅，水质达到功能区划标准。全面推进水环境综合治理向小微水体（鱼塘、风水塘、边沟边渠等小微水体）延伸，建立完善长效管护机制，实现小微水体污水无直排、水面无垃圾、水质无黑臭，基本消除村庄黑臭水体。

（五）不断拓宽农民收入持续增收渠道

1. 全力促进农民就业

完善城乡一体的均等化、专业化、智能化公共就业服务平台，推动就业服务网点进入乡村，推广"互联网＋就业创业服务"，提升全方位公共就业服务。通过政府购买服务方式，引导社会优质服务机构为农村劳动力转移就业提供就业介绍、职业培训等服务，拓宽农民外出就业渠道，促进农村劳动力有序外出就业、就近转移就业。实施农村就业促进行动，对用工单位招收本地农村劳动力实施激励措施，发展壮大镇域经济，促进农民就业。实施符合乡村实际的便利措施，培育一批家庭工场、手工作坊、农村车间，扩大就业吸纳能力。推进产学研合作，支持农业科技人员、高校毕业生等各类人才在农村创业创新，带动就业。规划建设农村劳动力转移就业示范基地、农村众创空间，推进农村大众创业、万众创新。

2. 多渠道提高农民收入

优化升级农村产业结构，大力推进农村三次产业融合发展，创造新的就业岗位，提高农民工资性收入。促进土地适度规模经营与农户分散经营相得益彰，提升村级产业园发展水平，通过保底分红、利润返还等多种形式，让农民合理分享全产业链增值收益，有效增加农民经营性收入。健全覆盖市、区、镇（街）、村（联社）、村民小组（经济社）五级的农村集体资产交易管理服务平台，进一步扩大农村集体资产交易，加快推进农村集体经营性资产股份合作制改革，积极发展土地、农宅、资金、资产等多种形式股份合作，提高农民财产性收入。在流溪河流域探索创新生态保护补偿制度试点，加大重点生态功能区补偿力度，增加农民转移性收入。

3. 以发展乡村旅游带动农民增收

大力发展休闲农业和乡村旅游新业态，通过发展乡村旅游，带动和促进农民增收，提升乡村旅游基础设施和服务标准化水平，重点培育观光休闲农业示范点、星级"农家乐"、美丽乡村和旅游名镇名村，推进北部地区乡村旅游连片开发，在广州市打造一批星级"农家乐"、3A 级以上乡村旅游景区和旅游文化特色村，推出若干条精品乡村旅游线路，推进乡村旅游特色化、品牌化、集聚化发展。鼓励支持现代农业园区、科研院所、农业企业、家庭农场加强农业与创意产业、旅游业的深度融合，扶持道路、停车场等基础设施以及环保设施建设，重点建设一批集农耕文化体验、田园风光、教育展示、文化传承于一体的观光休闲农业示范村、观光休闲农业示范园和特色农庄。探索建立乡村旅游发展与村集体、村民利益联结机制，让村集体和农民在发展乡村旅游中有更多的利益体现。

4. 完善农民收入增长保障体系

培育发展援助农民工平等就业的服务实体或机构，不断完善政府、工会、企业共同参与的协商协调机制，着力形成合理有序的工资收入分配格局。加强对农民工就业的分类精准帮扶，形成更有效、更公平的公共就业保障体系。加强人才激励、教育培训、资金奖补、金融支持、社会保险等就业扶持政策衔接协同，将市级就业补贴范围扩大至花都、番禺、从化、增城等区，将在城镇常住的本地户籍农民纳入失业登记和帮扶范围。完善非农就业农民、失地农民、大龄农民及农村困难群体就业扶持政策。完善创业促就业补贴办法、创业担保贷款管理办法和创新创业（孵化）基地管理办法，将返乡创业农民工纳入创业补贴范围。

5. 保障贫困村民基本生活

一是继续巩固市内扶贫成果。根据市委市政府《巩固扶贫成果深入推进北部地区新农村建设实施方案》要求，广州市本级财政通过一般性转移支付方式安排到各相关区，由各区统筹用于支持北部地区农村产业融合发展、农村基础设施建设、农村人居环境整治、农村综合改革等各项工作，确保北部地区已脱贫人口不返贫，使其收入增长幅度不低于当地经济发展水平。二是保障贫困村民基本生活。构建更加主动全面的广州城乡社会救助体系，完善农村困难群众基本生活保障机制。健全社会救助、社会福利、社会互助、优抚安置体系，继续提高城乡居民基本养老保险基础养老金水平，完善统一的城乡居民基本医疗保险制度和大病保险制度。

参考文献

白雪秋、聂志红、黄俊立：《乡村振兴与中国特色城乡融合发展》，国家行政学院出版社，2018。

郑进达：《穿越田头市井——城乡融合发展十个视角》，浙江工商大学出版社，2015。

王东荣：《上海城乡一体化探索与实践》，社会科学文献出版社，2018。

易赛键：《城乡融合发展之路——重塑城乡关系》，中原农民出版社、红旗出版社，2019。

晋洪涛：《超大城市乡村振兴模式选择和制度性供给问题》，《科学发展》2019 年第 10 期。

欧万彬：《"城乡融合发展"的时代特征与发展逻辑》，《北方论丛》2019 年第 4 期。

王振坡、韩祁祺、王艳丽：《习近平新时代中国特色社会主义城乡融合发展思想研究》，《天津财经大学学报》2019 年第 9 期。

汪欢欢：《城乡融合视阈下我国农村经济发展的战略走向及其实现》，《农业经济》2019 年第 12 期。

韩俊：《破除城乡二元结构　走城乡融合发展道路》，《理论视野》2018 年第 11 期。

专题研究篇

Special Topic Research

B.2

广州市加快推进旧村活化改造专题调研报告

广州市人大常委会课题组*

摘　要： 推进旧村活化改造，是广州推进"老城市新活力"的重要举措之一。2016年，广州首次提出了微改造的概念，通过对建筑局部拆建、功能置换、保留修缮等改造方式，改善城乡人居环境。近年来，通过对历史文化名村、传统村落及一般村庄的活化改造，广州打造了一批最美乡村、网络人气村和特色文化村。同时，广州旧村活化改造还存在一些制约因素，主要表现为思想认识不够重视，未能形成工作合力；规

---

* 课题组成员：于绍文、郑汉林、赵南先、彭大杰、钟洁、吴如清、詹晓平、李俭颖、付鸿栋、周静。执笔人：周静，广州市人大常委会农村农业工作委员会，研究方向为生鲜电商、乡村振兴；付鸿栋，广州市人大常委会农村农业工作委员会，研究方向为地方立法和新型城镇化。

划统筹有待加强，工作机制有待完善；用地矛盾较为突出，政策支撑力度不够；人才资金短板突出，可持续发展较难。本报告在借鉴浙江、福建等地传统村落保护和发展经验的基础上，提出以名镇名村和传统村落为重点，以生态宜居美丽乡村建设为主体，加快推进广州旧村活化改造的具体建议。

关键词： 广州　传统村落保护　旧村活化改造　乡村治理

推进旧村活化改造，是广州实现"老城市新活力"的重要举措之一。2019 年 3 月，广州市人大常委会成立"加快推进广州旧村活化改造"调研课题组。在广泛收集资料，摸查全市情况的基础上，课题组先后赴浙江、福建、山西、佛山等地实地考察，与当地相关部门座谈交流，借鉴先进经验，形成加快推动广州旧村活化改造的专题调研报告。

一　加快推进广州旧村活化改造的必要性

党的十八大提出"要大力推进生态文明、建设美丽中国"；十八届五中全会进一步提出"要加大传统村落民居和历史文化名村名镇保护力度，建设美丽乡村"；党的十九大提出"实施乡村振兴战略，建立健全城乡融合发展体制机制和政策体系"。具体到广州而言，广州虽然是高度城市化地区，但仍存在发展不平衡不充分问题，突出表现为城乡发展不平衡、农村发展不充分。当前，广州农村面积 5800 多平方公里，占全市面积近八成，农村人口 300 多万，占全市户籍人口的三成。没有"三农"的现代化就没有广州的现代化，广州发展的最大潜力和后劲蕴藏在乡村中，破解发展不平衡不充分难题的钥匙和路径也蕴藏在乡村中。只有农村面貌改善了，才能夯实国家中心城市的地位；只有农村发展起来了，全市的发展才有更大的空间和动力。

广州是国家历史文化名城，拥有一大批岭南特色鲜明、历史文化厚重、民俗活动丰富的名镇、名村和传统村落。历史文化名村、传统村落等自然历史文化资源丰富的村庄，具有一定的历史、文化、科学、艺术、社会、经济价值，传承着中华民族的历史记忆、生产生活智慧、文化艺术结晶和民族地域特色，维系着岭南文化的根，寄托着广府人的乡愁。但近年来，伴随着城市化和新农村建设的加快推进，传统村落消逝速度正在加快，许多古村的原生个性正在逐渐消失，加快保护发展名镇名村和传统村落迫在眉睫。

有美好村落才有美好乡村，有美好乡村才有美丽广州。在广州实施乡村振兴战略的大背景下，推动旧村特别是历史文化名村、传统村落的活化改造和盘活利用，是传承优秀传统文化、改善农村人居环境、建设生态宜居美丽乡村、增强农村产业发展活力的重要抓手；是不断满足人民群众日益增长的美好生活需要，"让城市留下记忆，让人们记住乡愁"的重要载体；是打造乡村振兴亮点，实现老城市新活力和"四个出新出彩"，推进粤港澳大湾区建设，继续走在全省乃至全国改革开放前列的重要支撑。

二 广州推进旧村活化改造的现状分析

2016 年，广州首次提出了"微改造"的概念。作为一种区别于全面改造的更新模式，微改造是一种绿色、低耗能、低冲击的盘活存量土地和提高配置效率的方式，通过对建筑局部拆建、功能置换、保留修缮、活态传承、合理利用等具体改造方式，改善城乡人居环境，促进产业转型升级，加强历史文化和生态资源保护，保留城市记忆和乡愁。在美丽乡村建设中，广州通过对历史文化名村、传统村落及一般村庄这两类主体的活化改造，打造了一批广州最美乡村、网络人气村和特色文化村。

（一）大力推进传统村落保护和发展

为加强对广州历史文化名城的保护与管理，传承优秀历史文化遗产，促进城乡建设与社会文化协调发展，广州制定了《广州市历史文化名城保护条例》。该条例将历史文化名村、传统村落等纳入保护对象，明确"保护规划"的法律地位，确保保护优先；加强对保护范围内的建设限制，有效杜绝了破坏；建立"保护责任人"制度，切实落实保护要求；建立建筑遗产的全周期管理机制，使修缮有法可依；建立行政保障体系，完善名城保护行政框架。同年，市国规委印发了《广州市传统村落保护发展工作方案》，要求各区政府于2021年底前编制完成广州所有的传统村落保护发展规划。2019年，市规划和自然资源局印发了《广州市历史文化名城保护办公室关于进一步加强传统村落保护发展的通知》，要求各区高度重视并进一步加强名镇、名村、传统村落保护利用工作，切实落实传统村落申报、评审、档案制作、项目实施和日常监管等工作；并进一步明确应优先编制传统村落保护发展规划或在村庄规划中制定传统村落保护发展规划的专项内容，再进行下一步发展建设，统筹处理好传统村落风貌格局与新建建筑的关系。

经组织申报和认定，截至2019年底，广州1144个行政村中，有95个传统村落（国家级13个、省级14个、市级68个），6个历史文化名村（国家级2个、省级4个）。按照国家、省、市名镇名村和传统村落保护发展的要求，广州已完成中国传统村落数字博物馆建设等工作，各区也在抓紧编制传统村落保护发展规划。2个国家级历史文化名村（番禺区大岭村、花都区塱头村）及4个省级历史文化名村中的2个（黄埔区莲塘村、天河区珠村）已完成保护规划编制，并报省政府批准；花都区高溪村的规划正在报批，番禺区谭山村保护规划正在编制中，准备报市名城委审议。各区注重传统村落及其周边区域的连线连片规划打造和活化利用，如荔湾区推进聚龙村保护利用，计划将其周边地区打造成为文创产业集聚地、文商旅游目的地、滨水文化休闲地；海珠、黄埔、花都、从化等区结合南粤古驿道沿线传统村落的保护利用，形成了黄埔古村、塱头村、钱岗村、深井古村等知名文化旅游景点。

（二）深入开展一般村庄微改造

2018年以来，广州出台了实施乡村振兴战略系列政策文件，以及《广州市深入推进城市更新工作实施细则》《关于贯彻落实市委市政府工作部署实施乡村振兴战略若干规划用地政策措施（试行）》等文件，再次提出旧村微改造应注重历史文化和自然生态保护，提升人居环境，促进城乡融合发展；探索农村集体经济组织以合租、合作、入股等方式盘活利用空闲农房及宅基地，兼顾古村落旅游开发与文化保护。

各区在实施乡村振兴战略的实践探索中，旧村微改造和活化利用是结合特色小镇、美丽乡村建设和人居环境整治等工作一并开展的，大多通过盘活旧厂房、旧学校等存量物业和村集体留用地，以村企共建等形式打造乡村振兴发展平台。如黄埔区开展大坦、迳下岭南特色美丽乡村精品示范村景区改造，增城区开展派潭邓村石屋建筑群保护和修复利用，从化区西和村、西塘村、米埗村、南平静修小镇等地将民房、学校等闲置房屋活化改造成乡村民宿、村委会办公场所等，既相对保持了当地的历史文化特色，又提升了乡村的生态宜居魅力，美丽乡村群建设初具规模。从化区塘尾村利用废弃农贸市场，在原有建筑基础上没有大拆大建，没有新增用地，通过使用竹子等大量循环可再生材料，采取加装钢结构、坡屋顶等方式进行"穿衣戴帽"式的改造，在短短89天内将其变身为面向世界的生态设计小镇，有效盘活了乡村沉睡资源，成为践行"绿色发展"的典型案例。

三　广州旧村活化改造存在的主要问题

（一）思想认识不够重视，未能形成工作合力

广州在经济社会发展和城市更新中存在重城轻乡、重发展轻保护现象，对传统村落文化资源的稀缺和不可再生性，以及乡村规划用地"盘活为主、新建为辅"的集约发展理念认识不足。规划、住建、农业农村等部门的职能和工作各有侧重、相互交叉、进度不一，社会各方现实利益诉求难以平衡，村民保护意识不强，且微改造项目产权复杂、投资回报周期较长、运营难度高，导致广州未形成传统村落保护发展和旧村活化改造的联动机制和工作合力。

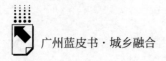
（二）规划统筹有待加强，工作机制有待完善

全市村庄规划编制科学性和可行性不够强，实施效果不明显，村庄规划、土地利用和乡村振兴等规划衔接不够紧密，新建建筑、旧村改造缺乏技术指导和风貌管控等工作机制，村庄风貌杂乱，地域文化特色趋弱。各区对传统村落保护发展规划编制工作不够重视、推进缓慢，导致广州传统村落保护发展和旧村活化改造缺乏必要的依据和指导，拆除古建筑、抢建民居等破坏古村空间格局和传统风貌的现象时有发生。

（三）用地矛盾较为突出，政策支撑力度不够

村民住房实行一户一宅制度，但一方面由于历史原因，存在村民"一户多宅"、违章用地现象，另一方面老旧民居不能随意被拆（修）旧建新，导致逐渐被废弃、荒置以至于衰败，出现旧村住房空置与新村无地建房并存现象，农村土地资源无法集约和高效利用。古村落、古建筑保护具有特殊性，现行的招投标、图审制度不适用于保护工作，古民居使用权流转缺乏政策依据，只能采用租用或民间契约的方式获得使用权，不利于民间资本积极投入修缮保护，旧村活化利用存在政策瓶颈。

（四）人才资金短板突出，可持续发展较难

古旧民居修缮既要遵循原真性标准、修旧如旧的要求，又要满足村民现代生活需要；传统村落既要体现田园风光和地域文化特色，又要完善基础和公共服务设施，在传统生态延续与现实活力提升中寻求发展突破口的难度很大，需要大量的技术人才储备和资金投入，各级政府在人力、财力和物力投入上有一定困难。另外，广州大部分旧村微改造项目对周边综合配套环境和连片规划设计不够重视，对古旧建筑的合理利用与多元化活化程度不高，缺乏资源整合、文化品牌打造、核心产业及人气支撑，旧村可持续性发展较难。

四 各地传统村落保护和活化利用的主要经验

浙江、福建、山西、佛山等地在传统村落保护发展和古村活化升级中，各级各部门都十分珍视名镇名村和传统村落等历史文化资源，按照"规划先行、环境再造、文化引领"的发展路径，坚持创造性转化和创新性发展，促进传统文明和现代文化有机融合，让传统村落焕发新的生机和活力。各地的经验对于广州旧村活化改造、美丽乡村建设颇有借鉴意义。

（一）加强组织领导，完善工作机制

一是领导高度重视，持续强化投入。四地都致力于建立一套行之有效的保障制度，形成各方工作合力。佛山市四套班子合力督促古村活化升级工作，建立了"市级统筹指导、区级协调督促、镇街组织实施、村庄主体建设"四级联动工作机制，先后投入约11.5亿元开展百村升级行动。浙江省在全省开展历史文化村落保护利用工作中，给予51个省级重点村每村700万元项目资金补助和15亩建设用地指标支持，一般村每村补助50万元；丽水市累计投入约14亿元开展历史文化村落保护利用工作。二是发挥政策叠加效应。注重政策研用，制定了一系列的政策文件和技术指导手册，为传统村落保护发展和活化利用提供制度保障；建立风貌审查机制，为项目建设把好风貌关；创新投融资模式，撬动民间和社会资本共同开展古建筑活化利用，推动古村落保护发展工作的有序开展。三是加强技术指导和工匠培训。市、县（区）有关主管部门定期深入乡镇和村就活化利用项目谋划、建设方案进行指导，积极培育一批有情怀懂业务的技术骨干，有显著乡土特色的古建筑修缮队伍，形成"政府主导、村民主体、优秀社会人才共同参与"的推进机制。四是注重传统村落宣传提升工作，扩大乡村传统文化对外影响。

（二）引人入宅活化利用，激发乡村发展活力

浙江省松阳县、宁德市屏南县通过发展"党委政府＋艺术家＋农民＋

古村＋互联网"文创模式，为促进传统村落活化发展聚集了人气。一是通过发展文化创意、乡村旅游等产业，把新居民引进来。二是积极创建服务平台，完善基础设施和公共服务，把新居民留下来。三是以村委会为平台，由村委与老屋屋主签订租赁合同，新居民再与村委会签订租赁合同，把保护资金带进来修缮老屋，破解保与用的难题。四是简化古民居修复建设手续，按照工料法施工，把投入资金省下来。五是结合传统民居修缮引进外来移民开办书屋、艺术创作室、酒博馆等，带动乡村旅游发展，让村民富起来。

（三）坚持因地制宜，推动差异化连片化发展

充分发挥规划引领作用，注重打造各村特色文化品牌，实现差异化活化升级，避免"千村一面"。如禅城区莲塘村的龙狮文化、南海区松塘村的翰林文化、顺德区碧江村的祠堂文化等，各村立足本土，特色鲜明。同时，注重由以往的单个古村落活化，转变为连片古村落群整体统筹、整合资源活化，以点带面实现由古村落"盆景"到古村落群"风景"的转变。如丽水市古堰和画乡小镇连片打造千年古堰和美术写生品牌，松阳县致力于打造华东地区传统村落数量最多、风格最丰富、留存最完整的"古典中国"县域标本。

五　加快推进广州旧村活化改造的建议

广州旧村微改造工作虽然取得了一定成效，但还有广阔的活化利用空间、深厚的土地资源整理潜力。下一步，建议以名镇名村和传统村落为重点，以生态宜居美丽乡村建设为主体，将旧村活化利用作为传统村落保护发展，改善农村人居环境，打造乡村振兴新亮点的重要抓手，以系统保护发展激活乡村发展动能，以绿色发展引领生态振兴，以文化引领乡村文明复兴。

（一）树立科学理念，促进良性发展

要充分认识名镇名村和传统村落的历史文化和经济社会价值，找到政府引导和市场运作、放活政策和规范管理、保护发展和活化利用的平衡点，多元利益主体诉求的共鸣点，形成乡村历史文脉传承发展的良性机制。坚持修旧如旧、活态保护、有机发展的理念，坚持保护与开发、继承与发展并重，物质文化保护、非物质文化传承同步实施，充分使用生态环保技术，创新保护发展模式，对乡土建筑等物质文化遗产和乡土文化等非物质文化遗产盘活再利用，寻找合适用途，激发新的生机活力。

（二）加强组织领导，建立联动机制

建议市实施乡村振兴战略工作领导小组将旧村活化改造工作纳入乡村振兴总体规划，纳入地方党委政府乡村振兴政绩考核体系，结合全市农村人居环境整治、美丽乡村、特色小镇建设等工作同步统筹推进，加强基础设施配套和公共服务体系建设。以名镇名村、传统村落和历史建筑所在地的区、镇（街）、村（社区）作为实施与管理的责任主体，由区负责将旧村活化改造纳入生态宜居美丽乡村建设规划，提出活化改造计划，并负责相关规划政策和工作方案的制定和组织实施，注重推动连线联片活化改造；镇（街）负责组织实施活化改造各项工作。对广州目前获批的6个历史文化名村和91个传统村落，实施市、区领导干部挂点联系制度。

（三）加快规划编制实施，摸底调研分类保护

各区政府应结合广州新一轮村庄规划编制、土地利用和乡村振兴规划编制或修编等工作，引入高水平的活化改造团队，抓紧组织编制传统村落保护发展规划，明确保护利用的方向、范围及开发利用底线，为系统、长远保护和发展提供科学依据与工作路径。加强各类规划统筹实施和系统衔接，鼓励推行多规合一。各区应定期开展行政村的土地、房屋、人口、规划、文化遗存等现状基础数据的摸底调查和数据更新，不断完善名镇名村及传统村落名

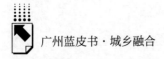

录，建立传统村落数字信息平台，依据村落保护价值大小、完整程度等，实施分级分类保护。

（四）完善政策环境，加强用地保障

建议省级层面研究破解当前制约名镇名村和传统村落保护发展的古民居使用权流转、招投标、图审制度等问题，出台适宜的促进政策，探索建立宅基地自愿有偿退出和流转机制，通过宅基地置换、集体回购等途径，盘活利用闲置宅基地及农房，建设民宿、创意办公、休闲农业、乡村旅游等新乡村公共价值空间。研究制定传统村落保护负面清单，对旧村活化改造适当给予建设用地指标支持，并精准落实到具体地块，切实将广州乡村振兴预留发展用地用好用活。进一步完善设施农业用地政策，加强对基层设施农业用地正负面清单、点状供地等用地政策的宣传培训和技术指导，为旧村活化改造配套设施建设提供用地保障。

（五）创新工作机制，促进持续发展

一是开展村企合作，由村委会联合专业机构成立管委会，引入市场主体共同开展旧村活化改造项目策划运营等工作；探索股份制试点，鼓励村民将其所有的古建筑、古民居等进行租赁或入股，同时吸收社会资金入股，共同参与古村落的保护、经营和收益。二是结合城乡融合发展的需求，大力实施特色民宿、生态精品农业、摄影写生、民俗文化、康养文化、电商文创等融合产业，推动古村有效保护、乡村经济有效激活、乡村文明有效传承。三是建立传统村落保护专家委员会及风貌审查机制，加强岭南特色传统村落修缮、保护与利用，活化利用民族村寨、南粤古驿道等传统文化资源，连线成片建设岭南特色乡村风貌示范带。四是建立传统村落保护协会，激发原住民生产生活融入保护发展的积极性，并鼓励支持社会及个人、乡贤认养领养无力保护利用的传统建筑，争取更多的社会力量参与，促进旧村活化保护、持续发展。

（六）加强资金技术投入，加大宣传推介

一是市政府应整合各相关部门的政策补助资金，系统化、规模化组织开

展一批旧村活化改造试点，奖励一批先进典型，注重资金向历史文化名村、传统村落适当倾斜。二是鼓励各区尽力将符合条件的传统村落申报列入省级、中国传统村落名录，获得上级财政支持，同步建立资金投入机制，积极引入工商资本，以适度开发利用促保护。三是提升全市各级管理人员与农村工匠的技术水平，派驻优秀设计师驻村定点指导传统村落活化利用，在政策上支持培育古建材料企业。四是继续开展最美乡村、网络人气村等评选活动，包装一批有潜力、有开发价值的传统村落、美丽乡村项目进入招商名录，加强宣传推介，建设一批高质量岭南特色精品乡村。

（七）加快项目实施，加强监督检查

各传统村落所在区政府和市相关单位要切实贯彻落实《广州市历史文化名城保护条例》，执行保护发展规划要求，加强保护发展项目的实施管理，加快项目建设进度，加强组织和人员保障。市、区人大常委会应通过组织执法检查、听取和审议专项工作报告、开展视察调研等方式，加强对政府关于传统村落保护发展和旧村活化改造工作的监督检查，持续跟踪问效，合力推进旧村活化改造和乡村振兴。

参考文献

吴燊：《新农村建设中旧村改造研究——以南安市为例》，福建农林大学硕士学位论文，2017。

周建明：《中国传统村落保护与发展》，中国建筑工业出版社，2014。

穆晓琳、赵帅：《浅谈传统村落保护与发展》，《中华建设科技》2016 年第 7 期。

彭璐璐、彭宾：《传统村落文化保护与美丽乡村建设解析》，《美与时代》（城市版）2018 年第 10 期。

王庆生：《保护传统村落 助推乡村振兴》，《中国社会科学报》2019 年第 3 期。

B.3
广州市加快建设粤港澳大湾区"菜篮子"工程实施路径研究

郭艳华　江彩霞　尹绣程　邱志军*

摘　要： 广州建设粤港澳大湾区"菜篮子"工程，尽管会面临扩大生产基地、产品处理加工、安全保障以及多方合作机制等问题挑战，但只要思路清晰，准确瞄准粤港澳大湾区市场，加强"菜篮子"产品多边安全合作、完善合作机制体制、加强"菜篮子"基地建设、畅通"菜篮子"配送渠道，就能高水平服务粤港澳并辐射内地，进而促进都市现代农业提速升级。

关键词： 粤港澳大湾区　"菜篮子"工程　广州

2019年2月发布的《粤港澳大湾区发展规划纲要》，对如何加强粤港澳食品安全合作、完善食品产源地追溯以及提高食品安全监管信息化水平有了更加清晰的指引，为此，广州适时提出建设粤港澳大湾区"菜篮子"工程。广州"菜篮子"工程建设主要包括"菜篮子"生产基地体系、产品便利流通体系和严格的质量安全监管体系等。随着大湾区"菜篮子"建设正式启动，大湾区"菜篮子"生产及流通服务体系正式进入实操阶段。

---

* 郭艳华，广州市社会科学院经济研究所所长、农村研究中心执行主任，研究员，研究方向为农村经济、绿色经济；江彩霞，广州市社会科学院经济研究所副研究员，研究方向为城市经济、农村经济；尹绣程，广州市社会科学院经济研究所实习研究员，研究方向为农村经济、生态经济；邱志军，广州市社会科学院经济研究所助理研究员，研究方向为农村经济。

一 广州建设粤港澳大湾区"菜篮子"
工程的基础与优势

（一）市场庞大：大湾区腹地广阔消费需求大

就广州而言，2018年全市常住人口1490万人，对绿色优质农产品需求量大，因此，提升绿色农产品及蔬菜品质，实现广州农业的转型升级显得尤其重要。2019年直供粤港澳优质农产品博览会暨粤港澳农产品采购洽谈会数据显示，广州每天消耗约5000吨大米，6000吨水果，4000吨蔬菜，20000头生猪，160万只鸡，1600吨鱼。围绕供应粤港澳大湾区市场，广州已建成一批特色农业优势产业（如蔬菜、奶业等），实现从田间到超市全链条规范化产业体系，农产品品质全面提升。

粤港澳大湾区是一个庞大城市群，由香港、澳门、广州、深圳、珠海、佛山、惠州、东莞、中山、江门、肇庆组成，腹地广阔，总面积为5.6万平方公里，GDP总量规模突破10.9万亿元，是国内经济活力最强的区域之一，也是中国开放程度最高的区域。至2018年底，大湾区总人口已达到7100万人，对农产品消费需求大，拥有未来庞大市场。在中央有关部门支持下，粤港澳三地终将打造成国际一流湾区和世界级城市群。

（二）动能强劲：农业现代化建设实现提质增效

近年来，围绕供应粤港澳大湾区市场，广州建成蔬菜、奶业等一批特色农业优势产业，同时着力提升果蔬品质，从田间到超市，全链条高标准规范产业体系。

1. 农业综合生产能力增强

"十三五"以来，广州农村经济稳步发展，农业综合生产能力持续增强。2018年，广州都市农业总收入1953.8亿元，同比增长2.7%，都市农业总产值1428.9亿元，同比增长2.2%；蔬菜、花卉、牛奶产量居全省第一位。促进优势农业向优势区域相对集聚集中，形成水稻、蔬菜、水果、花卉、苗木等万亩片区。观光休闲农业、乡村旅游发展良好，每个涉农区形成 2~3 个特色鲜明的美丽乡村群。制定了农业技术规范 173 项，主要农作物耕种收综合机械化达到 52%。推进建设广州国际种业中心，成立广州国际种业联盟，建设种业园区（小镇）。拥有广东省名牌新产品（农业类）163 个，市级农业龙头企业 135 家，拥有"三品一标"产品 532 个，农业类省名优产品数量 163 个，创历史新高，位居全省首位；省名特优新农产品区域公用品牌 22 个，经营专用品牌 87 个，产品覆盖了粮食、蔬果、畜禽产品、水产品、饲料等多个品类。

2. 现代农业生产基地建设持续推进

广州始终把大湾区"菜篮子"基地建设作为重要抓手。2018 年，大力推进 3.2 万亩农田、鱼塘基本建设，市财政安排 1.3 亿元资金，推进建设 8 个农业综合平台，建立 15 个国家级农业标准化示范区。省级"菜篮子"基地总数达 26 家（其中新增 14 家），居全省前列。全市共建成农业农村部水产健康养殖示范场 21 个，农业农村部畜禽养殖标准化示范场 14 个，重点生猪养殖场 12 个，省重点家禽养殖场 14 个，市级以上农业标准示范区 92 个，促进水稻、蔬菜、水果、禽肉、水产等优势产业向优势区域相对集聚。

3. "菜篮子"工程建设成效显著

早在 20 世纪 80 年代，广州在全国率先启动"菜篮子"工程，基本解决了全市菜、肉供给问题。2018 年，粮食作物播种面积比上年增长 2.9%，达到 26.31 千公顷；全年粮食产量为 13.01 万吨，比上年增长 1.5%；蔬菜种植面积达到 145.95 千公顷，蔬菜产量为 368.79 万吨，比上年增长 1.1%；蔬菜喷滴灌及大棚设施面积约为 4.3 万亩，蔬菜自给率达到了 117%；花卉种植面积比上年增长 4.1%，达到 22.79 千公顷；油料种植面积达到 5.93 千公顷，油料产量 1.61 万吨，比上年增长 78.9%；园林水果产量实现 60.57 万吨，比上年增长 14.7%；2018 年肉类总产量 13.52 万吨，比上年减少 2.1%。禽肉产量 8.9 万吨，比上年增长 12.6%。全年水产品产量实现 45.42 万吨，比上年略有增长，为 1.5%。其中，海水水产品产量 9.80 万吨，比上年增长 6.1%；淡水水产品产量 35.62 万吨，比上年增长 0.3%。

为推进大湾区"菜篮子"工程建设，广州到港澳、珠三角地区深入调研，快速构建以广州为中心枢纽服务粤港澳大湾区"菜篮子"工程体系。

4. 农产品质量安全监管体系完善

广州高度重视农产品质量安监工作，要求全市所有涉农镇（街）必须成立农产品质量安全公共服务机构，建立覆盖市、区、镇（街）、村四级农产品质量安全监管体系，目前已建成检测中心、站、点共219个，并且配备农产品质量安全专职安全员553名，致力解决农产品质量安全监管源头问题。对"菜篮子"基地的生产环境、生产过程及农产品质量，实行定期定量的例行检测或强制性检测，确保产品百分之百的安全可靠。积极开展以农资市场专项整治行动和农产品质量安全检测，创建"放心肉菜示范超市"，可扫码查"身份"，打造让群众放心的"菜篮子"安全工程。2018年，广州对全市各类农产品进行抽检，结果显示总体合格率超过了99%；在农业部例行检查、省级监督监测、例行监测中，来自广州产地的农产品合格率全部达到100%。

（三）保障可靠：商品流通体系发达

1. 广州交通枢纽功能布局完善，辐射能力强

广州是全国三大综合交通枢纽城市之一，濒临南海，是国内典型的涵盖海、陆、空各种运输方式的城市，目前已基本形成以广州白云国际机场、广州港南沙港区为龙头，以广州站、广州东站、广州南站、江村铁路编组站为核心，以公路客货运枢纽站、地铁枢纽站为补充的空间和功能布局，在引领带动大湾区联通内外上发挥重要作用。"菜篮子"工程主要依托国家干线铁路网和干线公路网，形成了辐射全国各方向的运输网络，全国各地供港蔬菜全程冷链运输到广州基地，再经过分拣包装贴标签后运往港澳。综合交通的辐射带动功能，为广州建设大湾区"菜篮子"便利流通体系的产业链拓展重要节点提供支撑，助力大湾区"菜篮子"成为全国优质食用农产品集散中心。

2. "菜篮子"产品批发市场集聚升级

广州现有35个"菜篮子"产品批发市场，包括8个水产品批发市场、7个果蔬类批发市场等，数量上远超周边城市，是大湾区"菜篮子"的集散

地。批发市场总体供给充足，2017年批发市场总交易额262亿元，交易量882万吨，供需比达到1.79:1。2018年，广州市公布《广州市"菜篮子"产品批发市场布局专项规划（2017—2020年）》，明确将"菜篮子"产品批发市场定位为广州国际商贸中心的重要组成部分，并构建"5+19"（即5个集中发展区、19个原地升级市场）的总体布局，推动"菜篮子"产品产销一体化、流通信息化发展，不断夯实广州作为区域核心城市的服务保障能力。

3. 冷链物流服务体系健全

广州批发市场集聚发展程度高，依托这种优势，大型第三方冷链物流企业迅速发展，主要品种冷链物流体系得到完善，以此推动肉类"无断链"农产品冷链物流发展，并覆盖包括生产、存储、运输及销售等整个环节的冷链。2017年统计数据显示，全市具有一定规模的冷链物流相关企业超过100多家，规模5000吨以上冷库共有62座，冷藏车保有量超过1700辆，冷库总容量达100多万吨。很多企业已进驻冷链公共信息服务管理平台，接受产品在储存、运输和销售等过程中的温湿度实时跟踪、检测、预警，为政府市场监控相关部门提供技术支持。

4. 信息化监管平台构筑完善

广州农业信息化建设一直走在全国前列，为更准确掌握"菜篮子"的实时动态，1995年，广州在全国率先成立"菜篮子"报价中心，建立菜价监测系统。截至2018年，广州销往市内各大流通市场并贴有农产品标识的产品已达到2554万份，已建成广州市农产品质量安全溯源管理平台与农产品质量安全溯源体系63个，实现了对农产品从生产到流向再到质量的信息可查询可追溯的管理新模式，真正建立起标识溯源应用和标识准出制度，奠定了大湾区"菜篮子"便利流通服务平台建设的坚实基础。

二 广州建设粤港澳大湾区"菜篮子"工程面临的挑战

（一）多方合作的机制体制需要沟通协作

大湾区"菜篮子"工程建设能否在两种体制、三个关税区、九个城市之间找到最大公约数，形成有效联动、沟通协作机制和信息共享机制至关重要。例如，粤港澳三地食用农产品检验检测标准体系存在差异，实现互认统一，是技术合作和人才互通的条件，也是深化协同发展的基础。目前广州同香港、澳门已经建立了联席会议制度，但在议事协同的有效性和精准性、信息共享的及时性和便捷性方面依然面临不小的挑战。

（二）生产基地建设面临土地瓶颈

大基地建设、大规模种植是大湾区"菜篮子"建设发展的大趋势。"菜篮子"种养大户或龙头企业要实施规模化种植，不仅要租赁到一定规模的土地，而且必须连片。随着广州城市规模不断拓展，城区周边大量农产品生产基地因城市扩建和工业开发被征用。目前，蔬菜种植基地较分散，规模大多偏小，无法发挥规模效益，土地集中流转率不高，这些因素都会对目前农产品生产基地建设任务落实带来一定难度。因此，全市68个基地被纳入供港澳备案基地，在用地顺利落实方面面临挑战。

（三）现有流通中心面临优化升级

《广州市"菜篮子"产品批发市场布局专项规划（2017—2020年)》指出现有"菜篮子"批发市场主要分布在历史城区（3个）、中心城区（18个）、外围区（14个），容积率平均值分别为3.13、0.63、0.68，用地集约度低，土地利用效率不高。当前批发市场货运交通以及不断增加的人流、车流对城市交通，尤其是中心城区产生较严重的影响。从市场规划合规性来看，完全符合的"三规"批发市场16个，不符合规划情况的批发市场19个，市场疏解转移、关闭任务重。从合规市场的规范化信息化程度来看，与集检验检疫、通关、信息化、商贸于一体的综合功能区相比存在较大差距。

（四）产品后端处理和加工水平亟须提高

目前，发达国家的蔬菜产品化处理和包装率几乎达到100%，精深加工率也多超过40%。发达国家经验表明，"菜篮子"产品特别是蔬菜采后的商

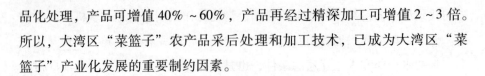

品化处理，产品可增值 40% ~ 60% ，产品再经过精深加工可增值 2 ~ 3 倍。所以，大湾区"菜篮子"农产品采后处理和加工技术，已成为大湾区"菜篮子"产业化发展的重要制约因素。

三　广州建设粤港澳大湾区"菜篮子"工程对策与建议

作为粤港澳大湾区核心城市，广州要增强自身持续发展能力和带动辐射能力，强化推动大湾区核心动力和关键引领作用。面向市场提质增效，瞄准粤港澳大湾区市场，高水平打造广州粤港澳绿色农产品生产供应基地、绿色农副产品集散基地，发展特色、高效、生态农业，推进现代特色农业产业高质量发展，借力物流及电商，畅通"菜篮子"配送渠道，加强"菜篮子"产品多边安全合作。

（一）构建大湾区"菜篮子"多边合作机制

1. 建设大湾区"菜篮子"沟通协调机制

要着力推动建立大湾区城市协调工作机制，完善协同的有效性和精准性、共享的及时性和便捷性。建立大湾区"菜篮子"议事协调、信息共享通报机制，对供港澳农产品从生产到流通过程中出现的问题进行沟通协调，对产品质量安全监管进行信息交流，共同促进各地优质农业资源在粤港澳大湾区这个大市场进行流通供应。紧紧联结泛珠三角地区以及国内其他城市，共同促进供港澳农产品海关备案、产品加工和贸易发展便利流通，将大湾区"菜篮子"进一步打造成为全国优质农产品进入粤港澳大湾区市场的主要交易和展示平台。

2. 严格大湾区"菜篮子"质量监管

一是实施"阳光生产"制度。将各个生产基地生产过程实行全程视频监控，对选种、用肥、用药、用水、气候等信息进行全程记录，消费者可随时上网查阅产品详细信息。从备案生产基地到市场的产品质量安全全程严格监管，加大对产品质量安全的监督执法力度。二是实施"阳光监管"制度。

将"菜篮子"产品质量信息、监管检测信息、监管信息录入云平台数据库，产品上网，一品一码，实现网上公开、便捷查询、全民监督，无论是供应内地市场还是供应港澳市场，均按统一的农产品质量安全标准进行供应销售。三是建立退出机制。对违反农产品质量安全相关规则或规定的企业或个人，及时强制将其退出，情节严重者还要接受有关部门处理，对标港澳地区"菜篮子"质量标准，企业主体主导生产基地建设、生产经营及产品流通，按市场规则优胜劣汰，倒逼广州农产品质量安全水平的提升。

3. 加强大湾区"菜篮子"产品安全合作

加强粤港澳大湾区"菜篮子"产品安全合作，保障供港澳食品安全。提高大湾区食品安全监管信息化水平，协调统一穗港澳互认的"菜篮子"产品溯源信息编码，完善食品原产地可追溯制度，实现快速追溯。建立健全食品安全信息通报案件查处和食品安全事故应急联动机制，建立食品安全风险交流与信息发布制度。着力构建农产品监管网络，以信息化为平台，全面监测"菜篮子"市场动态。农业、工商、质监和卫生部门加强沟通协调，落实好市场准入制度，实现监管工作常态化，完善生产加工和流通环节的监督抽查和例行检测制度，严格把控"菜篮子"产品质量关。

4. 加强大湾区多边工商合作

运用多边工商合作机制，借助国内、国外两个市场两种资源，加强与内地兄弟省市、港澳台地区以及"一带一路"共建国家的农业合作，重点加强动植物疫病防控、蔬菜园艺、农业大数据、节水农业等领域国际合作。加强大湾区城市间协同联动发展，强化与世界城市的合作，深度融入国际城市体系，推动用好国内、国外两个市场，加强国际农业科技合作交流，引进国际先进技术和装备，重点引进国外优良种质资源以及农业安全生产、标准化生产、病虫害综合防治和农产品加工、储藏、保鲜等领域的关键技术。

（二）促进大湾区"菜篮子"生产基地体系建设

1. 狠抓"菜篮子"基地建设

全力推进目前全市68个被纳入供港澳备案基地的建设（其中蔬菜基地

57 个，水果基地 11 个)，建立健全"菜篮子"工程相关机制，科学规划蔬菜产业基地，出台基地产业化扶持政策。以基地建设为抓手，推进农业标准化生产，建设标准化农产品生产基地，提升农产品品质。大力发展绿色无公害有机农产品和地理标志农产品，做好农产品基地"三品一标"认证工作。建成一批穗港澳共同认证且覆盖"菜篮子"主要农产品"示范基地"。鼓励龙头企业兴办产业化农产品生产基地；加快"菜篮子"产品生产基地农业设施设备建设；支持畜禽养殖和水产养殖的标准化、规模化、生态化、设施化建设。创建农业部蔬菜标准园、畜禽养殖标准化示范场、省级重点生猪养殖场、省级重点家禽场、省级水产良种场。

2. 拓展生产基地功能

对于大湾区"菜篮子"生产基地，适当注入农业科普、生态保护、农产品深加工、农业生物科技、农业文化、农事观光休闲体验等元素，成为可供大湾区以及国内其他城市青少年的科普教育基地，以及观光休闲、农耕体验文化的"后花园"。依托基地优势，以设施温室蔬菜基地为主，通过种植草莓、油桃等特色果蔬品种供市民休闲采摘；开设"农家乐"服务，提升农产品生产基地的功能，助力建设粤港澳大湾区优质生活圈。

3. 建立"菜篮子"指数发布中心

广州作为全国"菜篮子"报价中心，菜价检测系统比较健全，对"菜篮子"动态实时全面掌握，目前应很好利用已有基础和优势，致力打造大湾区"菜篮子"价格话语权，适时编制并发布大湾区"菜篮子"价格指数，使广大民众及时了解和准确掌握"菜篮子"市场价格动态，同时为"菜篮子"生产经营和市民消费提供及时、准确的服务。

4. 建设大湾区"菜篮子"安全标准体系

依据供港澳食用农产品质量安全标准，高标准建设大湾区"菜篮子"质量安全体系，要求在内地销售的"菜篮子"产品，也必须符合国家农产品质量安全法规要求和供港澳质量标准，以保证农产品的质优和安全，使大湾区"菜篮子"产品标准逐渐发展成为全国食用农产品质量安全标准的新标杆。

（三）畅通大湾区"菜篮子"配送渠道

1. 建设好大湾区"菜篮子"产品配送中心

广州要积极谋划建设大湾区"菜篮子"产品配送中心，建设农产品贸易、流通、精深加工集散枢纽，积极有序调整农产品批发市场、物流基地布局，主攻发展农产品展贸、流通、结算、定价、信息及相关创新服务，将泛珠三角地区丰富的优质农产品资源联结起来，在泛珠三角乃至内地逐步设立具有仓储、加工、包装、转运等功能的"菜篮子"产品中转点，构建服务粤港澳大湾区"菜篮子"产品供应新格局。融入粤港澳大湾区消费市场，完善农产品物流体系建设。加快建设广州白云江高镇"菜篮子"产品配送中心，同时把清远、云浮、梅州、永州等拓展为大湾区"菜篮子"流通体系产业链拓展的重要节点，直通港澳或珠三角地区。在内地主要城市建立大湾区"菜篮子"产品市场供应体系，在香港、澳门设立相应的配送中心，承接产品分流或直供客户。

2. 建设信息服务大平台

以信息技术为支撑，建设大湾区"菜篮子"信息服务平台，实现"菜篮子"信息准确传递和不同数据之间的链接，达到快速溯源的目的。构建产品"线上＋线下""实体＋平台""枢纽＋网络"相结合的多功能信息平台，快速提升农产品品牌推广和市场拓展效率。创新"农业＋网络"发展模式，打造特色农产品产地集散平台。以阿里巴巴农村淘宝、京东和广州本土的农业公司等为主要建设主体，加快农产品"触网上市"进程。加强配送信息化建设，综合应用网络技术、电子封识、卫星定位等技术，完善物流跟踪系统。

3. 建设一批大湾区"菜篮子"专业批发市场

以建设大湾区"菜篮子"枢纽为契机，改造提升一批专业市场，多措并举保障"菜篮子"产品有效供给。明确南沙集中发展区、东部集中发展区、北部集中发展区、东洛围水产集中发展区以及中央大厨房五个集中区发展定位，实现差异化、集聚化发展，依托五个集中发展区培育大型第三方冷

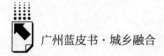

链物流企业，完善主要品种冷链物流体系。实现和保障"菜篮子"产品充足供给、安全供给、优质供给，实现"全球采购、辐射全国、广州集散"的目的。

（四）全面提升"菜篮子"特色优势产品及后端处理加工水平

1. 提升"菜篮子"优势传统特色产品

围绕优质水稻、蔬菜、水产、水果等优势产业，建设一批规模化生产基地、片区，加快推进现代种业发展。实施畜牧业稳产优质行动，推动现代畜禽养殖和屠宰加工业发展，制定实施规模化、现代化畜牧业发展规划，推动国家畜牧科技产业园建设，打造一批规模化现代化生态循环的畜禽养殖基地，推动牲畜屠宰场现代化、标准化、规模化和园区化，稳定畜禽产品生产供给。

2. 创建"菜篮子"产品品牌

以粤港澳大湾区"菜篮子"需求为导向，以供港澳备案生产基地、绿色食品为基本品质要求，打造大湾区"菜篮子"高端品牌形象并注册品牌商标。深入推进"一村一品、一镇一业"专业村、镇建设，培育发展村镇品牌产业和产品，争取创建一批"乡字号""土字号"特色品牌。围绕优质、绿色和功能性"菜篮子"产品，打造一批科技水平高、加工能力强的"菜篮子"加工品牌企业。

3. 全面提升"菜篮子"产品后端处理和加工水平

加强储藏、保鲜、烘干、分类分级、包装和运销等初加工设施装备建设，突出重点、分类提高粮油、畜禽、果蔬、水产品等特色农产品产后处理水平。推进"菜篮子"产品精深加工，围绕广州荔枝、增城丝苗米等优势特色资源，推动农业生产向保鲜、加工、商贸延伸，提高附加值，重点打造粮食、蔬菜、肉类、水果、乳品等加工产业链。大力发展保鲜、冷链配送业，培育发展农产品加工总部企业，建设农副产品集散枢纽。推动农产品加工业提质增效，充分发挥农产品加工业对农业农村的引领带动作用，打造集生产、加工、流通于一体的农产品加工集聚区，强化农产品加工转化增值和带动作用。

B.4
广州市2019年农业经济运行情况分析报告[*]

朱展翔 卢志霞[**]

摘 要： 2019年，广州市以实施乡村振兴战略为总抓手，以振兴乡村产业为着力点，全力推动农业生产提质增效，前三季度种植业、渔业发展较好，畜牧业持续调减，全市农业生产稳中有升。农业生产仍然面临土地制约、生产成本上涨、现代农业潜力未能充分释放、部分农产品自给率有待提升等问题。促进农业经济发展，广州市应进一步优化农业生产结构，实现优质高效农业生产；推进土地流转，实现土地规模经营；培育壮大新型农业主体，促进产业融合发展；引导生猪产业健康发展，提升畜禽生产自给水平等。

关键词： 农业经济 农业生产 产业融合

2019年以来，广州市按照中央和省"三农"工作的部署，以实施乡村振兴战略为总抓手，以振兴乡村产业为着力点，全力推动农业生产提质增效，前三季度种植业、渔业发展较好，畜牧业持续调减，全市农业生产稳中有升。

---

* 注：本文数据为2019年前三季度数据，特此说明。
** 朱展翔，广州市统计局农村处处长，研究方向为农村经济；卢志霞，广州市统计局农村处主任科员，研究方向为农村经济统计。

一 农业经济总体运行情况

（一）农业生产总量稳步增长

2019 年前三季度，广州市实现农林牧渔业增加值 186.54 亿元，比上年同期增长 3.3%，增幅比 2019 年第一季度、上半年分别提高 0.7 个和 0.3 个百分点；占 GDP 的比重为 1.04%，比上半年提高 0.07%（见图 1）。第一产业增加值 169.57 亿元，同比增长 3.6%。

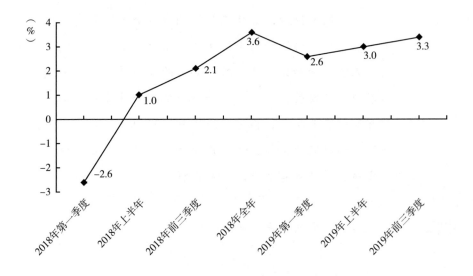

图 1　2018～2019 年广州市农林牧渔业增加值各季度增长趋势

分行业看，2019 年前三季度全市农业增加值 123.32 亿元，同比增长 4.2%，拉动农林牧渔业增加 2.6 个百分点；渔业增加值 33.48 亿元，同比增长 10.2%，拉动农林牧渔业增加 1.7 个百分点；农林牧渔业及辅助性活动增加值 16.97 亿元，同比增长 0.2%；牧业增加值 11.83 亿元，同比下降 12.8%，林业增加值 0.94 亿元，同比下降 18.9%（见表 1）。

表1　2019年广州市农林牧渔业增加值情况

单位：亿元，%

类别	前三季度		上半年		第一季度	
	总量	增长	总量	增长	总量	增长
农林牧渔业增加值	186.54	3.3	113.7	3.0	49.78	2.6
其中：农业增加值	123.32	4.2	75.18	3.4	32.40	3.9
林业增加值	0.94	−18.9	0.45	−48.0	0.18	−60.3
牧业增加值	11.83	−12.8	7.83	−10.9	3.90	−12.9
渔业增加值	33.48	10.2	19.57	11.9	8.69	16.8
农林牧渔业及辅助性活动增加值	16.97	0.2	10.67	1.9	4.61	−6.9

（二）种植业结构不断优化，产能进一步提升

1. 蔬菜生产增产增收

近年来，随着城镇化进程的推进，新型农业生产经营主体增多，具有良好经济效益的蔬菜成为农业种植结构调整的优先选择之一，蔬菜播种面积保持着连续增长的态势。同时在粤港澳大湾区"菜篮子"建设和产业园区建设等相关政策效应的推动下，农民种植蔬菜意向进一步提高，加上温室种植、无土栽培等技术的应用，蔬菜生产增产又增收。2019年前三季度蔬菜种植面积157.34万亩，产量257.34万吨，产量同比增长3.3%，分别比一季度、上半年提高0.5个和1.1个百分点。其中，豇豆、南瓜、冬瓜等品种产量分别增长24.1%、16.6%和18.2%。

2. 花卉种植亮点突出

花卉种植一直以来是广州市种植业的亮点和增长点，附加值高，经济效益好。2019年前三季度花卉种植实现产值33.25亿元，同比增长16.4%，占农业总产值比重的18.8%，占农林牧渔业总产值的10.9%。从化区的万花园、花都区的花卉之都两个农业发展平台的产业集聚和龙头作用日益显著，兰花、多肉植物、水培花卉和组合盆栽等绿色环保类花卉产品受到市场欢迎。

3. 水果产量保持平稳，特色水果快速增长

截至2019年三季度末，广州市园林水果种植面积94.26万亩，同比增

长1.7%。前三季度，广州市园林水果产量46.52万吨，同比增长0.1%。2019年是荔枝生产的"小年"，由于花期推迟，开花率低，再加上暴雨连续增多的影响，产量比上年同期大幅下降，整体拉低全市水果产量。前三季度广州市荔枝产量3.98万吨，同比下降66.4%。

在美丽乡村建设和"一村一品"示范村的带动下，广州市特色岭南水果产量增长喜人，特别是从化区的"三华李"，南沙区的香（大）蕉、番石榴等品类水果，因受到乡村旅游带动，市场需求高，种植效益好，出现明显的增量补种现象。2019年前三季度，香（大）蕉、李子、番石榴、青梅、桃子及其他杂果产量分别增长37.4%、88.7%、51.1%、15.3%、691.5%和19.2%（见表2）。

表2　2019年前三季度广州市园林水果生产情况

品类	季末实有面积（万亩）	增长（%）	产量（万吨）	增长（%）
园林水果	94.26	1.7	46.52	0.1
香(大)蕉	8.7	11.8	19.54	37.4
荔枝	45.05	−0.7	3.98	−66.4
龙眼	11.88	1.9	3.17	−28.2
番石榴	3.07	6.2	8.43	51.1
李子	3.81	1.4	1.83	88.7
青梅	1.2	−0.4	0.31	15.3
桃子	0.23	0.3	0.23	691.5
其他杂果	8.16	−4.6	3.21	19.2

（三）畜禽养殖生产下行形势严峻

1. 生猪养殖持续缩减

由于广州市禁养区内的所有养殖场户关停，非禁养区内污染防治设施配备不达标的大部分场户被关闭，加上受非洲猪瘟疫风险影响，部分养殖场补栏意愿不强，造成生猪养殖规模依旧进一步缩减，生猪存出栏呈双降态势（见图2）。经广东省反馈数据显示，前三季度广州市生猪出栏27.46万头，同比下降32.3%，猪肉产量3.13万吨，同比下降30.6%。生猪存栏16.70万头，下降51.1%，其中能繁殖的母猪存栏2.0万头，下降48.0%。

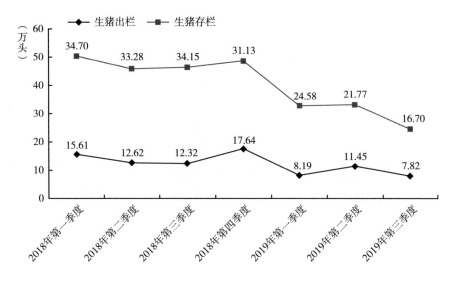

图2 2018～2019年广州市生猪存出栏各季度走势

2. 家禽养殖持续低迷

2019年前三季度，广州市家禽生产存栏量和肉产量齐降，禽类养殖规模进一步缩小，家禽存栏1465.70万只，同比下降21.2%；受猪肉价格上涨影响，家禽出栏价格替代性上涨，带动家禽企业养殖积极性，全市家禽出栏5128.63万只，增长16.0%。禽肉产量5.67万吨，下降7.6%。禽蛋和牛奶产量分别下降4.0%和11.6%。部分地区养殖场养殖结构发生较大变化，由养殖占地大的鸡鸭鹅转向养殖占地较小、出肉率低、更符合健康饮食观念的鸽类等禽类养殖，导致广州市家禽出栏量和禽肉产量增长趋势相背离。

（四）渔业生产态势良好，养殖产量进一步提高

广州市渔业生产结构持续优化，养殖发展提速增效，渔业品种进一步优化，适度扩大观赏鱼养殖，发展水田养殖沙虾等新型水产养殖产品，远洋渔船投产数量增加，全市水产品生产态势良好。2019年前三季度，广州市水产品总产量28.10万吨，同比增长3.1%。水产养殖产量24.28万吨，增长2.3%，养殖比重达86.4%。观赏鱼4344万尾，较上年增长1.4倍。虾蟹养殖产量1.60万吨，同比增长15.2%。

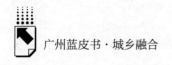

二 广州市农业生产发展优势与问题分析

（一）农业生产发展优势

1. 农副产品价格上涨调动农户种养殖积极性

广州市是典型的大市场，拥有江南果蔬批发市场等辐射全国的大型农产品批发市场。2019 年以来，广州市主要农产品中蔬菜、水果、水产品等价格较上年有较大幅度上涨，本地种养殖户能够依靠地缘优势快速掌握市场价格信息，根据市场导向生产，及时调整种养殖结构，调动了农民生产积极性，促进了农业生产发展。

2. 农林牧渔服务业发展空间大

在实际耕地面积持续减少的大环境下，随着社会分工的细化，广州市农林牧渔服务业摆脱传统"种养"方式的土地依赖，在农业科技、种子种苗繁育、病虫害防治上服务于农业生产，加上对农产品的初加工服务，形成了稳定的农林牧渔服务业体系。以 2019 年前三季度为例，广州市农林牧渔服务业增加值 16.97 亿元，占广东省内农林牧渔服务业增加值的 9.1%，在广东省 21 个城市中居首位（见表 3）。

表 3　2019 年前三季度广州与省内其他城市农林牧渔服务业增加值对比情况

单位：万元，%

城市	增加值	占比	城市	增加	占比	城市	增加值	占比
广州市	169692	9.1	惠州市	13856	0.9	湛江市	96429	2.5
深圳市	5822	3.0	汕尾市	35945	3.2	茂名市	80231	1.8
珠海市	25384	6.1	东莞市	4016	1.9	肇庆市	46727	2.0
汕头市	37564	4.2	中山市	7624	1.8	清远市	70400	4.0
韶关市	10373	0.9	江门市	39232	2.4	潮州市	24122	3.2
河源市	8541	1.2	佛山市	62101	5.2	揭阳市	47662	3.6
梅州市	22898	1.6	阳江市	34111	2.0	云浮市	26764	2.2

3. 花卉产业拉动农业经济增长明显

在前三季度核算中，花卉产值占农林牧渔业总产值的9.9%，占农业总产值的18.8%，花卉产值增长拉动农林牧渔业增加值增长0.86个百分点。在全市畜牧业下行、传统农业抗风险能力弱、实用耕地面积逐渐减少的情况下，花卉产业经济效益高，种植周期较短，占地面积小，成为广州市农业经济的新增长点。

（二）农业生产存在的问题

1. 土地制约因素突出

随着城市化建设的推进，农业生产设施用地受到严格控制，实用耕地面积持续下降，农业生产实际耕地流转水平也不高，相当部分农民宁可小规模经营也不愿意出租经营权，影响农业发展规模化、产业化生产。

2. 生产成本上涨突出

农资价格、土地流转价格、人工工资等种植成本居高不下，种植户收益收窄，积极性有所降低；与此同时，随着畜牧业禁限养政策和瘟疫疫情防控措施的持续推进，畜牧业养殖面临环保成本和疫情防控成本的双重压力，特别是生猪养殖目前暂无有效的快速恢复生产的措施，经营风险进一步提高。

3. 现代农业潜力未能充分释放

目前广州市农业生产仍以传统农业为主，农业生产受制于气象、土地等外部因素影响，加大了生产的不确定性，加上传统农业因规模化、集约化不足等原因，未能形成附加值高的农业产业链，传统农业后继发展动力不足，现代农业仍处于起步阶段，潜力未能充分释放。

4. 部分农产品自给率有待进一步提升

随着广州市城市规模逐渐扩大，耕地面积逐年减少，畜禽养殖规模受环保影响不断缩减，广州市粮食自给供应不足，主要依靠从外地调入；"菜篮子"产品中畜禽类农产品的自给率偏低，对进口和周边省市的依赖程度较高。据农业部门统计，按全市总量需求（2000万人）计算，2018年广州市粮食、猪肉、禽肉和奶类产品的自给率分别为5%、6%、54%和24%，蔬菜供应自给有余，自给率达101%（见表4）。

表4 2018年广州市主要农产品产量的自给率

农产品类别	年需求量（万吨）	年产量（万吨）	自给率(%)
粮食	220	13	5
蔬菜	365	368.79	101
猪肉	73	4.456	6
禽肉	18.25	9.88	54
奶类产品	18.25	4.4	24
水产品	58.4	45.4	77

三 促进广州市农业经济发展的建议

（一）优化农业生产结构，实现优质高效农业生产

有限的耕地资源、越发严格的环境约束以及各项生产成本的刚性增加，已经成为广州市农业高效发展的主要障碍。因此要积极鼓励引导社会资本参与产业园建设，大力推进广州国际种业中心建设。调整农业主导产业特别是种植业结构更加科学，向提高抵御风险能力方面升级，推进大湾区"菜篮子"建设，抓好"菜篮子"市长负责制工作，做精做优蔬菜、水果、水产等岭南特色农业，着力构建优质生产基地体系、高效便利流通体系、现代经营组织体系、高标准质量安全监管体系。抓好农业标准化、品牌化培育发展。

（二）推进土地流转，实现土地规模经营

可采用政策引导、财政支持的方式，鼓励和引导农民流转土地承包经营权，或以承包经营权入股，推动集约土地资源，促进土地流向种养大户、家庭农场、农民专业合作社和农业企业，推动农业从小规模分散经营向适度规模化、集约化发展。对参与土地承包经营权流转的农民，按流转土地面积给予适当的财政补助。建立健全区、镇、村三级土地承包经营权流转服务体系

和农村土地流转纠纷调处机制,推动农业适度规模化、专业化、现代化经营。

(三)培育壮大新型农业主体,促进产业融合发展

支持农业生产技术创新和农产品全产业链的打造,强化重点农产品的生产服务上下游配套一条龙服务,推进物流、仓储、冷链、加工等产业技术的发展,重点推进农村物流体系建设工程。培育发展农业总部经济,积极引进外地有实力、有影响力的大型农业企业落户广州。大力扶持发展新型农业经营主体,开展市级农业龙头企业、"一村一品"专业村、农业公园、家庭农场、农民合作社示范社等评定工作,发挥各类经营主体在农业经济发展中的带动作用。面向市场需求,积极发展"订单农业"等新模式,切实降低农业经营风险。从源头上解决农产品滞销难题,切实保障农民收益。

(四)引导生猪产业健康发展,提升畜禽生产自给水平

一是科学划定禁养区、限养区和适养区,并新增安排相应的养殖用地及配套设施用地,用于规划建设一批现代化健康生猪养殖场。二是加强示范创建和技术推广,开展畜禽养殖标准化示范创建,引导畜牧业养殖向规模经营、集约环保、有效供给的方向发展,着力提升规模化标准化养殖水平。三是加大扶持力度。落实政策性生猪保险工作,制定生猪生产维持性补贴政策,通过政府贴息、银行业金融机构开发金融产品等方法,切实解决生猪生产融资难的问题。四是加强疫情尤其是禽流感、非洲猪瘟的监测和防控,完善疫病紧急处置补助救助机制,降低疫病对养殖业的影响。

B.5
基于大数据的北上广深人口与劳动力供给及其变化研究

周晓津*

摘　要： 人口流动是经济活动的缩影。受产业向中西部转移、电商深度影响批发零售就业、中西部大发展带动农民工反向流动等影响，北上广深等大城市外来人口发生了较大规模的变动，外来人口数量近年来呈现出明显的"U"形变化。2018年北上广深外来人口流入再次加速，但仍未能恢复到2014年阶段性的高位。应高度重视人口统计和研究工作，推进大数据在2020年全国人口普查中的应用，从全球视野构建中国未来高质量产品制造体系，加大教育和医疗投资和服务供给。各大城市应调整以往相关严格控制人口迁移、增长的政策，制定更为科学、有效的人口发展规划与政策，吸引和蓄积更大规模的人口和人力资源。

关键词： 人口大数据　人口流动　农民工　广州

按照国务院《关于调整城市规模划分标准的通知》中的城市等级划分标准，国内只有6个城市进入超大城市行列，分别是上海、北京、重庆、天津、广州和深圳。其中，5个是人口净流入城市，仅重庆是人口净流出的城

* 周晓津，博士，广州市社会科学院经济研究所研究员，研究方向为人口与劳动力经济学（大数据方向）。

市。从城市移动用户总数来判断，北京、深圳两市的青壮年人口规模应已超过广州，广州、深圳的总人口规模依旧小于北京、上海。根据 2016 年春节人口流动大数据分析，北京、上海两市春节期间常住人口跨省迁徙规模分别为 1097 万人和 1091 万人，加上户籍人口及未返乡外来人口，两市人口规模已在 2500 万以上；同理，广州、深圳两市实有人口规模已在 1900 万左右，深圳总人口数量略小于广州，但劳动力人口数量多于广州。下面就北上广深人口和劳动力供给及其变动趋势做详细分析。

一 北上广深户籍人口、常住人口、外来人口及全社会就业人口情况

（一）户籍人口：京沪严格控制，广深引才入户

从户籍人口数量及其增长态势来看，上海户籍人口增长缓慢，北京 2017 年和 2018 年甚至出现负增长，而广州和深圳则保持一定的户籍人口增速（见图 1）。与 1997 年相比，上海、北京、广州和深圳的户籍人口分别增加了 142. 11 万、269. 50 万、264. 76 万和 345. 54 万。上海和北京居民生育意愿较低，且入户控制都非常严格，因此户籍人口增势不如深圳、广州明显。深圳户籍人口基数较小，大量高科技产业及现代服务业对人才的需求较大，因此每年因外来人才入户导致户籍总人口增长迅速。广州一直以来基本上与京沪一样维持严格控制人口的政策，近年来外来人才入户也有所增加。例如，2018 年广州户籍净迁入人口 17. 93 万人，占户籍人口净增量的 60. 13% 。

（二）常住人口：京沪基本平稳，广深异常增长

从北上广深各城市官方公布的数据来看（见图 2），京沪常住人口增长态势几乎同步，2010 年以前增势明显，京沪两市官方公布的常住人口分别比 1997 年增加了 914 万（增长 73. 7%）和 935 万（增长 62. 79%）。

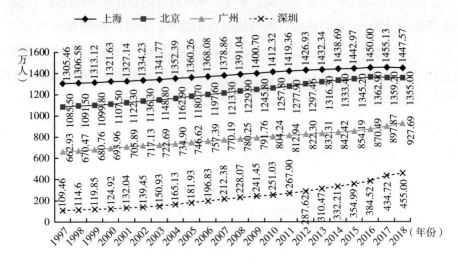

图1 1997~2018年北上广深户籍人口变动趋势

资料来源：1997~2017年数据来源于各城市统计年鉴、2018年数据来自各城市的统计公报。

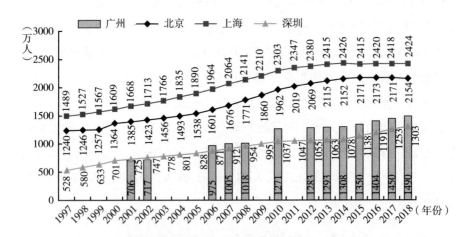

图2 1997~2018年北上广深官方公布的常住人口变动趋势

资料来源：1997~2017年数据来源于各城市统计年鉴、2018年数据来自各城市的统计公报。

2010 年全国第六次人口普查以来，京沪常住人口基本保持平稳，特别是 2014 年以来几乎没有增加，其中上海 2018 年常住人口甚至比 2014 年减少了 2 万人（增长 – 0.08%），而同期北京的常住人口仅增加 2 万多人（增长 0.09%），增速接近于零。广深两市官方公布的常住人口变动趋势基本保持一致。2010 ~ 2014 年，广深常住人口增量均较小，2014 ~ 2018 年广深两市常住人口分别增加了 182 万（增长 13.91%）和 225 万（增长 20.87%）。

　　基于人口大数据推算的结果显示，北京常住人口在 2012 年末超过上海居四大城市之首；广州常住人口于 2012 年达到历史性高位（估计值为 2406 万人），但 2013 ~ 2014 年、2016 ~ 2017 年减少，2018 年则再次恢复增长，实际常住人口规模在 2000 万左右。深圳常住人口总量与广州处于同一水平。从基于人口大数据推算的常住人口来看，京沪人口规模为 2400 万数量级，而广深则在 1900 万数量级，即广深人口约为京沪的 79.17%。广深人口虽然处于同一数量级，但深圳人口中 75% 为劳动力人口，因此深圳实有劳动力人口数量反而大于广州（见图 3）。

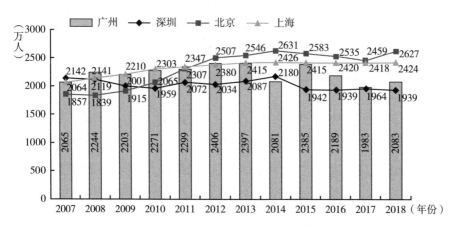

图 3　2007 ~ 2018 年北上广深基于人口大数据推算的常住人口变动趋势

　　资料来源：国家社科基金项目"基于大数据的人口流动流量、流向新变化研究"（15BRK037）成果，项目负责人为周晓津。

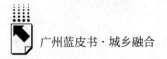

（三）外来人口：京沪稳中有降，广深"U"形发展态势

从官方公布的常住外来人口数量来看（见图4），上海外来人口最多，其次是深圳，但深圳在2013～2016年被北京超越，广州最少。京沪两市同步变动，2010年以来增幅甚微，北京2016年以来甚至出现负增长；上海自2015～2017年则持续负增长，但2018年出现回升。深圳自2010年以来则呈现"U"形态势，2014年达到底部然后持续回升；广州与深圳同步，但"U"形底部为2013年。

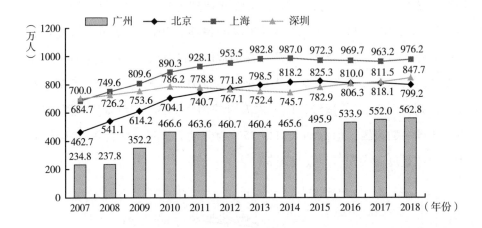

图4 2007～2018年北上广深官方公布的常住外来人口变动趋势

北上广深实际管理的外来人口数量（估计值）是依据城市移动用户数量推算而得，与官方公布的数据有较大差别（见图5）：深圳实际管理的外来人口居四大城市之首，2007年以来下降趋势明显，2018年深圳外来人口估计值比2007年减少了445.7万人；广州2012年达到顶峰，实际管理的外来人口估计值达到1583.7万人，2018年实际管理的外来人口估计值为1155.1万人，比2012年高位减少428.6万人。由于户籍人口的机械增长挤占了一部分外来常住人口，2012年以来广深实际管理的外来人口估计值降低幅度都超过400万人。

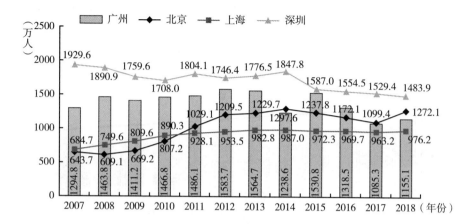

图5　2007～2018年北上广深实际管理的外来人口变动趋势

资料来源：国家社科基金项目"基于大数据的人口流动流量、流向新变化研究"（15BRK037）成果，项目负责人为周晓津。

（四）全社会就业人口：京穗平稳增长，沪深异常增加

从全国来看，河南、安徽、湖南、四川、湖北、江西、广西、贵州和重庆九大人口净流出地区的全社会就业人口呈现明显的"U"形变化，其历史低点都是在2006年前后，2013年之后则缓慢回升。在全国人口主要流出地劳动力跨地区流动变弱之时，上海和深圳的全社会劳动力却异常增加，如上海统计年鉴数据显示，2014年全社会就业人数比2013年猛增228.28万人（增长20.07%），而同期常住人口却只增加了11万人（增长0.455%）；深圳2013年全社会就业人数比2012年猛增128.04万人（增长16.60%），而同期常住人口却只增加了8万人（增长0.67%）（见图6）。

上海和深圳全社会就业人数异常猛增的原因，并非外来劳动力大幅度增加，仅是将原来早已流入的人口纳入统计范围而已。广州和北京的数据虽然正常增长，但同样存在大量早已流入的人口并没有被纳入统计口径的情况。深圳和上海虽然对全社会就业人数进行了大幅度调整，但仍旧有相当数量的外来劳动力并没有被纳入统计口径，特别是大量小微制造业及服务业就业人口游离于就业统计口径之外。广东移动大数据应用创新中心发布的《基于

移动大数据的深圳市人口统计研究报告》显示，2017 年 9 ~ 11 月，深圳月工作人口平均为 1545.7 万人，意味着有 600 万左右的劳动力人口并没有被纳入全社会就业口径。

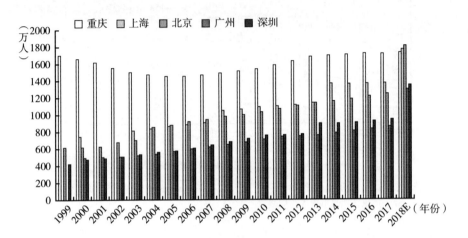

图 6 北上广深渝全社会就业人数变动趋势（1999 ~ 2018 年）

资料来源：1997 ~ 2017 年数据来源于各城市统计年鉴，2018 年为估计值。

二 北上广深外来人口来源及构成

（一）基于微信用户的一线城市外来人口来源及其构成

企鹅智酷联合腾讯位置服务联合发布的《城市出行半径大数据报告》[1]显示，北上广深 4 个一线城市春节期间空城率分别为 52%、51%、60% 和 69%。以上海常住人口为参照的人口数据，可推算 2017 年北上广深春节留守人口分别为 1217 万、1186 万、876 万和 601 万。该报告测算的穗、深、沪、京工作日平均出行半径分别为 6.5 公里、7.4 公里、8 公里和 9.3 公里。

---

[1] 参见《7000 万的人流动与商机——北上广深四城"出行半径"大数据报告》，http://www.cbdio.com/BigData/2017 - 02/17/content_ 5451555. htm。

我们认为造成四市不同的工作出行半径最关键的原因是广州主城区内尚有不少可供外来人口高密度居住的城中村区域，深圳关内经城中村改造后此类区域大为减少，上海和北京则因主城区内基本上很少有村集体保留土地而导致外来人口近距离居住供应不足而远离工作区域。《城市出行半径大数据报告》还提供了北上广深节前人口主要流向，依据其比例可以得到各外来人口来源地人口数量（见表1）。

从估计结果来看，深圳常住人口中，有1743.1万非户籍人口，其中来自广东省的占33%；广州和深圳吸引本省人口所占比重是不同的，广州非户籍人口中，来自本省的占45%。广深非户籍人口中，来自广东省以外的人口为1893.2万人，约占全省跨省流入人口的一半。两市吸引本省流入人口1168.5万人，也约占全省流动人口的一半；以城市为单位，深圳吸引的外来人口最多，其次是广州，北京排第三，上海排第四。流入广深的湖南人高达428.6万，湖南全省流动到广东的人口在800万以上。

（二）基于百度慧眼人口流动大数据推算京沪外来人口

以户籍人口为参照，取不同方法推算结果的均值，我们得到2014年北京净流入人口的可信区间为［1194.30万，1246.03万］。大数据采样期内流入总量为10205265，流出总量为28552669（含误差校正值），净流出量为18347403（同期上海为18275927）。由于净流出量对应在［1194.30万，1246.03万］区间内的净流入人口，推算2015年春节北京市流出人口总量为［1621.17万，1691.38万］（同期上海流出人口推算值为1504.6万），推算流入人口总量为［426.87万，445.35万］（同期上海流入人口为433.60万）。以1194.30万外来人口为基数，我们推算2014年流入北京的外来人口中，河北居第1位，流入北京的人口不少于389.84万人，占北京外来人口的32.64%，占河北跨省流出人口的49.61%，即河北流出人口中，2人当中有1人流向北京。此外，还可反推河北跨省流出人口总量785.87万人以上，推算全国跨省流出人口1.4亿以上。2014年北京外来人口来源及其构成如图7所示。

表1 2016年末北上广深非户籍人口来源地构成、数量及占比情况

单位：万人

深圳市			广州市			北京市			上海市		
广东省	33%	575.2	广东省	45%	593.3	河北省	30%	351.6	安徽省	24%	235.3
湖南省	14%	244.0	湖南省	14%	184.6	河南省	12%	140.7	江苏省	19%	186.3
广西	14%	244.0	广西	11%	145.0	山东省	10%	117.2	河南省	10%	98.1
湖北省	9%	156.9	湖北省	5%	65.9	山西省	7%	82.0	江西省	6%	58.8
江西省	9%	156.9	江西省	7%	92.3	安徽省	4%	46.9	浙江省	6%	58.8
四川省	4%	69.7	四川省	3%	39.6	辽宁省	4%	46.9	湖北省	5%	49.0
河南省	4%	69.7	河南省	3%	39.6	黑龙江	4%	46.9	山东省	5%	49.0
贵州省	2%	34.9	贵州省	2%	26.4	湖北省	3%	35.2	四川省	4%	39.2
福建省	2%	34.9	福建省	1%	13.2	内蒙古	3%	35.2	福建省	3%	29.4
重庆市	2%	34.9	重庆市	1%	13.2	四川省	3%	35.2	湖南省	3%	29.4
其他	7%	122.0	其他	8%	105.5	其他	20%	234.4	其他	15%	147.1
合计	100%	1743.1	合计	100%	1318.6	合计	100%	1172.2	合计	100%	980.4

说明：来源地构成比例数据来自《城市出行半径大数据报告》，而外来非户籍常住人口数量为笔者自主推算结果，由于本文所占百分比数据只精确到个位，因此与报告原数据有细微差别。

在数据库系统帮助下，利用与北京相同的查询方法，可以很快得到由各个省份流入上海的无量纲流量及百分比构成（见图8）。除内蒙古外，上海与全国其他32个省级区域都记录到人口流动。与北京相类似，上海流入人口中江苏占了很大比重，但其中有较大的日常性流量，特别是上海与苏州之间的流量甚为巨大。在没有过滤这种日常性流量的情况下，安徽占上海流入人口第一位，上海实有人口中，安徽人多于江苏人。这种日常性流量在人口普查时，通常不会将其计入外来常住人口的口径中。以北京与河北为例，其初始无量纲流入量9320069，其中38%（校正系数）为日常性流量，北京与保定之间的流量占了很大比重，过滤之后河北流入北京的流量变为5778443，校正之后北京的人口流入量无量纲值为25011043。同理，校正之后上海的无量纲流入量为22278101，由此推算同期上海的市外流入人口量只有北京的89.07%。以上海市统计年鉴（2015年）中996.42万常住人口推算，同期北京的常住外来人口为1118.66万人。

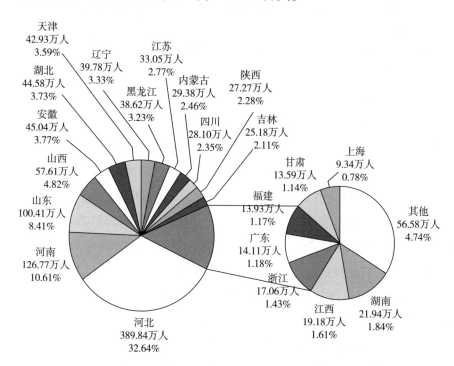

图7　2014年北京市外流入人口百分比构成

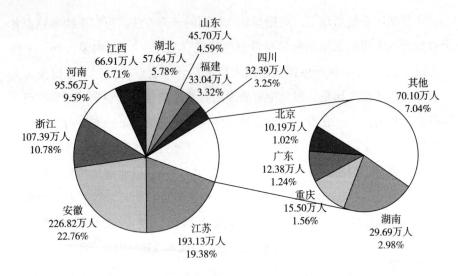

图8　2014 年上海市外流入人口百分比构成

（三）基于大数据的广深经济活动人口与劳动力及其变动

基于移动用户总数这一单一序列数据推算结果显示（见图9），2019 年11 月，广州 15～64 岁经济活动人口多于深圳，占全省的 19.36%；深圳居全省第二，占 17.65%；东莞第三，占 10.44%；佛山第四，占 7.83%；惠州全省第五，占 4.39%。除肇庆外的珠三角 8 个城市经济活动人口占广东全省的 69.45%。以 2018 年 3 月为分界点，广州经济活动人口反超深圳，但总体而言广深占全省经济活动人口总数基本持平。东莞自 2019 年 5 月占全省比重下降了 0.23 个百分点，相当于减少了 23 万经济活动人口。佛山的情形及走势与深圳大致相同。作为人口净流入城市，穗深莞经济活动人口在每年春节期间因外来人口返乡都会有较大幅度的下降，如 2017 年 2 月，东莞、深圳、广州、佛山经济活动人口分别比 2016 年 12 月下降了 2.60 个、2.57个、0.70 个、0.54 个百分点，即 2017 年 2 月比 2016 年 12 月分别减少 260万、257 万、70 万和 54 万（月平均经济活动人口），若以日平均来算，减少幅度更大。而月平均数则因春节前各市流入差异而不同。

从劳动力数量来看（见图10），深圳高于广州，但自 2018 年 3 月以来

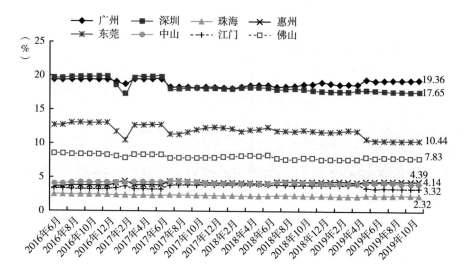

**图9 2016 年 6 月~2019 年 11 月广东省珠三角城市经济
活动人口总量占全省比例及其变化**

二者差距逐渐缩小，至 2019 年 10 月，深圳、广州劳动力总数分别为 1588
万人和 1554 万人，二者仅相差 34 万人。东莞下降明显，与 2016 年 12 月的
1174 万人的高峰相比，2019 年 10 月下降到 947 万人，净减少 227 万劳动力
人口，同期深圳减少了 202 万人，表明中美贸易摩擦对东莞和深圳这样的重
要出口城市影响远大于省会广州。8 个珠三角城市的劳动力人口由 2016 年
12 月的 6378.61 万下降到 2019 年 10 月的 5968.59 万，净减少 410.02 万人，
企业招工困难加深。

新冠肺炎疫情发生以来，为摸清湖北外来人口情况，广东各地对湖北籍
人口进行深度排查。例如，深圳城中村防疫调查数据显示，4.8 万人的罗湖
黄贝岭社区（村）里有 4830 名登记在册的湖北籍居民；同期广州 20 万人
的祈福新村有 7000 多名湖北籍人口。两个小样本调查中湖北人口所占比重
与表 2 相差并不大。依据 2020 年 1 月 10 日至 24 日的百度慧眼数据推算广
东 4 个主要人口流入地外来人口百分比构成，如表 2 所示，可以看出，广佛
两地本省占比大于外省，而深莞则依旧以外省为主，但相对于 2016 年来说，
广深对本省人口流入的依赖分别上升了 10.63 个百分点和 13.88 个百分点。

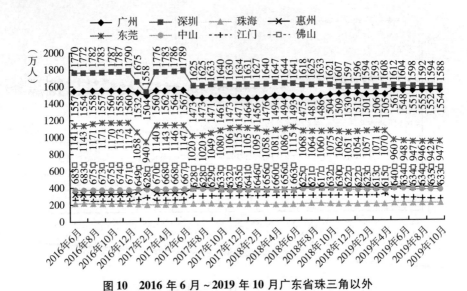

**图 10　2016 年 6 月～2019 年 10 月广东省珠三角以外
城市劳动力总量占全省比例及其变化**

表 2　2019 年珠三角主要城市非户籍人口来源地构成及其占比情况

单位：%

序号	广州市		东莞市		佛山市		深圳市	
	来源地	比例	来源地	比例	来源地	比例	来源地	比例
1	广东省	55.63	广东省	43.77	广东省	55.48	广东省	46.88
2	湖南省	11.27	湖南省	14.02	广西	17.24	湖南省	11.00
3	广西	7.91	广西	13.43	湖南省	8.25	广西	8.55
4	江西省	5.05	江西省	6.56	江西省	3.55	江西省	6.96
5	湖北省	4.00	湖北省	4.54	四川省	3.43	湖北省	5.43
6	河南省	2.45	河南省	3.44	湖北省	2.17	河南省	3.16
7	四川省	2.40	四川省	3.28	贵州省	1.91	四川省	2.95
8	贵州省	1.37	贵州省	2.48	河南省	1.47	福建省	1.72
9	福建省	1.27	重庆市	1.77	重庆市	1.34	重庆市	1.63
10	重庆市	1.19	云南省	1.38	云南省	0.84	贵州省	1.58
11	安徽省	0.71	福建省	1.18	福建省	0.76	安徽省	1.10
12	云南省	0.69	安徽省	0.90	安徽省	0.48	云南省	0.94
13	浙江省	0.68	陕西省	0.73	浙江省	0.39	陕西省	0.92
14	海南省	0.57	浙江省	0.29	江苏省	0.26	江苏省	0.67
15	江苏省	0.55	江苏省	0.25	海南省	0.25	浙江省	0.57
16	其他省份	3.25	其他省份	1.15	其他省份	1.28	其他省份	3.53

三 国内一线城市经济活动人口与劳动力变动趋势

（一）京沪穗深"U"形反转，重庆快速追赶并超越

2014 年以来，国内四大一线城市的人口总量变动趋势基本一致。北京人口在 2015 年达到历史高位之后在政府推动市场外迁驱动下出现人口持续减少的情况，2017 年底达到近年来的低位，经济活动人口减少了 300 万人左右。但 2018 年 3 月以来人口逐步回升，2019 年 5 月以来人口总量基本平稳。上海自 2016 年以来人口持续增长，至 2017 年，开始逐渐缩小与北京人口总量的距离。广深人口则自 2014 年以来持续减少，从而逐步拉大了与上海的距离，2017 年以来广州人口开始回升，深圳则受中美贸易摩擦影响有略微下降。值得注意的是，在四大一线城市人口缓慢增长的同时，重庆外出人口迅速回流，大大增加了重庆劳动力供给。大数据推算结果显示，2019 年 11 月重庆经济活动人口上升到 2132 万，比同期广州（1863 万）多 269 万人，是广州的 114.44%。重庆劳动力供给如果长期保持在广州的 1.1 倍左右的水平，重庆的经济总量则一定能赶上广州（见图 11）。

（二）游离于统计数据之外的城中村式中小微就业劳动力

我国有 8 亿就业人口，第四次经济普查结果显示，全国非农就业人口约 5.3 亿人，意味着还有 2.7 亿农业就业人口。而实际上，我国真正的农业就业人口不超过 1.2 亿，即除了普查中的中小微企业及个体户，还有 1.5 亿人口遍布全国各地城中村中小微企业。不少人认为，城中村或村级工业园建筑形态破旧，存在产业低端、用地规模与产出效益不匹配、用地环保消防违规等严重城市问题。以广州为例，村级工业园用地面积约占全市现状工业用地面积的 30%，产值仅占全市工业企业总产值的 10%，税收仅占全市工业企业总税收的 6%。我们认为，决不能以用地、产值和税收等简单的几个指标

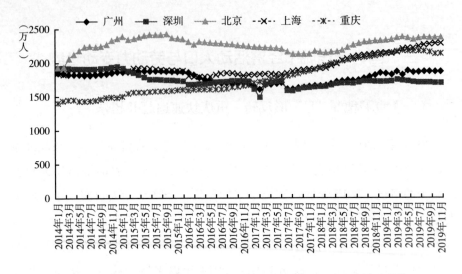

图11 2014年1月～2019年11月京沪穗深渝经济活动人口变动趋势

来衡量城中村式工业对广州的实际贡献。以白云区典型的大源村非农就业为例，2014年该村总人口24万人，相关电商产值400亿元，劳均实际产值25万元。与广州全市规模以上企业的80万元劳均产值相比，似乎城中村式淘宝制造业太低端了。这种认识忽略了一个重要问题，即村级工业除了城中村建筑几乎没有固定资产投资，而规模以上企业既需要大量的固定资产投资，也需要高等教育人才作为支撑。此外，村级工业虽然劳均产值只有25万元，但实际上毛利率可达50%，单个劳动力对城市经济的贡献甚至高于全市经济活动人口创造GDP的平均数。中小微企业对城市建设的贡献其实已经包含在城市房地产价格中，是城市房地产产业发展的最强大的本地力量。表面上看来这种中小微企业对城市税收没有贡献，但其实已经包含在房地产交易中。从劳动力总量来看（见表3），广州与全国主要一线经济大城市的差距在拉大。

浙江金华（含义乌）为村级制造业提供了令人震撼的经验。来自国家邮政局官网的数据显示，2019年全国快递业务量排名前50的城市中，广州以634680万件居全国第一，紧跟其后的就是592263万件的金华（义乌），与广州的差距只有42417万件，而2018年前三季度金华比广州少11亿余件。值得

表3 中美贸易摩擦背景下的国内超大城市劳动力供给变动

单位：万人

时间	广州	深圳	北京	上海	重庆
2018 年 3 月	1348.39	1585.55	1725.80	1560.62	1590.70
2018 年 4 月	1374.35	1603.85	1730.89	1588.84	1601.80
2018 年 5 月	1385.8	1613.19	1751.62	1624.33	1619.34
2018 年 6 月	1393.55	1621.16	1778.50	1648.25	1630.16
2018 年 7 月	1385.87	1609.45	1805.38	1672.17	1640.99
2018 年 8 月	1399.89	1626.73	1822.78	1683.07	1652.53
2018 年 9 月	1413.91	1644.01	1840.17	1693.97	1664.08
2018 年 10 月	1439.21	1641.60	1847.30	1698.55	1671.48
2018 年 11 月	1451.15	1635.88	1855.12	1710.48	1678.70
2018 年 12 月	1479.98	1635.99	1854.98	1722.24	1689.11
2019 年 1 月	1469.15	1637.72	1862.17	1718.16	1703.50
2019 年 2 月	1458.32	1639.45	1869.37	1714.09	1717.89
2019 年 3 月	1490.95	1663.15	1887.64	1726.63	1733.89
2019 年 4 月	1458.18	1649.62	1902.31	1764.63	1746.62
2019 年 5 月	1504.17	1643.86	1894.07	1771.83	1732.32
2019 年 6 月	1484.70	1628.41	1873.76	1766.65	1738.11
2019 年 7 月	1490.32	1624.87	1888.99	1793.67	1739.72
2019 年 8 月	1495.94	1621.32	1898.52	1813.01	1741.62
2019 年 9 月	1493.62	1622.92	1895.28	1822.59	1724.83
2019 年 10 月	1493.02	1615.35	1893.98	1828.47	1708.68
2019 年 11 月	1490.47	1612.62	1900.46	1829.53	1705.86

注意的是，广州快递业务中有 20% 以上属于非制造物品快件，而金华则几乎全部是货物快件，即以小商品为制造主业的金华对外货物销售量实际上已经超过了广州。据阿里巴巴统计，2019 年"双十一"快件品平均价值为205 元，可推算 2019 年金华仅对外快递交易金额就高达 1.15 万亿元，是金华同期 GDP 的 2.66 倍。而创造金华这一辉煌的恰恰是中小微企业，其中不少中小微企业是从广东珠三角转移过去的。

2019 年底我们对白云区典型城中村进行调研发现，自 2015 年产业升级改造，淘汰落后产能以来，大元村人口从 24 万的高峰下降到目前的 14 万，产值也下降了 100 亿元左右。据测算，2017 年 4 月，广州、深圳、北京、上海 4 个一线城市因产业转型升级，大量与之相关的企业关并转后，4 市外来就业人口与 2015 年 4 月相比分别减少了 195.13 万、111.38 万、153.96 万和 86.12 万，同期重庆增加了 193.05 万外出人口回归。与就业人口减少相对应，广州同期约减少了 2000 亿元 GDP 增量，从而中止了广州连续 28 年位居国内城市第三的纪录。与北京、上海近年来人口回归不同，广深因产业转型升级流失的企业和人口回归极为缓慢。

（三）基于人口大数据对新冠肺炎疫情经济损失估计

基于人口大数据推算结果显示（见表 4），2019 年广东全省实有人口 13061.8 万人，其中穗深人口规模为 2000 万级别，莞佛为 1000 万级别；除肇庆外珠三角 8 个城市均为人口净流入城市，其中深圳居首，广州次之，东莞和佛山分居第 3 位和第 4 位，全省净流入人口 3745.2 万人；全省户籍经济活动人口 6674.8 万人，其中广州居首，湛江次之，茂名居第 3 位；全省全部经济活动人口 10419.8 万人，穗深莞佛居前四。

表 4 2020 年延迟复工对广东省及其各地级市的经济影响估计

	实有人口 （万人）	净流入人口 （万人）	户籍经济 活动人口 （万人）	全部经济 活动人口 （万人）	2 月经济活动 人口劳动 当量损失	经济活动人口 全年劳动 总当量
广州	2268.5	1370.7	647.0	2017.7	14163	706182
深圳	1962.0	1516.3	322.5	1838.8	14661	643568
珠海	274.8	155.9	85.7	241.6	1511	84564
惠州	561.7	192.5	264.6	457.1	1936	159968
东莞	1154.4	943.1	145.1	1088.1	8687	380845
中山	479.8	309.4	121.5	430.9	3202	150808
江门	458.4	62.0	283.9	345.9	662	121053
佛山	939.4	519.8	296.5	816.3	5455	285722
肇庆	377.6	−68.0	318.6	250.5	800	87691
汕头	558.4	−7.0	406.2	399.2	71	139724
汕尾	253.0	−109.8	260.7	150.9	1091	52820
潮州	250.2	−25.3	197.7	172.5	268	60362
揭阳	522.1	−181.1	504.2	323.1	1711	113073
阳江	242.6	−54.5	213.3	158.8	570	55596

	实有人口 （万人）	净流入人口 （万人）	户籍经济 活动人口 （万人）	全部经济 活动人口 （万人）	2月经济活动 人口劳动 当量损失	经济活动人口 全年劳动 总当量
湛江	676.2	−162.8	599.6	436.9	1520	152907
茂名	566.2	−237.6	578.0	340.4	2311	119151
韶关	277.4	−57.9	240.0	182.1	572	63751
河源	268.8	−104.1	267.8	163.7	1028	57280
梅州	394.6	−155.5	395.0	239.6	1473	83843
清远	352.7	−84.2	312.3	228.1	827	79842
云浮	223.0	−76.7	214.6	137.9	820	48251
全省	13061.8	3745.2	6674.8	10419.8	63339	3647000

受新冠肺炎疫情延期复工影响，2020年2月份全省经济活动人口劳动当量损失为63339万人天，占全省全年经济活动人口劳动总当量的1.74%（经济损失）。总体来看，珠三角8个城市，外来劳动力占比越高，延期复工导致的经济损失越大；省内各地级市净流出人口占其户籍人口比重越大，延期复工造成的经济损失也越大，如汕尾、茂名、河源、梅州等。

四 思考与对策建议

大城市竞相争夺流动人口。2003年以来，农村劳动力向非农就业新增转移增量逐年降低，2013年以来更是进入了负增长。随着外出人口的减少，人口净流入地区和大城市外来人口流入数量也必将越来越少。以全国跨省流入人口最多的广东省为例，2004年末全省常住半年以上的流动人口3100多万，半年以下的流动人口1100万，合计4200多万外来人口。至2018年末，广东跨省流入人口规模依旧只有4200万左右，14年来总量几乎没有多少变化。2008年以来，全国人口的流向也发生了较大的变化，广东、浙江、江苏、北京、上海依然是我国人口流动的五大主要目的地，但其流动人口占全国比重在逐步下降。此外，中西部省会城市的崛起吸引了大量人口回流，长江中上游及京广沿线省会城市人口流入增量明显。北上广深同样需要与中西部大城市争夺人口流入的主导权。

建设国家人口大数据中心，全面推进2020年全国人口普查大数据应用。作为世界上总人口和流动人口最多的国家，应加快建设国家人口大数据中心，全面推进大数据在2020年全国人口普查中的应用，这无论是对提高经济效益还是增强国际影响力都很重要。目前，采用大数据手段进行2020年人口普查的技术条件已经成熟，部分省区市基于移动大数据的人口推断已经取得实际性成果，因此应该将大数据作为2020年乃至未来人口普查的重大项目进行。尽快推出2020年人口普查移动应用App，重构大数据环境下人口普查与统计指标，建设国家、省级、地级市三级人口基础信息库，北上广深可率先利用大数据开展人口普查工作，加快建设特大城市人口基础信息动态库（国家库子库），为政务大数据应用树立全国典范和标准。

转换人口调控思路，吸引和蓄积人口和人力资源。依据全国历年出生人口及外来人口年龄特征推算，国内大城市人口自2009年处于阶段性低点之后持续增长，至2014年前后供给趋于稳定，这也是北上广深总人口历史性高位在2014年的原因。据测算，2019~2037年广州外来人口将累计减少386万，平均每年减少25万左右。将外来人口老龄化因素考虑在内，未来20年广州外来人口规模将由目前的1300万下降到1000万左右，加上每年15万左右的机械性增长，至2040年，广州常住人口规模也只有2000万左右。2018年4月以来，广州实有常住人口已有增长，至年底达2161万，但仍旧比2014年少200多万。因此，广州应该放松甚至不提人口规模控制，要强调吸引外来人口对国内就业的贡献，加大对外来人口的吸引力度，降低外来人口生存成本，可与外省、外地沟通，简化异地医疗报销程序。应加快调整以往相关严格控制人口迁移、增长的政策，制定更为科学、有效的人口发展规划与政策，吸引和蓄积更大规模的人口和人力资源。

参考文献

周晓津：《基于大数据的人口流动流量、流向新变化研究》，经济管理出版社，2020。

周晓津等：《基于大数据的中国人口流动研究报告》，北京经济科学出版社，2020。

周晓津：《特大城市人口规模调控与比较研究》，经济科学出版社，2016，第45~67页。

Yao yang，Zhou xiaojin："Research on Population Flow of Mega City Based on Big Data，"*ACADEMICS*，2016，NO. 12.

周晓津：《特大城市人口规模调控对策》，《开放导报》2016年第1期。

周晓津、姚阳：《基于大数据的京沪人口流动流量、流向变化研究》，《大数据》2016年第3期。

周晓津：《人口新常态约束下特大城市的规模调控与转型升级》，《西部论坛》2015年第2期。

B.6
广州农村劳动力现状及其劳动力转移
分析与思考*

罗明忠　陈江华**

摘　要： 推动农村劳动力进一步向城镇与非农转移，有助于为农业规
模经营创造条件，也是农业现代化发展的内在要求。同时，
优化农业生产经营人员配置能够有效提高农业生产率，从而
增加农民经营性收入，助推乡村振兴。因此，加强对农村劳
动力现状的研究具有重要的现实意义。本研究基于广州市第
三次农业普查数据，对广州市农业生产经营人员与农村转移
劳动力基本特征和就业状况展开分析，提出更加充分有效利
用劳动力资源，继续推进农村劳动力转移就业等相关思考。

关键词： 农村劳动力　城市比较　技能培训　转移就业

一　广州农业生产经营人员现状

（一）农业生产经营人员的基本状况

1. 不同类型农户家庭劳动力参与农业生产的比例差异大

就总体而言，广州市不同类型农业经营户家庭劳动力参与农业生产的比

---

* 本文为广州市第三次农业普查办公室委托课题"广州农村劳动力现状及劳动力转移情况研究"结题报
告的一部分，并得到国家社科基金重大项目"乡村振兴与深化农村土地制度改革研究"（19ZDA115）
和广东省软科学项目"广东新型职业农民培育的科技和人才支持政策研究"（GD19rkx188）的支持。
** 罗明忠，华南农业大学经管学院教授、博士生导师，研究方向为农村经济、劳动力转移等；
陈江华，博士，江西农业大学江西省乡村振兴战略研究院研究人员，研究方向为农村经济。

例存在较大差异。2016 年广州市从事农业生产经营人员为 773593 人，占其家庭总人数的 34.27%；规模农业经营户从事农业生产经营人员为 16959 人，占其家庭总人数的 66.01%；农业生产经营单位聘用了 47227 人从事农业生产，其中从事农业生产累计 30 天以上的为 30678 人，占其农业生产总人数的 64.96%。

从家庭层面看，2016 年全市有普通农业经营户 63.19 万户，其中，从事农业生产经营的有 42.59 万户，占比 67.40%，这表明绝大多数农户从事农业生产；规模农业经营户有 8796 户，占比为 1.39%。与之对应，广东省共有 80809 个农业经营单位，其中农业普查登记的以农业生产经营或服务为主的农民合作社 29977 个；896.74 万农业经营户中，有 15.88 万规模农业经营户，占比 1.77%。再从全国情况看，全国有农业经营单位 204 万个，农业经营户 20743 万户，其中规模农业经营户为 398 万户，占比为 1.92%。这说明广州市的规模农业经营户占比既低于广东省平均水平，也低于全国平均水平。

2. 广州农业生产经营人员中的女性化特征较广东及全国更明显

从农业生产经营人员中的女性比例看，2016 年广州市农业生产经营人员中女性占比 48.6%；规模农业经营户中女性占比为 44%；农业经营单位女性占比为 46.6%。与之对应，广东省农业生产经营人员中女性占比为 47.7%；规模农业经营户中女性占比为 42.9%；农业经营单位女性占比为 41.3%。从全国情况看，全国农业生产经营人员中女性占比为 47.5%。规模农业经营户中女性占比为 47.2%；农业经营单位女性占比为 40.6%。可见，广州市农业生产经营人员中男性占比低于全国和广东省平均水平，女性化特征更明显。

3. 规模经营户、农业经营单位青壮年劳动力占比高于普通经营户

从经营人员年龄段看，2016 年广州市农业生产经营人员年龄在 35 岁及以下的占比为 17.6%，36~54 岁的占比为 47.6%，55 岁以上的占比为 34.8%，与广东省、全国农业生产经营人员的平均年龄构成基本一致。广州规模农业经营户中的 36~54 岁人员占比为 70%，明显高于广东省（60.8%）及全国

（58.3%）的平均水平，而35岁及以下和55岁及以上人员占比较低，分别为14.1%与15.9%。广州农业经营单位中的35岁及以下人员占比为21.1%，36~54岁人员占比61.3%，55岁及以上人员占比17.6%，与广东省及全国水平基本相当。这表明广州市农业生产经营人员中中老年劳动力占比更高，而规模经营户与农业经营单位的青壮年劳动力占比更高。

4. 规模经营户、农业经营单位生产经营人员学历高于普通经营户

从经营人员受教育程度看，2016年，广州农业生产经营人员中具有初中学历的占比为50.6%，具有小学及以下学历的占比为31.2%，具有高中或中专学历的人员占比15.4%，具有大专及以上学历的人员占比为2.8%；总体而言，广州市的农业生产人员高中以上学历占比明显高于广东（11.4%）和全国（8.3%）平均水平，体现了广州市作为大都市，劳动者整体受教育程度较高的特点。广州规模农业经营户经营人员中具有初中学历的占比为53.9%，具有小学及以下学历的经营人员占比为29.7%，具有高中或大专及以上学历的人员占比为16.4%，总体受教育水平与广东省及全国平均水平相当，差异不明显。广州农业经营单位经营人员中具有初中学历的占比为41.8%，具有小学及以下学历的农业生产人员占比最低为28%，具有高中或中专及以上学历的人员占比为30.2%。总体来看，规模农业经营户与农业经营单位经营人员受教育程度比普通农业生产经营人员要高。

（二）农业生产经营人员的就业行业分布

1. 超九成普通农业经营户家庭为种植业户

2016年第三次全国农业普查时点，广州市普通农业经营户家庭总数为631872户，而从事农业生产的家庭有425934户，占普通农业经营户总户数的67.41%，表明广州农村地区大部分农户家庭仍从事农业生产；从事种植业的农户有399452户，占从事农业生产总户数的93.78%；从事林业生产的农户有34989户，占从事农业生产总户数的8.21%；从事畜牧业生产的农户家庭规模仅次于种植业，占从事农业生产总户数的32.42%；从事渔业与农林牧渔服务业的农户家庭数量分别为9048户和338户，分别占从事农

业生产总户数的 2.12% 和 0.08%。可见，广州地区普通农业经营户家庭主要农业生产经营活动以种植业为主。

2. 近七成规模农业经营户家庭为种植业户

2016 年广州有 8796 户规模农业经营户，从行业分布看，以种植业为主占比达到 69.28%，其次是渔业和畜牧业占比为 23.23%，而从事林业（占比为 4.76%）与农林牧渔服务业（占比为 2.73%）的家庭较少。与普通农业经营户相比，规模农业经营户在农业生产结构布局方面更趋多元化，其从事种植业的比例比普通农业经营户低 24.5 个百分点。

（三）农业生产经营人员：京、沪、津、穗比较

1. 农业经营主体数量：天津占优，广州次之

普查数据显示，2016 年北京市登记农户 103.3 万户，其中农业经营户 42.4 万户，规模农业经营户 3282 户，农业经营单位 1.2 万个，工商部门注册的农民合作社总数 7168 个，其中，农业普查登记的以农业生产经营或服务为主的农民合作社 4633 个。同期上海市有农业经营户 55.89 万户，其中，规模农业经营户 0.79 万户；农业经营单位 0.57 万个，而农业普查登记的以农业生产经营或服务为主的农民合作社有 0.35 万个。同期天津市有农业经营户 66.08 万户，其中规模农业经营户 12261 户，全市农业经营单位 11376 个；在市场监管部门注册的农民合作社总数 11366 个，其中，农业普查登记的以农业生产经营或服务为主的农民合作社 5677 个。与之对应，广州市共有农业经营单位 4800 个，其中农业普查登记的以农业生产经营或服务为主的农民合作社 831 个；农业经营户 43.47 万户，其中规模农业经营户 8796 个，农业生产经营人员 56.75 万人。

上述数据从高到低排序，2016 年，农业经营户数量依次是天津、上海、广州、北京规模农业经营数量依次是天津、广州、上海、北京；农业经营单位数量依次是北京、天津、上海、广州；农民合作社数量依次是天津、北京、上海、广州。总的来说，广州的农业经营主体数量不少，但在农业组织化程度方面与北京、上海及天津相比，还有一定的距离，特别是农业合作社

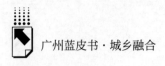

的发展相对落后。

2. 农业生产经营人员结构：广州更为年轻

如表1所示，四大城市的农业生产经营人员男性占比从高到低依次为广州、北京、天津和上海，但性别结构总体较为平衡。就年龄结构看，55岁及以上人员占比上海最高，为63%；其次是北京，为40.57%；再次是广州，为36.1%；最低是天津，为34.8%。35岁及以下人员占比天津最高，为17.6%；其次是广州，为17%；再次是北京，为10%；上海最低，为4.6%。与北京、上海相比，广州和天津的农业生产经营人员年龄总体较为年轻，更加合理。

表1 京、沪、津、穗2016年农业生产经营人员结构比较

单位：万人，%

城市		北京	上海	天津	广州
总量		53.00	55.89	77.29	43.47
性别结构	男性占比	53.77	49.80	51.40	54.80
	女性占比	46.23	50.20	48.60	45.20
年龄结构	35岁及以下	10.00	4.60	17.60	17.00
	36～54岁	49.43	32.40	47.60	46.90
	55岁及以上	40.57	63.00	34.80	36.10

注：本文数据除特别注明均来自第三次全国农业普查数据。

3. 规模经营户农业生产人员中36～54岁人员占比广州也比较高

由表2可见，京、沪、津、穗四大城市的规模经营户中，男性经营人员占比都高于女性，尤其是北京，男性占比最高接近六成为59.85%；再从四大城市规模农业经营户人员年龄看，农业生产经营人员的年龄总体上较为合理，以36～54岁人员为主体，其中天津占比最高达到70%，居首位，其次是广州，为60.8%，而上海只有44.3%且低于其55岁及以上人员所占比重（49.9%）。36～54岁和55岁及以上人员占比总体降低，广州更为明显。

表2 京、沪、津、穗2016年规模农业经营户农业生产经营人员结构比较

单位：人，%

城市		北京	上海	天津	广州
总量		14213	32300	35500	16959
性别结构	男性占比	59.85	52.30	56.00	56.00
	女性占比	40.15	47.70	44.00	44.00
年龄结构	35岁及以下	11.35	5.80	14.10	13.90
	36~54岁	60.30	44.30	70.00	60.80
	55岁及以上	28.35	49.90	15.90	25.30

4. 农业经营单位农业生产经营人员：广州数量不多但结构占优

如表3所示，京、沪、津、穗四大城市农业经营单位的农业生产经营人员数量从高到低依次是北京、上海、广州和天津，北京市农业经营单位的农业生产经营人员超过10万，是广州和天津的2倍多；但是，无论是性别结构还是年龄结构，广州农业经营单位的农业生产经营人员的结构相对更协调，尤其是年龄结构，55岁及以上人员占比广州低于京、沪，35岁及以下人员占比广州高于京、沪。

表3 京、沪、津、穗2016年农业经营单位农业生产经营人员结构比较

单位：人，%

城市		北京	上海	天津	广州
总量		107000	82200	41800	47227
性别结构	男性占比	58.88	55.80	53.40	63.70
	女性占比	41.12	44.20	46.60	36.30
年龄结构	35岁及以下	16.82	13.50	21.10	16.90
	36~54岁	58.88	45.40	61.30	63.00
	55岁及以上	24.30	41.10	17.60	20.10

二 广州农村劳动力非农转移就业的基本状况

第三次全国农业普查数据结果显示，2016年广州全市从事农业生产经营管理活动（30 天以上）的人员数量为 56.75 万人，与第二次全国农业普查（2006 年）时期人员数量相比，比重下降了 18.1 个百分点。通过对广州市第三次农业普查数据分析发现，与创业群体相比，农村外出务工的劳动力群体更年轻、文化程度更高，说明随着广州市产业转移升级与低端岗位的逐步淘汰，就业市场对劳动者的素质提出更高要求。

（一）农村居民工资性收入及其技能培训状况

1. 工资性收入占农村居民人均可支配收入的六成多

首先，工资性收入增长明显，占比高。2016 年广州农村居民家庭人均年总收入为 26016.14 元，比上年增长 10.9%；人均工资性收入为 15890.02 元，比上年增长 13.5%，占人均年总收入的 61.08%；人均家庭经营性收入为 3815.72 元，比上年增长 3.9%，占人均年总收入的 14.67%；转移性收入为 6310.4 元，占人均年收入的 20.35%。同年，广东省农村居民的人均可支配收入 14512.2 元中，工资性收入为 7255.3（占比为 49.99%），经营性收入为 3883.6 元（占比为 26.76%），财产性收入为 365.8 元（占比为 2.52%），转移性收入为 3007.5 元（占比为 20.72%）。可见，广州市农村居民的工资性收入在其可支配收入中占比较全省平均水平更高，一方面，表明广州市农村劳动力借大都市的地域优势，转移更加充分，也更具可能性，成功转移就业率也更高；另一方面，表明工资性收入已成为广州农村家庭最主要的收入来源。

其次，城乡收入差距更小，发展协调性更高。2016 年广州农村居民人均年可支配收入为 21448.6 元，城乡居民收入比为 2.38；而同一时期，全国农村居民人均年可支配收入为 12363.4 元，城乡居民收入比为 2.72。与全国平均水平相比，广州农村居民人均可支配收入较高，城乡差距更小。

2. 接受过职业技能教育和培训的非农就业劳动力占比不高

首先，广州市农村非农劳动力接受农业技术培训的比例相对较低。普通农业经营户只有 5.95% 的务农劳动力接受了农业技术培训，而非农劳动力的比例更低，为 2.65%。规模农业经营户家庭务农劳动力接受过农业技术培训的比例为 7.77%，非农劳动力接受过农业技术培训的比例为 3.82%，比务农劳动力接受农业技术培训低 3.95 个百分点。其次，广州市农村劳动力接受非农职业技能教育与培训的比例也有待进一步提高。统计公报数据显示，2016 年全年广州全市新增农村劳动力成功转移就业 5.14 万人。而经人力资源社会保障部门批准的人力资源服务机构（包括人才中介机构、职业介绍机构共 942 家）资助劳动力技能晋升培训 7.45 万人，其中，农村劳动力转移就业 2.69 万人。可见，广州市农村劳动力转移就业职业技能教育和培训还大有可为。

（二）农地经营规模与非农转移劳动力就业选择

1. 有非农劳动力的普通户家庭经营规模相对较小

广州市以务农为主的普通户家庭农地经营规模为 1.06 亩，比有非农劳动力的普通户家庭高出 0.54 亩。然而，有非农劳动力的规模户家庭平均农地经营规模为 21.82 亩，比以务农为主的规模户家庭平均农地经营规模高出 9.34 亩。

2. 有务工转移劳动力家庭承包地面积比有创业转移劳动力的更大

非农劳动力从事创业的普通户家庭承包地平均面积为 1.85 亩，非农劳动力从事务工的普通户家庭承包地平均面积相对更大，为 1.92 亩。非农劳动力从事创业的规模户的家庭承包地平均面积为 1.91 亩，非农劳动力从事务工的规模户家庭承包地平均面积同样相对更大，为 2.04 亩。这表明创业劳动力的家庭承包地面积比务工劳动力家庭承包地面积要小。

（三）非农转移就业劳动力文化程度与年龄特征

1. 40岁以下非农就业劳动力成为农村转移劳动力主体

首先，普通农业经营户 40 岁以下的非农劳动力占非农劳动力总数的 54.36%。普通农业经营户非农劳动力以中青年为主，其中，30 岁以下非农劳动力占非农劳动力总数的 27.19%，30 ~ 40 岁非农劳动力占比为 27.17%，41 ~ 50 岁的非农劳动力占比为 25.44%，51 ~ 60 岁的非农劳动力占比为 14.04%，60 岁以下的非农劳动力占比为 6.16%。可见，50 岁以下的非农劳动力占非农劳动力总数的比例达到 79.80%，40 岁以下的非农劳动力占非农劳动力总数的 54.36%。

其次，规模农业经营户 40 岁以下非农劳动力占其非农劳动力的57.28%。规模农业经营户家庭非农劳动力年龄分布与普通农业经营户一致，50 岁以下的非农劳动力占非农总人数的比例达到 79.56%。30 岁以下的非农劳动力占比为 29.21%，30~40 岁的非农劳动力占比为 28.07%，41~50岁的非农劳动力占比为 22.28%，51~60 岁的非农劳动力占比为 13.59%，60 岁以上的非农劳动力占比为 6.86%。与普通农业经营户相比，规模农业经营户家庭非农劳动力在 40 岁以下的非农劳动力占比高 2.92 个百分点，表明规模农业经营户家庭非农劳动力年轻化更明显。

从全国情况看，《2016 年农民工监测调查报告》数据显示，2016 年全国农民工以青壮年为主，其中，40 岁以下农民工占比超过五成达到 53.9%，50 岁以上农民工占比为 19.2%。可见，在农村转移劳动力的年龄构成方面，广州市与全国的情况基本一致。

2. 非农转移就业劳动力以初中和高中文化程度为主

首先，从普通农业经营户非农转移就业劳动力文化层次看，非农就业劳动力的文化程度以初、高中为主。其中，初中文化程度的占比最高，达到41.07%，其次是高中或中专文化程度，占比为 34.66%，再次是大专及以上文化程度，占比为 12.33%，最后是小学及以下文化程度，占比为11.94%。这些数据表明，广州普通农业经营户非农劳动力中，具有高中或中专及以上文化程度的非农劳动力占非农总人数占比达到 46.99%，反映出整体文化程度较高。

其次，从规模农业经营户非农转移就业劳动力文化程度看，非农就业劳动力的文化程度以高中和初中为主。其中，高中或中专文化程度的占比最高，达到 38.45%，其次为初中文化程度，占比为 30.45%，再次是小学及以下文化程度，占比为 20%，最后是大专及以上文化程度，占比为 11.1%。这些数据表明，广州规模农业经营户非农劳动力中，具有高中或中专及以上文化程度的占比为 49.55%，比普通农业经营户非农劳动力高 2.56 个百分点。

从全国情况看，《2016 年农民工监测调查报告》数据显示，2016 年全国农民工当中，具有初中文化程度的占比为 59.4%，接近六成，而未上过学的占比为 1%，大专及以上文化程度的占比为 9.4%，小学文化程度的占比为 13.2%，高中文化程度的占比为 17%。可见，与全国农民工文化程度相比，广州市非农就业农村劳动力文化程度明显高于全国平均水平。

（四）非农转移就业劳动力的就业方式与特征

1. 非农就业以务工方式为主，但自主创业方式占有一定比例

首先，广州市普通农业经营户超半数劳动力参与非农就业，大部分非农劳动力主要从事务工。广州市 53.24% 的普通农业经营户劳动力已在非农领域就业，规模达到 120.18 万人，表明普通农业经营户已将大部分劳动力配置于非农领域。9.69 的普通农业经营户非农劳动力选择了自主创业，其中，非农就业方式为雇主（自主创业，且雇用员工）的劳动力占非农总人数的 0.91%，非农就业方式为自营（自主创业，但没有雇用员工）的劳动力占非农总人数的 8.78%。公职人员占非农劳动力总人数的 1.09%；78.39% 普通农业经营户劳动力选择从事务工，表明外出打工仍是农村劳动力主要的非农就业途径。

其次，广州市规模农业经营户中在非农领域就业的劳动力占比相对较低，而且，已经在非农就业的劳动力从事务工的比例也相对较低。广州市规模农业经营户家庭人口中从事非农就业的人口为 6982 人，占其家庭总人口的 27.18%。非农就业人员中选择雇主（自主创业，且雇用员工）这类非农就业方式的比例为 6.32%，非农就业方式为自营（自主创业，但没有雇用员工）的占比 21.81%；非农就业人员中从事务工的占比 56.55%，为公职人员的占比 1.72%。选择自主创业的占比合计 28.13%，与普通农业经营户9.69% 的非农劳动力选择自主创业相比，规模农业经营户家庭非农劳动力选择创业的比例更高，创业更为活跃。可能因为规模农业经营户家庭农业生产规模较大，能够为非农就业人员的创业提供更多的资金支持。

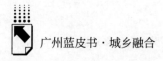
2. 从事务工非农劳动力群体比创业者群体更年轻

首先，普通农业经营户中年轻的非农就业劳动力更多选择务工。非农劳动力就业类型主要分为雇主、自营、务工与公职四类。第一，广州市普通农业经营户年龄在 50 岁以上的各类非农劳动力占比情况为雇主占 34.74%、自营占 31.92%、务工占 14.67%，表明从事务工的非农劳动力在 50 岁以上的比例低于雇主和自营这两类非农劳动力的比例，说明从事务工的非农劳动力群体比从事创业的非农劳动力群体更年轻，这是由于务工岗位对劳动者的年龄要求更高，农村劳动力年龄越大，其非农就业机会越少。第二，雇主与自营的非农劳动力的年龄主要以 40～50 岁为主，而从事务工的非农劳动力年龄以 30～40 岁居多。究其可能原因，一方面，由于 40～50 岁的非农劳动者不仅具有丰富的工作经验，还积累了可支撑其创业的资本；另一方面，更年轻的劳动者在就业市场更具有竞争力。

其次，规模农业经营户家庭不同类型非农劳动力年龄占比分布情况与普通农业经营户类似。规模农业经营户家庭雇主、自营与务工的非农劳动力的年龄在 50 岁以上的占比分别为 36.67%、41.54%、14.13%，这显示务工群体在 50 岁以上的比例仍低于雇主与自营群体。雇主与自营群体年龄在 40～50 岁的最多，务工群体年龄在 30～40 岁的比例最高。这表明选择从事务工的非农劳动力群体更年轻，一方面，说明创业是一定人力资本、社会资本和金融资本的积累后的行为选择的结果；另一方面，也可能是因为年龄大的劳动者在劳动力市场的就业竞争力相对不足，反而促使其不得不选择自主创业。

三 思考与建议

（一）充分有效利用农村劳动力资源

1. 优化农业生产结构

广州地处经济发达的沿海地区，农业生产经营具有典型的都市农业特征，这决定了只有以市场需求为导向布局农业生产才能打开农产品销售局面，最大化农业生产收益，增加家庭收入。广州农村背靠广州这个一线城市，人口规模超大，经济发展水平高，为广州农业发展提供了广阔的市场空间，这决定了广州农村应以"都市农业"为主要发展方向，以经济价值高的农作物（如花卉、蔬菜、水果等）为种植方向。随着城乡居民消费水平的升级，居民不仅更愿意尝试"新"与"奇"的农产品，而且对农产品品质提出更高的要求，由"吃得饱"向"吃得好""吃得健康"转变，客观上要求农业经营主体，一方面，必须调整农业生产结构，生产适销对路的农产品满足市场需求，推进农业生产标准化，生产出更多高质量的农产品；另一方面，大力发展农产品加工业，延伸产业链，提高农产品附加值，应用环境友好型农业生产技术，以满足日益增长的需要。

2. 促进农村三次产业融合发展

农业具有供给农产品、形成农业收入的经济功能，同时还具有社会、文化、生态等方面的功能，通过培育新业态，促进农村三次产业融合，可为农村劳动力在本地实现就业创造更多机会。长期以来，我国在以经济发展为中心的同时，过度关注农业的经济功能，忽略了农业的非经济性功能。由于特殊的地域性及经济发展阶段性特点，广州农业的功能性特征更加明显，更加凸显了广州农业在生态绿色、旅游休闲以及文化传承等方面的功能。因此，广州要结合各区自身特点，大力发展都市特色的观光、休闲、森林康养等产业，走农旅结合的道路，实施旅游产业差异化发展策略。各村一要基于自身独具特色的自然环境资源，深挖本村特色民俗文化，形成一批特色鲜明的田园风光旅游产品，让广州的农村地区成为广州城镇居民休闲放松、体验农村生活、获得农业知识的好去处。二要增强旅游接待能力，实施民宿建设工程，加强旅游市场监管，提高游客旅游满意度。三要着力发展具有本土特色的手工艺品和特色农产品，推出系列不同种类旅游纪念品，并按照"绿色、安全、有机、特色"原则生产销售附加值更高更受市民欢迎的农产品，拓宽农民收入渠道。引导广州农业生产经营人员及农村劳动力向更具效益的行业和领域配置，提升广州农村劳动力资源配置效益。

3. 以科技提升农业生产效率与竞争力

一要充分利用有限土地资源，开发农业立体空间。广州农村地区地理区位优越，得益于粤港澳大湾区核心腹地，土地价值较高，人口多，消费市场庞大，应大力发展设施农业，利用立体空间发展现代农业，提高农业生产效益。二要采用人工替代型技术，提高农业机械化水平。随着农村劳动力减少，农业用工成本不断上涨，在农业生产成本中的占比越来越高，引入农业生产机械有助于节约与替代人工投入，降低农业生产成本。三要加快应用绿色生产技术与环境友好型技术，推进农业生产标准化，减少农药与化肥的使用，生产更多绿色农产品，应用先进农业技术提高农业产出率，提高本地区农产品市场美誉度，增强农产品市场竞争力，满足市场对高质量农产品的需求。

4. 完善农业技能培训体系，提升农业经营主体经营水平

提高农村劳动力生产经营能力有助于增强农村劳动力的资源配置能力，进而提升农村劳动力资源配置绩效。健全农业技术培训体系，采取政府购买服务等直接或间接参与的形式，针对农民迫切需要的各类农业生产技术，组织农业生产能人、农民合作社、农业企业等开设不同农业技术培训班，举办各类农业生产技术公益讲座，注重保障农业技术培训实效。通过加大农业生产经营人员的职业技能培训，提高农业生产经营人员的职业素养和整体素质，为农业生产经营提供高素质人才保障。

5. 健全农业社会化服务体系，促进农业服务规模经营发展

农村优质劳动力转移与土地经营规模的扩大都在客观上要求农业社会化服务与之匹配。农业社会化服务形成与发展有助于破解农业生产经营人员弱质化问题，实现土地规模经营，推进农业现代化进程。同时，生产性服务业也是小农户与现代农业发展衔接的桥梁。尤其是对于广州这样的发达地区，健全农业社会化服务体系显得尤其重要。专业性农业社会化服务组织应发挥好桥梁作用，深入农户，积极参与到农业生产整个过程，帮助农户提高农业生产效率，进一步增加经营收入。

（二）继续推进农村劳动力转移就业

1. 推进农村产权制度改革,促进农村劳动力非农转移

无论是广州还是在全国其他地区，在非农就业不稳定，城市融入依旧困难重重的背景下，农村土地仍然具有较强的福利保障功能。而农村劳动力非农转移过程潜在的失地风险可能抑制农村劳动力向城镇转移，尤其是在广州这种大都市的郊区，农村土地价值相对较高，失地将导致农民面临巨大损失。因此，要继续推进农地确权与农村集体产权制度改革，明晰农地产权与集体资产收益权，稳定农地产权与集体资产收益权预期，使进城务工与创业的农村转移劳动力无须担心失地风险，进而促进农村劳动力非农转移。

2. 健全农地流转交易平台,鼓励两种农业规模经营发展

进一步发挥农地确权的"制度红利"，健全土地流转交易平台，为农村外出人员尤其是长期非农领域转移就业的农户找到理想的土地交易对象，以免土地抛荒，帮助其获得土地流转收益。同时，基于广州单个的农业生产经营主体的经营规模普遍不大的现实，积极构建农村土地流转交易平台，引导土地供需对接，还可以更好地维护农地流转双方的利益，鼓励农业土地规模经营和服务规模经营共同发展。

3. 加强农村劳动力非农技能培训

要根据农村转移劳动力的技能需求，结合广州市产业转型升级的需要，联合职业院校、企业、中介机构等相关主体，采取多种有效形式，有针对性地组织职业技能培训，将职业技能培训常态化，加强培训考核，既提高农村转移劳动力的职业技能，又为广州市产业转型升级提供人才支撑。

4. 做好创业帮扶,鼓励农村劳动力以创业实现就业转移

一是缓解农民创业者融资难题，为其提供创业信贷资金支持政策，激发农民创业热情。二是对农民创业者，在用地与税收方面给予优惠政策，吸引农民创业者集聚，并为其提供创业指导服务。三是将创业就业培训和转移服务体系延伸到村（居），实现城乡基本公共服务一体化，激励更多有条件的农村劳动力投身到"大众创业、万众创新"的创业大潮中。四是将城镇就

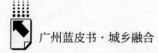

业帮扶政策及其就业援助体系延伸到乡村，实现所有乡村就业创业信息获取可以不出村（居），为农村劳动力就业转移和创业转移铺平道路、创造条件。尤其要关注农村青年人的创业扶持，着力帮扶具有较高学历的农村青年人在农村地区自主创业，不断提升农业经营主体的整体素质，带动更多的农村劳动力实现更高素质就业，推动广州乡村振兴走在全国前列。

B.7

国土空间规划体系下的广州市村庄
规划编制研究

——基于"多规合一"的实用性村庄规划探索

广州市规划和自然资源局课题组 *

摘　要： 广州市正积极推进国土空间规划先试先行工作，围绕实施乡村振兴战略和指导新一轮村庄规划的编制工作，开展了国土空间规划体系下的广州市村庄规划编制研究。依据构建国土空间规划体系的政策要求与规划导向，结合广州现实需求，梳理新一轮村庄规划编制的价值导向，即体现适应性、实用性、协调性与前瞻性四大原则，同时从分类试点、标准指引、土地政策和管理制度等方面归纳广州市村庄规划编制实践探索的工作基础，并依据广东省的要求，梳理形成广州市"多规合一"的实用性村庄规划分类建议、内容建议、基础建议、形式建议和成果建议，为广州市"多规合一"的实用性村庄规划编制技术指引提供技术支撑。

关键词： 乡村振兴　国土空间规划　村庄规划　广州

---

* 课题组主要成员：李晓军，广州市城市规划勘测设计研究院，副所长、高级工程师，研究方向为城市规划、国土规划；朱竞，广州市城市规划勘测设计研究院，工程师，研究方向为城市规划、国土勘测；马涛，广州市规划和自然资源局，三级主任科员，研究方向为城市空间规划。报告执笔人：李晓军、朱竞、马涛。

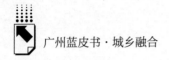
一 引言

广州市域下辖 54 个镇街, 1144 个行政村。广州市乡村地区主要包含城镇开发边界以外的行政村, 总面积 5800 平方公里, 占广州市域面积的 78%, 且与"山、水、林、田、湖"等自然空间高度重叠, 农村户籍人口占全市的 14%, 但农业产值仅占全市的 1%。广州市扎实推进乡村地区规划编制工作, 从 1996 年以来, 历经了中心村规划、新农村规划、美丽乡村规划、乡村振兴规划等多轮村庄规划。2013~2015 年完成市域村庄地区发展战略规划、54 个镇(街)村庄布点规划与 866 条行政村村庄规划的编制和审批, 其余行政村按控制性详细规划管理, 实现了村庄地区规划的全覆盖。目前广州市正积极推进国土空间规划先试先行工作, 亟待加紧开展国土空间规划体系下的"多规合一"的实用性村庄规划编制研究工作, 指导乡村地区开展新一轮村庄规划编制, 进而将国土空间规划中关于乡村振兴发展的顶层设计通过切实有效的路径落地实施。

(一)新时期村庄规划的政策趋势

按照国家实施乡村振兴战略和 2019 年中央一号文件提出的"编制'多规合一'的实用性村庄规划"的要求, 以及《中共中央 国务院关于建立国土空间规划体系并监督实施的若干意见》(中发〔2019〕18 号)(以下简称《若干意见》)和《自然资源部办公厅关于加强村庄规划促进乡村振兴的通知》(自然资办发〔2019〕35 号)(以下简称 35 号文)等政策文件的要求, 都明确了"多规合一"的实用性村庄规划是村庄地区唯一的法定规划, 是国土空间规划体系中乡村地区的详细规划, 是开展国土空间开发保护活动、实施国土空间用途管制、核发乡村建设项目规划许可、进行各项建设等的法定依据。《自然资源部关于全面开展国土空间规划工作的通知》(自然资发〔2019〕87 号)则明确了"集中力量编制好'多规合一'的实用性村庄规划"。结合县和乡镇级国土空间规划编制, 通盘考虑农村土地利用、产业发展、居民点布局、人居环境整治、生态保护和历史文化传承等，落实乡村振兴战略，优化村庄布局，编制"多规合一"的实用性村庄规划，有条件、有需求的村庄应编尽编。明确了村庄规划需深度落实国土空间规划体系改革要求，统筹平衡城乡资源和要素配置，衔接上层次国土空间规划对于乡村地区发展引导的要求。

近年来，各地乡村发展围绕城乡一体化发展、乡村振兴等重大战略举措，重点从空间规划编制与研究、农地制度创新、乡村振兴、特色小镇建设、旅游民宿发展、全域人居环境整治、经营与管理等方面展开探索，对村庄规划编制与实施也有了更新和更高的要求。广东省陆续发布了《广东省县域乡村建设规划编制技术指引》《广东省村庄规划编制技术指引（试行）》《广东省乡村振兴战略规划（2018～2022）》《广东省村庄规划编制基本技术指南（试行）》等文件，对村庄规划编制的内容提出了新要求。

（二）广州市村庄规划编制的现实需求

现行村庄规划全覆盖的规划年限为 2013～2020 年，面临即将到期的问题，不少村也存在需要开展新一轮村庄规划的修编、修改工作。广州市已开展涉农 7 个区的村庄规划实施评估工作，发现其中还存在关于规划编制本身的问题，如编制组织的问题，由于上一轮村庄规划全覆盖工作编制时间短、任务重，规划成果内容质量参差不齐；公众参与呈现简单化、程序化、单边化的问题；内容同质、"多规"打架未解决的问题、落地不精准等。村庄规划管理工作实践中也还存在村庄建设用地规模，规划落地实施难度大；农用地布局分散，规模化生产不足；村庄公服配套设施落地难、欠账多的问题。结合对市域涉农 7 区的实地调研及与村民访谈，区、镇、村反馈了关于农民新增建房、农村经济发展用地和配套设施用地、其他需要单独选址的乡村振兴产业项目等用地需求，对于村庄规划公众参与工作的建议和需求以及对村庄规划的新编、修编、延用的需求，亟待结合新一轮村庄规划编制工作，统筹村庄规划实施存在的"老问题"和"新需求"。

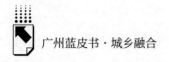

二 国土空间规划体系下村庄规划的价值导向

（一）体现适应性：衔接国土空间规划新形势要求

依据《若干意见》要求，"在市县及以下编制详细规划，在城镇开发边界外的乡村地区，以一个或几个行政村为单元，由乡镇政府组织编制'多规合一'的实用性村庄规划，作为详细规划，报上一级政府审批"。《广州市国土空间总体规划》中也明确了城镇开发边界外按照主导用途分区实行"详细规划＋规划许可"和"约束指标＋分区准入"的建设管制方式，即农业农村单元和生态单元范围内均编制村庄规划作为详细规划。新一轮村庄规划研究范围聚焦城镇开发边界外的行政村（经数据叠加分析涉及行政村781个，包含在开发边界外及交叉的行政村），通过落实传导市、片区级国土空间规划的管控目标、分解下达的约束性规划指标，以及生态保护红线、永久基本农田和城镇开发边界等控制线边界与空间管控要求，编制集策划、规划、计划、做法于一体，具有可操作实施型详细规划。

（二）体现实用性：因地制宜分类编制助推项目落地

结合村庄人口、区位和发展条件，以及三调底图底数情况，按照修编、延用的分类，因地制宜、详略得当的突出编制重点。不提倡村庄规划全覆盖，对于具备条件及意愿的村庄可逐步有序推进村庄规划编制；暂时不具备发展条件的，如搬迁型、撤并型或规模较小的村庄，可以只编制文字规定的农房建设管理要求，经批准后作为村庄规划；原有村庄规划到期后仍适用的，可以按规划延期实施。依据片区级国土空间规划确定的村庄规模，明确建设、农业、生态用地安排与减量（增量）发展方向，结合村庄建设需求，明确土地整治、农民安置、休闲农业和乡村旅游设施等项目规模、区位、建设内容、资金估算、建设时序等，形成近期建设项目库。

（三）体现协调性：多规合一，实现村庄地区"一张蓝图"

《自然资源部办公厅关于加强村庄规划促进乡村振兴的通知》（自然资办发〔2019〕35号）中明确了"村庄规划范围为村域全部国土空间"，编制全域型村庄规划，需落实山、水、林、田、湖、草、村全要素保护与利用，以精细化利用土地资源为导向，结合土地整治和生态修复盘活存量用地，重点保障村庄发展用地和设施农业用地。这就要求整合现有的村庄布点规划、县域乡村建设规划、村庄规划、村土地利用规划、土地整治规划、农业布局规划等相关规划编制内容，统一"多规合一"的村庄用地分类标准，形成"多规合一"的村庄规划一张蓝图，统一集成到全市"一张图"规划信息平台，实现多部门共编共管共用。

（四）体现前瞻性：探索规划"留白"机制，优化用地布局

为适应乡村新产业新业态发展、村民居住、农村公共公益设施、零星分散的乡村文旅设施等用地需求，对于一时难以明确具体用途的建设用地，在新一轮村庄规划中进行"留白"，暂不明确规划用地性质，依据《广东省村庄规划编制基本技术指南（试行）》，可划定不超过现状建设用地规模20%的有条件建设区（不得占用永久基本农田和生态保护红线），作为村庄未来发展的备用地，在不改变片区级国土空间总体规划主要控制指标的前提下，优化调整村庄各类用地布局。同时简化村庄规划"留白"使用程序，明确对村庄建设需使用预留的建设用地机动指标，由镇街组织编制使用机动指标的方案，报区级政府审批，村庄规划数据库按程序报备、公开。建设项目规划审批时落地机动指标、明确规划用地性质，项目批准后更新数据库。

三 新形势下广州市村庄规划的实践基础

近年来广州市结合村庄规划实施与管理的工作需求，重点从分类开展乡村规划试点、规范专项规划技术指引、强化规划用地政策保障、创新规划管

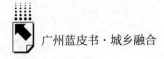

理制度等方面，积极开展了推进村庄规划编制创新与管理实用的相关试点工作。

（一）探索乡村规划试点，支撑规划编制创新

试点推进村土地利用规划。2017 年，按照国家、省关于有序推进村土地利用规划编制工作的要求，开展从化龙聚村等第一批村土地利用规划编制试点，规划成果通过省自然资源厅备案实施，并纳入全市"一张图"平台作为规划审批依据。通过开展村土地利用规划细化了乡（镇）土地利用总体规划安排，强化了村庄规划对农村土地整治、高标准农田建设和拆旧复垦工作的统筹指导作用。

先行先试探索乡村群规划。2018 年，广州在增城瓜岭、从化米埗周边各选取了 3~5 个村庄为群体，充分融合发展策划、村土地利用规划、村庄规划、土地整治等相关规划内容要求，编制了"区域一体、多规合一"的乡村群规划，确定了"资源评估、主题塑造、产业联动、空间管控、路径串联、设施共享、风貌协同、文化传承和协同治理"等九大要素作为乡村群规划的核心内容。为以一个或几个行政村为单元编制全域全要素的村庄规划提供了借鉴范式，是广州市编制"多规合一"的实用性村庄规划的先行实践。

开展村庄规划深化试点。重点探索建立村庄地区精细化规划（修建性详细规划深度）规则，引导村庄建设合理布局，推动村庄规划落地实施，推进乡村建设规划许可证管理。试点工作明确了村庄规划深化试点的主要内容、编制深度、成果要求、编制流程、主要技术标准，并选取了 5 个行政村编制村庄规划深化方案，总结形成了《广州市村庄规划深化编制技术指引（试行）》，为差异化制定村庄规划编制内容及深度、详略得当编制实用性村庄规划提供了参考。

（二）印发专项技术指引，规范专项规划标准

印发《广州市村庄道路规划技术指引（试行）》，提出了不同类型村庄

的交通发展差异化策略，规范了村庄道路规划技术指标，明确了不同类型村庄的农村道路和公交站场、生态停车场等交通设施规划和配置要求，为优化乡村地区交通布局、完善村庄内部道路系统、合理安排交通配套设施、服务村庄规划的编制提供了标准依据。

印发《广州市村庄风貌提升和微改造设计指引》，从"田、林、水、筑、点、路、园"七个方面明确了村庄规划和农房建设的风貌管控设计，明确了整体设计策略、分区分类规划和详细设计的指引，并选取试点村开展了示范性设计。明确要求在编制或修编村庄规划、村土地利用规划时予以参考，有效引导了村庄风貌的整治、优化与提升。

制定《广州市村庄公共服务设施分类配置指引》，按照"城乡统筹、分层配置、分类指引、刚弹结合"的思路，构建"两级（乡村群、村）、两类（基础保障型和品质提升型）、十二类功能"的公共服务设施体系。同时鼓励在村庄规划编制中纳入公共服务设施和基础设施综合设置、复合利用，保障推进乡村地区公共服务设施落地。

（三）集成乡村土地政策，强化规划用地保障

盘活存量与限制增量相结合，合理安排建设用地规模。在年度土地利用计划中专项安排不少于 1000 亩建设用地指标用于乡村振兴项目；各涉农区每年安排不少于 10% 的新增建设用地指标，用于保障乡村振兴用地需求。探索了留用地货币兑现、物业兑现、租赁留用地指标等多种政策形式，推动留用地建设租赁住房、以镇统筹留用地入园集中开发。探索宅基地自愿有偿退出和流转机制，盘活利用闲置宅基地和闲置农房，改造建设乡村旅游等新乡村公共价值空间。制定了点状供地实施细则，优先使用存量建设用地，重点对零星分散的农业设施、乡村旅游和新产业新业态用地等建设项目实施点状供地。

优化原地类管理政策，细化农村用地管理细则。结合土地分类规定，明确乡村部分不占用永久基本农田的公共服务设施项目可按原地类管理（无须办理建设用地手续）。优化设施农用地分类管理。在村庄规划中重点保障

设施农业用地，适当安排设施农业所需增量建设用地；在不破坏耕作层的前提下，对于设施农业生产用地占用耕地的，按耕地管理。同时将这些乡村土地政策都纳入市级国土空间总体规划，增存结合精细化利用乡村土地资源，强化村庄规划实施用地保障。

（四）助推基层乡村治理，完善规划管理制度

为适应村庄规划建设及乡村治理工作需求，规范和健全农村建房管理机制，发挥好村庄规划技术人才的专业知识优势，制定了《广州市乡村规划师和乡村规划联络员制度试行方案》，建立和完善乡村规划师人才库制度和乡村规划联络员制度。通过公开征集规划师和遴选高水平设计机构，成立乡村规划师咨询服务技术支撑团队，打造乡村振兴规划土地智力支撑平台，定期组织技术培训、实现信息互通。同时为强化村民参与、规划成果公开及宣传，指导村民委员会将村庄规划主要内容纳入村规民约，使村庄规划编制成果实用、易懂，让村民了解村庄规划，强化村集体按村庄规划实施建设的意识，实现村庄规划共编共管共用，推动形成共建共治共享乡村治理格局。

四　基于"多规合一"的实用性村庄规划探索

广州市结合《乡村振兴下的广州市新一轮村庄规划编制及统筹工作》的开展，围绕实施乡村振兴战略和指导新一轮村庄规划的编制工作，开展了国土空间规划体系下的广州市村庄规划编制研究（见图1）。依据构建国土空间规划体系的政策要求与规划导向，结合广州现实需求，梳理新一轮村庄规划编制的价值导向，即体现适应性、实用性、协调性与前瞻性四大原则，同时从分类试点、标准指引、土地政策和管理制度等方面归纳广州市村庄规划编制实践探索的工作基础，并依据广东省的要求，梳理形成广州市"多规合一"的实用性村庄规划分类建议、内容建议、基础建议、形式建议和成果建议，为广州市"多规合一"的实用性村庄规划编制技术指引提供技术支撑。

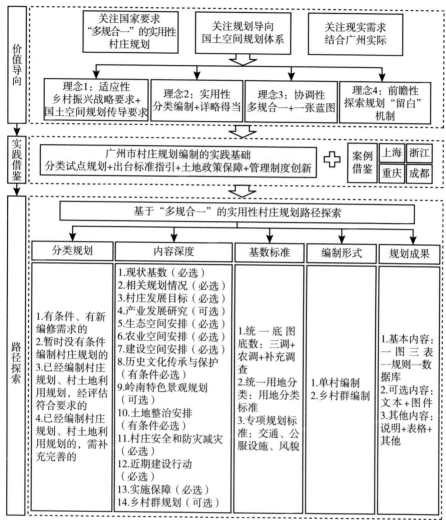

图1 广州市"多规合一"的实用性村庄规划编制研究思路

（一）分类规划探索：因地制宜，详略得当

依据《自然资源部办公厅关于加强村庄规划促进乡村振兴的通知》（自然资办发〔2019〕35号），结合2016～2018年广州市村庄规划实施评估成果、数据叠加（上一轮村庄规划与城镇开发边界、功能片区土规的叠加分析），初步区分四类村庄规划分类编制导向。有条件、有新编修编需求的，应编尽编。

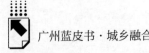

暂时没有条件编制村庄规划的，在片区国土空间规划中明确村庄国土空间用途管制规则和建设管控要求，作为实施国土空间用途管制、核发乡村建设项目规划许可的依据。已经编制原村庄规划、村土地利用规划的，经评估符合要求的可不再另行编制，可继续延用；需补充完善的修编完善后再行报批。

（二）内容深度探索：可选必选，模块组合

全域规划，统筹发展与保护。统筹考虑建设、农业、生态空间安排，明确管制规则。从侧重建设边界管控、对自然资源的梳理和保护考虑不够转向统筹考虑建设、农业、生态空间安排，明确管制规则；落实片区国土空间规划目标与指标、控制线与管控要求，明确近期建设行动计划，除一般建设项目外，结合需求增加土地整治、生态修复等项目；遵循必选与可选相结合的原则，形成"多规合一"的村庄规划编制内容，区分可选和必选规划章节内容（见图2），同时结合村庄需求，详略得当编制对应内容深度（见图3）。

一般村庄	必选内容
特色村庄	必选内容+可选内容
历史文化名镇名村和传统村落	必选内容+可选内容（历史文化传承与保护）
产业发展特色明显的村庄	必选内容+可选内容（产业发展研究/经营性用地入市/岭南特色景观规划）
有土地整治、生态修复需求的村庄	必选内容+可选内容（土地整治安排/生态修复）
拟组织较大规模搬迁安置的村庄	必选内容+可选内容（新村建设）
拟成片开展危破房、泥砖房和空心村改造的村庄	必选内容+可选内容（旧村整治）
其他	必选内容+可选内容（建设空间深化）

图2　"可选＋必选"模块化内容选择建议

1. 现状基数（三调为基础）（必选）
2. 相关规划情况（必选）
 √与上位国土空间规划衔接情况（必选）
 √与相邻地区详细规划衔接情况（必选）
 √与其他上层次及相关规划衔接情况（必选）
3. 村庄发展目标（必选）
 √制定目标（必选）
 √落实指标（必选）
4. 产业发展研究（可选）
5. 生态空间安排（必选）
 √明确生态保护空间范围与管控要求（必选）
 √生态保护修复（有条件必选）
6. 农业空间安排（必选）
 √落实耕地和永久基本农田保护（必选）
 √明确农业空间管制规则（必选）
 √设施农用地安排（可选）
 √实施土地流转（可选）
7. 建设空间安排（必选）
 √宅基地（必选）
 √集体经营性建设用地（必选）
 √道路交通规划（必选）
 √基础设施和公共服务设施（必选）
 √景观与绿化用地布局（必选）
 √新村建设/旧村整治（有条件必选）
 √建设空间规划深化（可选）

8. 历史文化传承与保护（有条件必选）
 √划定历史文化保护线（有条件必选）
 √制定保护管制规则（有条件必选）
9. 岭南特色景观规划（可选）
 √实施乡村大地景观行动（可选）
 √风貌提升分类引导（可选）
 √利用岭南特色资源（可选）
10. 土地整治安排（有条件必选）
 √农用地整理（有条件必选）
 √农村建设用地整理与拆旧复垦（有条件必选）
 √土地生态整治（有条件必选）
 √其他整治（有条件必选）
11. 村庄安全和防灾减灾（必选）
 √防灾措施（必选）
 √防灾设施（必选）
 √防灾疏散通道（必选）
 √应急庇护场所（必选）
12. 近期建设行动（必选）
 √近期建设项目库（必选）
13. 实施保障（必选）
 √规划"留白"（可选）
 √组织保障（必选）
 √规划修改（可选）
14. 乡村群规划（可选）

图3 "可选＋必选"模块化内容深度建议

对于一般村庄，可只编制包含村庄发展目标、生态空间安排、农业空间安排、建设空间安排、村庄安全和防灾减灾、近期建设行动在内的必选内容，有条件、有需要的村可选择编制岭南特色景观、土地整治安排、经济发展研究等内容。对于历史文化名镇名村和传统村落，可选历史文化传承与保护模块；对于产业发展特色明显的村庄，可选产业发展研究、经营性用地入市、岭南特色景观规划模块；对于有土地整治、生态修复需求的村庄，可选土地整治安排、生态修复模块；对于拟组织较大规模搬迁安置的村庄，可选新村建设模块；对于拟成片开展危破房、泥砖房和空心村改造的村庄，可选旧村整治模块；其他村庄，可选建设空间深化模块。

（三）基数标准探索：统一底图，明确标准

统一底图底数，现状基数包括村庄社会经济、土地现状、建设现状、历

史文化、村庄需求和生态保护，以及其他可能涉及的相关资料。整合第三次全国国土调查数据成果、农村地籍调查数据等，开展补充调研。通过资料收集、外业调查、入户调查等方式开展实地调研，全面分析村庄现状和问题、发展趋势、上位规划相关要求等，形成规划工作底图（见表1）。

工作底图采用第三次全国国土调查数据成果或最新土地变更调查数据成果、数字线划地图和比例尺不低于1∶2000的地形图或国土数字正射影像图，并用农村地籍调查数据、地理国情普查及监测数据做补充。规划底图平面坐标系须采用2000国家大地坐标系；比例尺一般采用1∶2000，可根据工作实际采用1∶1000或1∶500（拟进行居民点建设规划或村庄规划深化的部分按照1∶500实测地形图）。

表1　现状基数内容建议

板块	一级类	二级类	数据来源
社会经济	人口	户籍总人口、文化结构、年龄结构；非户籍人口；人口增长（出生死亡、迁入迁出）情况	补充调查
	经济	集体经济项目的用地权属、面积、经营、建筑情况	农调＋补充调查
		村账务收支情况；历年村集体收入情况；各部门涉农资金安排计划	补充调查
土地现状	利用现状	建设用地、农用地、其他土地	三调
	权属情况	集体土地所有权和集体建设用地使用权［坐落地址、权利人、户籍所在、户籍人口数、用途、宗地面积、备注（流转情况及现状建筑物）］、已纳入"三旧"标图建库摸查情况	农调＋补充调查
	土地征收	村域土地征用地情况（用地单位、批准书文号、用地面积、土地用途、建筑面积、规划管理批文）	补充调查
	集体经营性建设用地情况	村集体经营性建设用地使用情况、村留地台账	补充调查
建设现状	住宅建设	村民住宅；户籍情况、住宅情况［面积、层数、结构、年份、房屋质量，在无证情况（含符合历史政策的无证情况）、一户一宅情况、房屋使用状况］	农调＋补充调查
	设施建设	村公共服务设施及市政基础设施情况摸查（设施名称、用地与建筑面积）、使用情况	三调＋农调＋补充调查
历史文化	现状调查	村庄历史沿革、村落格局、传统建（构）筑物、环境要素、非物质文化遗产	补充调查

板块	一级类	二级类	数据来源
村庄建设	村民住宅	村民住宅建设需求摸查:新增分户需求、历史上欠房户需求、拆迁安置户需求	补充调查
	建设项目	村庄近期建设需求摸查:经济发展、人居环境建设与设施建设项目需求、拆旧复垦、农田整治等项目、设施农用地用地需求	补充调查
生态与耕地保护	生态与耕地保护	生态保护修复、耕地和永久基本农田保护及相应的实施项目	补充调查

衔接《基本技术指南》要求，整合用地分类标准，统筹建设与非建设用地（见表2）。细化农业空间、生态空间中的非建设用地分类，改变村规建设用地之外"一片绿"的做法，明确每一寸土地用途，实现村域范围的"一张图"管理。将经营性建设用地从农村居民点中独立出来，并细化分类，保障农村新业态服务用地需求。细化公服用地和宅基地，细分农村新业态服务用地、一二类宅基地，按照实用性村规编制需求，增加农村留白用地。

表2　广州市"多规合一"的实用性村庄规划用地分类建议

规划地类	一级类	二级类	代码
耕地	农业用地	耕地	1100
园地		园地	1200
林地		商品林	1340
牧草地		草地	1400
其他农用地		其他农用地	1500
		设施农用地	1510
农村居民点用地	村庄建设用地	宅基地	2121
		一类宅基地	2121
		二类宅基地	2121
		公共服务设施用地	2122
		基础设施用地	2123
		经营性建设用地	2124
		农村新业态服务用地	2124
		景观与绿化用地	2125
		村内交通用地	2126

续表

规划地类	一级类	二级类	代码
其他用地	其他用地	农村留白用地	—
风景名胜及特殊用地	交通水利及其他用地	风景名胜设施用地	2310
		特殊用地	2320
交通用地		对外交通用地	2200
采矿用地		采矿用地	2130
水利设施用地		水利设施用地	2270
城镇用地	城镇用地	城镇用地	2100
林地	生态用地	生态林	1350
水域		水域	3100
自然保留地		自然保留地	3200

（四）编制形式探索：联动共编，灵活规划

依据《自然资源部办公厅关于加强村庄规划促进乡村振兴的通知》（自然资办发〔2019〕35号）中"村庄规划范围为村域全部国土空间，可以一个或几个行政村为单元编制"的提法，同时结合广州市乡村群规划试点工作经验，挖掘各区乡村资源禀赋和特色亮点，结合村庄特色农业、乡村旅游等发展条件，鼓励采取组团式发展模式，将相近的村庄串点成线，连线成片，促进乡村集群化、差异化错位发展。按照"产业联动、路径串联、设施共享、风貌协调、文化传承、协同治理"的思路，分类打造山林生态型、岭南水乡型、农业生产型、历史文化型、特色产业型等岭南特色乡村群，编制"可分可合"的乡村群规划。乡村群规划与单个行政村村庄规划为平行并列关系，已编制乡村群规划的地区，无须再单独编制村庄规划。依据可分可合的原则，以3~5个行政村为单位编制乡村群规划；其中1个或多个村可根据需要，独立于乡村群开展规划修编或修改。

（五）规划成果探索：区分差异，统一管理

参考《基本技术指南》要求，按照差异化编制规划成果，统一数据库管理的原则，建议村庄规划成果包括基本成果、可选成果、其他成果。基本

成果包括"一图三表一规则一数据库一报告"，分别为村庄规划总图，规划目标表、土地利用结构调整表、近期建设项目表，村庄规划管制规则，村庄规划数据库和公众参与报告。

可选成果包括规划文本——规划村庄发展目标、生态空间、农业空间及产业和建设空间安排、历史文化传承和保护、岭南特色景观规划、土地整治、村庄安全和防灾减灾管制规则、近期建设行动、实施保障等内容；规划图件——可增加相关规划图件，如村庄建设布局图、永久基本农田保护图、公共服务设施布局图、村庄规划深化平面图等。

其他成果应包括规划说明——村庄规划编制过程、编制内容等情况，以及调查问卷、调研报告、听证纪要等相关材料；规划表格——可增加重点建设项目表、权属调整表等；根据可选内容的编制程度，还可以增加如农房建设总平面图、村庄建设需求台账等。

五　思考及展望

当前，乡村发展开始从单一经济生产价值转向农业保障价值、生态维护价值、文化传承价值、意境空间价值等多维价值探索，需要我们思考基于生态保护与资源约束背景下广州市乡村地区的空间价值，梳理乡村发展问题，明确乡村地区土地资源统筹配置与乡村空间优化布局的目标导向。同时还需充分发挥规划编制与土地政策研究技术力量在广州市乡村振兴发展中的智库作用，结合新一轮村庄规划编制建议和管理建议，形成广州市村庄规划编制技术指引，为编制好"多规合一"的实用性村庄规划提供技术支撑。

参考文献

任庆昌、林善泉等：《国土空间规划背景下广东省村庄规划编制探索》，《南粤规划》2019 年第 1 期。

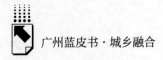

和天娇、何琪潇：《国土空间规划约束下乡村规划路径探究——以重庆南岸区村布局规划为例》，《2019 城市发展与规划论文集》，2019 年。

王冠贤、朱倩琼：《广州市村庄规划编制与实施的实践、问题及建议》，《规划师》2012 年第 5 期。

周晓娟：《资源紧约束背景下超大城市乡村振兴战略和规划策略的思考——以上海为例》，《上海城市规划》2018 年第 6 期。

刘钊启、刘科伟：《乡村规划的理念、实践与启示——台湾地区"农村再生"经验研究》，《现代城市研究》2016 年第 6 期。

乡村振兴篇

Rural Revitalization

B.8
乡村振兴背景下广州发展壮大
农村集体经济的思考

江彩霞*

摘　要： 在乡村振兴战略背景下，广州如何发展农村集体经济，走出
一条具有广州特色的农村集体经济振兴之路，引领乡村产业、
人才、文化、生态和组织振兴，是当下值得思考并研究的大
课题。本文对农村集体经济的内涵、特点进行了分析，并简
单梳理其发展历程，同时对广州目前农村集体经济发展面临
的问题进行深层查找，认为区域发展不平衡、土地、产权和
人才等是主要制约因素。进而提出广州要实现农村集体经济
健康发展，必须以乡村振兴为总揽，紧抓党的领导不动摇，
释放农村活力，消除集体经济薄弱村，深挖农村资源优势，

---

* 江彩霞，广州市社会科学院经济研究所副研究员，研究方向为城市经济、农村经济。

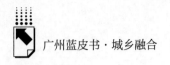

创新农村集体经济的发展模式和运行机制，优选人才，推进产权制度改革，强化配套政策支撑等系列思路建议。

关键词： 集体经济　产权制度　乡村振兴　农业现代化

一　农村集体经济概述

（一）农村集体经济的界定和特点

要准确理解农村集体经济内涵，首先要明晰农村集体经济组织的概念。农村集体经济组织是相伴农业合作化运动而产生，顺应社会主义公有制改造，由同属自然村域范围内的农民自愿结盟，并把各自拥有的土地、农具、耕畜等生产资料都投归到集体，由集体成员共同所有，再由集体组织共同支配并进行各种农业生产经营活动，在生产活动中农民共同劳动，各尽所能，按劳分配，共享劳动果实的经济组织。《中华人民共和国宪法》明确规定："农村中的生产、供销、信用、消费等各种形式的合作经济，是社会主义劳动群众集体所有制经济。"以集体所有制为基础的生产经营活动都可归入集体经济范畴，集体所有制是集体经济的核心。2016年国家出台的《关于稳步推进农村集体产权制度改革的意见》把农村集体经济界定为："集体成员利用集体所有的资源要素，通过合作与联合实现共同发展的一种经济形态，是社会主义公有制经济的重要形式。"按照地域划分，中国集体经济可分为农村集体经济和城市集体经济。

经过70年的发展，中国农村集体经济及其组织形式探索了多元化的实现形式，也形成了自身较为明显的特点：一是集体所有制的核心是土地归集体所有，集体经济组织紧紧依托集体经济积累和集体共同财产，进行一切生产经营活动；二是集体经济组织成员一般较为固定，边界比较清晰，大多数管理人员和从业人员来源于集体经济组织内部；三是集体经济除农业外，还可延伸到第二、三产业，集体经济组织可以设立各种经济实体，开展多种产业经营；四是农村集体经济主要收入来源于经营、租赁、发包、投资等方面，此外还包括转移支付、补助、土地收益、补偿补贴、各类捐赠等收入；五是集体经济组织承担着乡村公共服务建设、乡村治理等多种职能；六是部分集体经济组织已经进行了企业化改造，建立了现代企业制度。

（二）农村集体经济建设与发展历程

新中国成立70多年来，农村集体经济经历了不同历史发展阶段（见表1）。经过多次改革和调整，不断明确职能定位，创新实现形式，形成了不同的发展路径。回顾其历史变迁，可以窥见在不同时期我国农村集体经济模式都各有优势与贡献，当然也存在不足。在乡村振兴战略背景下，站在当代实现农业农村现代化角度，回顾历史将有助于推进新时代新型集体经济的建设与发展。

表1　我国农村集体经济建设与发展历程

时期	主要阶段	主要特征	主要不足
社会主义计划经济时期	农村集体经济建立前后的农业合作社阶段（1949~1958年）	实行农业生产资料集体所有制，集体组织集中统一生产经营，共享劳动果实	农业投入严重不足，造成"平均主义"假象
	计划经济时期的社会主义农村集体经济阶段（1958~1978年）	集中大量的人力、物力与财力，开始大规模兴修农田水利等基本建设，实现了大面积土地的统一规划。这种传统农业经营管理模式，理论上是与农业农村现代化的社会化大生产发展方向一致、符合全体农民整体利益和共同富裕原则	
中国特色社会主义市场经济时期	家庭联产承包责任制探索阶段（1978~1984年）	分田包产到户，由1978年小岗村率先试点至1984年全国推行。此阶段，土地由村级集体组织管理，农田水利建设大力推进、规划布局农作物，为农户提供好服务	"分"得过度、出现大量空壳村，"三农"问题突出
	家庭联产承包责任制确立阶段（1985~2002年）	1986年实行城乡土地分治制度；农村集体经济资产特别是土地被大量低价征收；1993年实行延长土地承包期政策；乡镇企业异军突起	

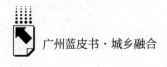

续表

时期	主要阶段	主要特征	主要不足
中国特色社会主义市场经济时期	农业专业化合作经营探索阶段（2003～2012年）	2003年鼓励农民成立各类专业合作社并给予其合法的地位；2007年允许农村土地可通过规范化方式流转；农业龙头企业进一步壮大，农村集体经济收益增加	土地流转向资本集中，城乡差距进一步扩大
	农村新型集体经济发展阶段（2013年至今）	允许承包经营权入股农业经营；确立土地"三权分置"；土地承包关系再延长30年，壮大集体经济	

二　发展壮大农村集体经济的必要性

（一）壮大集体经济是巩固农村基层组织的基本保证

农村要发展，充足的村级财力保障必不可少。农村集体经济是村级财力的主要来源，有财力就能很好满足村民的需求以及解决村民的各种困难，这也正是农村基层组织建设工作中必须解决的最大难题。难题解决了，人民群众幸福感增强了，对基层党组织的信任度自然就提升了，从而坚定支持拥护基层党组织的领导，农村基层党组织的执政能力和核心地位就更加牢固。在乡村振兴战略背景下，如何更好探索村级集体经济发展的有效路径，又是当前基层党组织面临的一个全新课题。

（二）壮大农村集体经济是实现农业农村现代化的必然要求

首先，农业现代化需要的现代化基础设施，需要农村集体经济来承担其相应职责，仅靠国家财政的有限转移支付远远不足。其次，以家庭联产承包责任制的小农户经营远远满足不了农业产业的集约化、规模化等条件要求，而农村集体经济正好具备这些特征。最后，壮大农村集体经济有利于生态环境的保护，近年来对村庄进行有效建设和管理，美丽乡村建设和乡村整治成效明显，正走出一条以生态、绿色发展为导向的农业现代化新路。

（三）壮大农村集体经济是实现共同富裕目标的必由之路

农村集体经济发展壮大了，实力足够强大才能满足农民各种服务需求，还可通过再分配形式妥善调节贫富差距。同时，增强农村集体经济实力，是扶贫工作的强大动力。从长远看，发展农村集体经济才能激发农村发展的内生力量，才能让贫困户具有可持续的"造血"能力，帮助贫困户真正脱贫，从根本上缩小城乡差距，实现城乡互补，共同发展。此外，发展现代大农业，必须搞好农村教育，没有高素质的劳动者是不可能的。壮大农村集体经济更加有利于发展农村教育事业。

（四）壮大农村集体经济是解决农业农村社会问题的重要途径

一方面，走新型集体经济发展道路，能促进农业产业化水平提升。当前，广州农村地区人均耕地面积少，土地碎片化，大部分耕地与畜禽养殖还没有实现规模经营，而村集体经济就具备将分散土地很好集中起来的优势，促进农业科技现代化。另一方面，发展农村集体经济能有效解决当前一些社会问题。由经济发展不平衡导致农村大量务工人员外流至经济发达地区，工作地远离家乡，造成农村留守儿童、空巢独居老人日渐增多的社会问题，而发展农村集体经济，可以让许多村民近家找到工作，既有收入又能照顾到家庭，社会的和谐稳定就有了保障。随着产业结构向服务业特别是公益性服务业的不断转型，发展集体经济在解决农民就业方面潜力巨大。

三 广州农村集体经济发展基本概况

（一）农村集体经济发展现状

1. 集体经济实力不断增强

集体经济是农村经济社会发展的主导力量，近几年，广州全市农村地区集体经济总收入连续保持快速增长，调研数据显示（见图1），2018年，全市农村集体经济总收入达到 102.08 亿元，增速为 9%；全市农村地区集体资产达到 1356.22 亿元，增速为 17.05%，连续保持两位数的快速增长，成为农民增收致富的重要物质基础。但农村集体经济总负债同样呈现逐年上升的趋势，至 2018 年负债总额达到 691.46 亿元，负债率达到 50.98%。

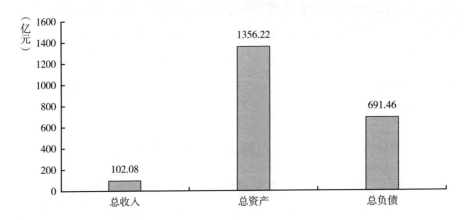

图 1   2018 年农村集体经济发展总体水平

2. 集体经济收入区际水平差异明显

从区域特征看（见表 2），中南部地区村级集体经济收入普遍较高。2018 年，番禺、白云两个区就占了全市村级集体经济总收入的半壁江山，村集体经济平均收入居前的也是中南部的番禺、白云，而北部地区特别是从化区集体经济收入水平普遍较低。从经济强村分布看，按目前省对集体经济强村制定的标准（总收入 50 万元以上），2018 年全市经济强村比重为 57.95%，特别是南部的南沙和番禺两个区，经济强村比重已经超过 90%，而从化还不到 10%。

表 2   2018 年广州各区村集体收入基本情况

区域	集体经济总收入（亿元）	村数量（条）	强村比重（%）
广州全市	102.08	1144	57.95
白云区	17.85	118	87.29
黄埔区	2.77	28	67.86

区域	集体经济总收入（亿元）	村数量（条）	强村比重（%）
番禺区	38.37	177	90.40
花都区	18.1	188	60.64
南沙区	8.19	128	96.09
增城区	15.32	284	44.01
从化区	1.48	221	8.14

资料来源：广州市统计局、农业农村局调研相关数据资料整理。

3. 集体经济收入构成多样化

从全市集体经济收入构成看，主要来自经营收入、发包及上缴收入，2018年全市集体经济经营收入占的比重为44.19%，发包及上缴收入占的比重为36.85%，其他收入占的比重为15.69%，投资性收益和补助收入占的比重较小，波动性较大（见图2）。

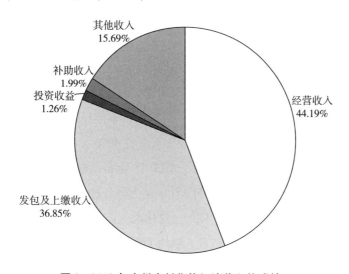

图2　2018年广州农村集体经济收入构成情况

（二）广州农村集体经济发展面临的突出难题

农村集体经济收入与农村公共服务管理水平以及农民收入息息相关，虽然农村集体经济收入在全市层面整体水平较高，但就目前而言，仍然存在着

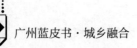

许多亟待解决的问题，如区域间发展不均衡且差距悬殊、低收入村数量不少、村集体发展路径比较窄、政策仍缺乏有效配套等问题。

1. 区域间、村社间发展不平衡现象还比较突出

村级集体收入区域间发展不平衡。城中村、城边村村级集体经济受益于土地增值和城市人口等资源的溢出效应，物资、资产租赁、服务及劳务等经营活动所获得的收入较高，村集体收入普遍较好；纯农业类村通过村集体耕地、林地、果园等资源获得一定的发包及上缴收入，集体收入相对一般；集体收入最差的是位于基本农田保护区内的、位置偏远靠北的行政村。例如，位于中部区域的白云、黄埔和番禺三个区的行政村，2018 年村集体总收入远超北部的花都、增城和从化三个区的行政村集体总收入。

部分区的集体经济收入在村社分布不均衡。全市农村地区的集体经济收入主要集中在村一级，目前村、组两级集体经济收入比约为 2.6∶1，但目前有一些村集体经济收入绝大多数在自然村，不在行政村，出现倒挂的现象。花都区和增城区存在不少组一级收入高于村一级收入，收入集中在经济社一级，这种村、组之间集体经济收入的不均衡状况尤为明显。

2. 集体经济薄弱村数量还不少，财政补助力度不够

低收入村数量还比较多。2018 年，全市农村集体经济总收入在 50 万元以下的村数量超过 481 条，占行政村总数比重超过 40%（见表 3），且村之间的差距悬殊，有的村集体收入超过亿元，如 2018 年番禺村的大龙街道旧水坑村民委员会村集体收入超过 4 亿元，而从化区绝大部分村集体经济收入低于 50 万元，个别村甚至只有区区几千元。同时，集体收入高的村对资源出租比较依赖，集体收入低的村对补助收入比较依赖，制约了农村集体经济的持续发展。

表 3　2018 年广州全市村集体收入情况

收入区间（元）		行政村数量（条）	比重（%）
全市		1144	100
经济薄弱村	0~50 万	481	42.05
经济强村	50 万~100 万	121	57.95
	100 万以上	542	

农村集体经济支出庞大而财政补助力度不够。在统筹城乡特别是实施乡村振兴的大背景下，村级公益事业如道路、桥梁、公园修建需要公共财政建设资金，这其中有大部分需要村级组织自筹配套投入，村级集体经济支出不断上升，资金的压力越来越大，若集体经济收入不强，配套资金就难以解决，这又容易形成债务；一些社会事务如治安管理、各种形式创建活动，村级也要自筹部分资金；还有各种用工费用、办公耗材等开支也都在上涨。同时，全市村集体经济总收入中，来源于补助收入的部分占比较小（全市只有2.03亿元），远不能满足村级大量的公益性基础设施建设投入和公共服务支出。

3. 农村集体经济发展的路径较窄，发展机制有待创新

村级集体经济收入来源比较单一。全市集体经济收入总量不小，但有特色的村比较少，每个村资源相近无法突出各自产业特色和优势，且绝大多数村集体经济来源比较单一。目前不少村主要依靠财政转移支付和补助收入及争取相关部门政策支持来补充村级运转经费的不足。多数村收入来源于村级集体经营物业或土地出租、发包及上缴等资源性收入，市场竞争力弱，尽管能够取得一部分收益，但这种收益来源的取得是不稳定的、有限的，持续性也较差，要实现经济增长有难度，更谈不上发展。

村级集体经济发展受制约多。一是村级集体可利用资源少。就经济发展薄弱村而言，大部分村级组织或无村办企业，或无集体财产，或无集体收入，这就导致薄弱村失去自身发展的"造血功能"，集体经济发展停滞不前。二是缺少支撑条件，就地发展潜力不足。受区位地理条件影响，位置相对偏僻的村，就是想发展也难以找到好的项目落户。三是资金不足、融资困难。很多村资金积累不足，一些经济薄弱村仅能维持自身基本运转，再也没有多余的资金投入村级公共事务建设，想融资但苦于没有担保物抵押，想走融资发展但路子不通，到目前为止，还没有专门支持集体经济发展的政策性金融机构。四是人才队伍素质整体不高。就管理人员素质看，文化程度偏低、年龄偏大的现象普遍存在，职业农民和农村技能培训滞后，文化高、能力强、有胆识的人才普遍外出打工，经营人才非常缺乏，不利于集体经济发

展。五是有效的激励机制没有建立，村支部书记及集体经济主要管理人员待遇偏低。

4. 土地政策制约、限制了集体经济的发展

土地政策制约。土地是农村最重要的核心资源，在城市优先发展的导向下，留给村级可开发的土地资源已经很少，再走开发建设的路子无前途也行不通。为推进乡村振兴战略，按国土规划要求，省市都有保障用地指标的安排，但目前各个区自筹安排落实难度较大，很多农村产业发展项目都因违建受到处罚，设施农业等现代农业也受到极大限制，使有恒产者的信心受到打击；由于缺乏规划支撑，部分城中村、城郊村物业因档次低想升级改造，又受制于历史用地和规划的影响而无法实施，这在很大程度上限制了村集体经济做大做强。此外，土地产权制度与现实发展仍不相适应，目前已有的农村土地产权制度改革仍未到位。

5. 集体经济组织缺乏法律地位及相应的配套政策支持

农村集体经济组织成员资格界定不明确。对农村集体经济组织成员的认定，目前全市没有统一做法，各村有各自的方法特点。有的村只根据集体成员数量划分等额股份进行分红，不永久确定集体成员身份；有的村永久确定份额，份额可进行交易和流转，但长期下来，存在非本村村民持有集体股份情况；不同的区、不同的镇对外嫁女、入赘郎、离异等人群的农村集体经济组织成员资格界定做法各有不同，严重影响集体经济做大做强，成为集体经济发展的不确定因素。

政策仍缺乏有效配套。虽然中央支持集体经济发展的政策密集出台，但对其治理结构如何规范指引仍不太清晰，表现在：一是村、社两级集体经济组织与政府职责不清晰，在集体资产经营方面，法人决策权受到许多制约，如村股份合作社投资项目均要报请镇政府或镇级集体经济组织来决策；二是集体经济组织和企业组织形式不分，在农村产权制度改革过程中，只是简单地将社变为公司，社与公司性质混淆；三是集体经济组织土地补偿款收益存在如何纳税的模糊地带，有些村分红担心红利税过高。

6. 村级集体资产管理制度不完善

一是集体资产交易平台有待完善。据了解，目前农村集体资产监管办公室人员多数是是临聘人员，专业水平受限且流动性大，在一定程度上影响到业务及办事效率。二是集体资产交易监管不够严。部分村监会成员监督履职不严，监督意识不强，监管缺乏强制力。三是村务公开不够规范、渠道单一。有些村存在村务公开不够规范问题，村务公开渠道单一，造成出现外出务工的年轻人对公示栏的信息知晓度低，而留守老人因不会上网而不了解村务情况的矛盾，导致村民的知情权和监督权受损，出现不少扯皮现象。

四 广州发展壮大农村集体经济的思考

随着农业现代化进程的加快，解决当前农村集体经济发展中存在的问题尤为重要。考虑到农村地区产业经济发展的差异性，壮大农村集体经济，务必始终体现出紧抓党的领导不动摇，立足各村资源禀赋寻找发展路径，突破人才和资源两大关键点，深化农村土地和产权制度改革，创新多种村集体合作经营模式，释放农村活力，推进农村集体经济的高水平发展，打造广州乡村振兴的"发动机"。

（一）夯实农村基层组织基础

1. 增强对发展集体经济重要性的认识

农村基层组织是带领农民实现共同富裕的龙头，是农村区域的领导核心。坚定"农为党本""党管农村"的执政理念，通过"头雁工程"等建设强有力的基层组织，充分发挥农村基层党组织和村民自治组织的战斗力和凝聚力，提高公共服务水平和质量，以各种方式动员和引导村民积极参与集体经济活动，大力改善农村生产和生活环境，完善国土规划、财政、税收等方面体制机制，全方位支持壮大集体经济实力。

2. 依法保护农村集体经济组织法人地位

依法规范农村集体经济的性质、经营体制、产权制度、治理结构、利益分配等重大原则问题,保障经管部门登记的权威性,落实集体经济组织法人地位,让集体经济在税收和融资等方面一样受到法制保护。逐步解决好股东与资产的一致性,实现资产"归位"、股权管理以及房产证颁发等问题。

(二)大力探索农村集体经济发展的有效途径

1. 资源利用是关键

一是发展资源经济。因地制宜,整合各村自身资源,大力发展与集体经济融合发展的新型业态,如乡村旅游、乡村文化、休闲康养、农产品加工、电商等产业。探索多业态合作发展模式,推进"村级集体经济+文化""村级集体经济+旅游""村级集体经济+加工""村级集体经济+电商""村级集体经济+休闲康养"等实践模式。例如,白云区寮采村引导农民以资金或土地入股等方式发展合作经济,通过引入"农业+旅游""农业+加工""农业+文化"等多种业态,实现村级集体经济大发展和农民收入大幅提升。二是发展电子商务。完善农产品营销体系,整合各村特色农产品推广平台、门户网站、微信公众号以及村级电商"农村淘宝"服务站,通过"互联网+",让农民的小微业态走向市场。

2. 做活土地文章

一是盘活闲置土地。目前,大部分村都存在一定数量的"空心村",这种现象既影响村容又浪费土地资源,村要充分改造利用"空心村",引进开发商,实行统一规划开发,增加村级集体经济收入。二是盘活土地资产经营。将现有小、散村级物业进行整合,按照国土空间规划要求,利用集体可用土地,采取抱团异地兴建或联村共建"飞地"建设物业项目。三是有效推进土地流转。灵活流转土地,采取集体土地向股份合作经济流转的方式进行集中开发,形成规模效应,提高土地利用效率,立足本村资源和品牌优势,打造一个特色产业,促进规模农业发展壮大。

3. 加快消除集体经济薄弱村

按照目前村集体经济年收入 50 万元标准,转化集体经济薄弱村。重点在集体产业立项、税收征缴、消防审查等方面，明确相关政策支持。探索有效手段，帮助集体经济薄弱村激活资源、积累资产。通过壮大集体资产，进一步解决低收入户稳定增收问题。建立长效发展机制，实施强村带弱村，通过人才支持、项目扶持及经验交流，推动薄弱村创新集体经济发展模式，增加集体经济收入。

（三）深化改革农村集体经济制度

一是完善农村集体经济组织。发挥农村集体经济组织市场主体作用，保证集体经济组织受法律保护；对集体经济组织成员的自主权、资格认定或进出变动，在政府指引下由村民自主决定。按照"三权分置"的规定，稳定农村土地经营权。二是进一步改革农村土地制度。倡导农户的土地首先向村股份合作经济集中流转。坚持市场化改革导向，深化农村集体产权制度改革，发展多种形式的股份合作，实现资源转变成资产、资金转变成股份，农民转变为股东。三是完善农村集体经济运行机制。在完成农村集体资产清产核资工作的基础上，加快推进经营性资产股份合作制改造。探索混合经营等多种实现形式，进一步明晰股权，规范集体经济组织成员对"三资"的占有、使用、收益和分配权益，不断创新收益方式，确保集体资产保值增值和农民收入水平的提升。

（四）健全完善集体经济管理体系

1. 完善集体资产管理制度

一是加大管理力度。优化村级集体资产运行体系，准确核算资产以及债权债务。准确合理评估集体资产租赁和承包时的价值，实现资产保值增值，切实保障集体经济组织成员的利益。二是加强农村集体"三资"交易管理。在符合规范要求前提下，升级完善区级交易平台，在区级平台上可以直接承接大宗资产和集体建设用地项目，实现便捷化交易。三是强化"三资"交易监督。严格按区镇集体"三资"交易规范，将村社"三资"管理主动纳入区、镇、村三级网络监管系统，实现农村"三资"全面全程实时化管理。

明确镇（街）对农村"三资"管理主体责任，杜绝在农村"三资"管理中不作为、乱作为现象。

2. 完善农村集体资产监管制度

一是完善监管机制。对农村集体资产进行核查和审计时，监管形式可采用定期和不定期相结合的形式进行，并对村资产核查时发现的问题，及时找出资产变动的原因，确保资金的合理性和规范性，尽早避免和降低集体资产的流失和不当消耗。二是落实激励机制。将村集体资产的经营状况纳入村级领导的考核内容，将集体资产与村干部的切身利益挂钩，充分激励村干部经营集体资产的积极性主动性。三是严格民主监督制度。村民是集体经济组织的主要成员，应让村民行使相应的参与重大决策并发挥监督作用权利。同时，要求集体经济组织及时公布与经营相关的真实财务信息，便于群众监督，也有利于管理者自我监督，完善村集体经济长效发展体系。

（五）制定配套扶持政策

1. 加强土地支持

严格执行村级集体经济发展留用地制度，允许土地经营权入股从事农业产业化经营。研究制订现代农业设施建设指引，优化"点状供地"政策。落实完善农村承包土地"三权分置"制度，在依法保护集体所有权和农户承包权前提下，进一步放活土地经营权。例如，"白云汇"模式，就是白云区马务经济联社创新集体建设用地使用权流转试点的成功实践，给农村集体建设用地高效利用找准了出口，集体经济收入有了可靠保障。

2. 强化政策扶持

根据集体经济实际，制定符合其需要的优惠特惠政策，通过财政资金引导和社会资金多元投入，扶持集体经济发展。加大政府资金对农村公共服务的投入，减轻农村集体经济组织负担，健全农村集体经济组织对公共性和公益性服务成本的分摊机制，把村发展集体经济的目标任务层层落实形成合力。加大立法保障，赋予农村集体经济组织完全的市场主体地位，引导农村集体经济规范化发展。完善落实精准扶持政策，加强村企合作，帮助薄弱村发展物业经济，并在立项、审批等环节给予倾斜支持。探索工商资本与村集体合作发展的共赢模式，从源头上增强村级集体的自我发展能力，把发展农村集体经济作为广州巩固扶贫成果的"总开关"。

（六）加快培养高素质的经营管理人才

1. 加强经营管理人才队伍建设

一是采取多种形式选拔培养人才。人才是村集体经济发展的保障，目前，农村正严重缺少强有力的本土乡村人才。破解集体经济发展的人才困境，应当加强本土人才挖掘和培训，又要全方位开放聚集人才，采取"内培＋外引"的方式引聚优质人才，以优惠政策吸引优秀大学毕业生返乡回乡创业。二是加强村干部队伍建设。要高标准严格选好村党支部书记，选优配强村级干部。着力从本村中选拔出人才，把更多善经营、懂管理、敢创新、勇奉献等综合素质较高的年轻优秀人才选拔到集体经济负责人岗位，实现村干部知识化、年轻化。三是强化培训提高。一方面，要有计划开展对村干部的教育培训。围绕提升素质，提高技术水平，创新思维转变理念，对村"两委"干部进行强化培训，提升他们的领导能力和经营管理水平。走出去参观学习，特别是学习江浙发达地区经验，借他山之石实现快速跃升。另一方面，联合涉农人才培养机构（如科研院所、职业院校等）做好现代职业农民的培训，全力打造一批素质高、以青壮年为主的经营主体，为村集体经济的发展保驾护航。

2. 加强人才队伍工作体系建设

立足广州市乡村振兴实施的总体规划培养骨干力量，制定集体经济带头人、经营管理干部及农业专业人才培养专项规划及各项培训。配强农村基层队伍，落实安排好人员，合理提高基层干部（经济发展带头人）待遇。创新农村集体经济组织人事管理规程。依据村集体经济经营规模和效益来划分若干等级和级次，可比照公务员体制，将目前村干部工资津贴的发放标准与方式改为等级支付体制，对照领取不同的工资津贴标准。优先提拔村级优秀干部到镇级任职。实行激励考核机制，对有突出贡献的村级干部进行奖励。

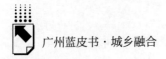

针对集体经济组织管理者，大胆探索以绩效收益、股权分红、社会保障等方式创新激励机制，切实提高他们的工作积极性。

参考文献

高鸣、芦千文：《中国农村集体经济：70年发展历程与启示》，《中国农村经济》2019年第10期。

中共中央、国务院于2016年12月26日印发并实施：《中共中央国务院关于稳步推进农村集体产权制度改革的意见》文件。

王幽：《农村集体经济发展的问题及对策建议——以广州市花都区为例》，《中国集体经济》2016年第33期。

舒展、罗小燕：《新中国70年农村集体经济回顾与展望》，《当代经济研究》2019年第11期。

北京市农研中心集体经济体制改革40年研究课题组、吴宝新、熊文武、陈雪原、王洪雨：《以乡村集体经济为主导　实施特大城市郊区乡村振兴战略》，《财经智库》2019年第4期。

陈泳：《习近平农村基本经营体制改革思想及其基本方略》，《新乡：管理学刊》2018年第1期。

刘义圣、陈昌健、张梦玉：《我国农村集体经济未来发展的隐忧和改革路径》，《经济问题》2019年第11期。

仝志辉、陈淑龙：《改革开放40年来农村集体经济的变迁和未来发展》，《中国农业大学学报》（社会科学版）2018年第6期。

谭秋成：《农村集体经济的特征、存在的问题及改革》，《北京大学学报》（哲学社会科学版）2018年第3期。

B.9
广州实施乡村振兴战略的内涵、路径与举措

万俊毅*

摘　要： 实施乡村振兴，推进农业农村优先发展，是全面建设社会主义现代化强国的重要内容。广州实施乡村振兴战略的时代内涵是以产业兴旺为重点、以生态宜居为关键、以乡风文明为保障、以治理有效为基础、以生活富裕为根本。广州乡村振兴内部动力强劲、外部优势明显，但仍存在发展难点如区域发展不平衡、城乡居民收入差距大、农业农村发展不充分等。广州应遵循科学发展路径，提升对战略的认识和理解、构建城乡"双轮驱动"新格局、促进特色优势农业发展、创新农村经济社会发展方式等。广州应推动具体举措落实落细，大力推动乡村产业兴旺、持续建设生态宜居乡村、构建乡村治理新体系、推动乡风文明焕发新气象、推进基本公共服务均等化等。

关键词： 乡村振兴　乡村经济　乡村治理

实施乡村振兴，推进农业农村优先发展，是全面建设社会主义现代化强国的重要内容。广州作为国家重要中心城市，乡村面积占全市行政区划面积

---

* 万俊毅，华南农业大学广东农业企业发展研究中心主任、教授、博士生导师，研究方向为农村企业发展、乡村振兴。

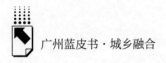

的78%，承载着重要的生产、生活和生态功能。广州应充分发挥省会城市的引领带动作用，以乡村振兴为突破口，破解发展不平衡不充分的突出问题，努力在全省乡村振兴中当好示范和表率，走出一条具有广州特色的超大城市乡村振兴之路。

一　广州实施乡村振兴战略的时代内涵

按照"产业兴旺、生态宜居、乡风文明、治理有效、生活富裕"的总要求，深刻领会乡村振兴时代内涵，为推动广州城乡融合发展增添动力。

（一）以产业兴旺为重点

乡村产业兴旺并不仅仅是农业发展，更是农村经济多元化发展。完善广州农村发展规划目标，因地制宜地发展农业农村，对于远郊村，优先发展特色农业，提升农业综合效益，加速向现代农业的转型升级；对于近郊村，优先发展休闲农业和设施农业；对于城中村，要加速改造提质，推进产城融合。加速构建农村三次产业融合发展体系，以大数据和"互联网"为依托，推动农业经营模式转变。同时推动从化、增城、番禺为主的小农户和现代农业发展有机衔接，发展现代农业适度规模经营。

（二）以生态宜居为关键

良好生态环境是农村最大优势和宝贵财富，广州既要转变发展观念，切实把农村生态文明建设摆在更加突出的位置，建立市场化多元化的生态补偿机制，完善自然资源价格形成机制和平台建设，增强生态资源市场转换活力。转变发展方式，着力构建五谷丰登、六畜兴旺的绿色生态系统，建设生活—生产—生态空间耦合的宜居乡村，大力推进建设北部生态旅游型、中部休闲宜居型和南部岭南水乡型的森林小镇群落；转变发展模式，健全以绿色生态为导向的农业生产方式和制度体系，增加农业生态产品和服务供给，塑造诗意乡愁的岭南生态乡村。

（三）以乡风文明为保障

加强农村公共文化建设，加快实现镇（街）、村（社区）文明实践所（站）全覆盖，充分利用现有文化基础设施开展文明实践活动。充分挖掘具有农耕特质、民俗风情、岭南特色的物质文化和非物质文化遗产，推动优秀乡土文化创新性发展。开展移风易俗行动，提升以农民为主体的岭南文化新风尚。发挥广州乡贤、华侨文化，弘扬善行义举，以乡情乡愁为纽带吸引和凝聚各方人士支持乡村发展。

（四）以治理有效为基础

治理有效是加强农村社会基层治理和政治建设的重要保障。针对乡村社会分散等问题，要因地制宜创新社会治理模式，形成党委领导、政府负责、社会协同、公众参与、法治保障的现代乡村社会治理体系。坚持村民自治、国家法治、乡村德治相结合，广泛开展基层民主协商议事，建设村（社区）民主议事厅，提升乡村治理水平，加强数据驱动智慧治理，建设平安乡村，形成乡村治理的广州模式。

（五）以生活富裕为根本

生活富裕是建设和谐美丽社会的根本要求，生活富裕不仅是物质上，更是精神上的可持续发展。要优先发展农业技能培训，提升农民劳动技能水平；推动城乡一体化社会保障体系建设，提高农村公共服务水平，让农民平等参与改革发展进程，共同分享改革发展的成果；持续改善农村人居环境，推进乡村基础设施建设，致力于将广州乡村建设成为首善之乡。

二 广州实施乡村振兴战略的基础和条件

（一）乡村振兴的内部动力强劲

1. 乡村经济持续增强

一是农产品生产结构优化，乡村产业结构不断调整，产值结构日趋合理。2018年农林牧渔业总产值416.7亿元，比2012年的366.79亿元增长13.61%；农林牧渔业增加值253.1亿元，是2012年的213.76亿元的1.184倍。2018年都市农业示范区55个，都市农业总产值1428.9亿元、同比增长2.2%。广州已形成水稻、蔬菜、水果、花卉、苗木等万亩片区，2018年新增省级"菜篮子"基地14家，总数达26家，居全省前列。二是农业产业链延伸强化，乡村经济稳步发展。不断拓展农业多功能，加快创建集农业观光、休闲旅游、农耕文化、农产品会展商务、农业科普等于一体的农业公园和休闲农业综合体。三是农村新型市场主体快速发展。2018年，广州拥有135家市级以上农业龙头企业，家庭农场达到404家，农民专业合作社达1400余家。

2. 乡村环境持续增美

一是持续推进省级新农村示范片建设，2013年广州启动美丽乡村试点建设，2017年完成160条试点村创建并全部通过考核验收；实施从化区城郊街、番禺区南村镇—大龙街、花都区赤坭镇等3个省级新农村连片示范工程建设，2018年超70%的村达到"干净整洁"标准，超40%的村达到"美丽宜居"标准。二是结合观光休闲农业发展，每个涉农区形成2~3个特色鲜明的美丽乡村群。2018年认定首批市级农业公园20家；从化区宝趣玫瑰世界、香蜜山生态果庄分别获评"广东十佳最美农田""广东十佳最美果田"，增城区被评为"全国休闲农业和乡村旅游示范区"。

3. 乡村居民生活持续增富

农民增收能力不断增强。2018年农村居民人均可支配收入达到26020元，同比增长10.8%，增速连续11年超过城镇居民收入，约是2012年农民人均纯收入16788元的1.55倍。

4. 乡村整体发展持续趋好

一是基础设施建设不断完善。乡村路网通行能力不断提升，通达乡村地区的地铁通车里程185公里，其中乡村地区在建67公里。农田水利条件显著改善，农村自来水（含集中式供水）覆盖率达86%，农村电网改造工程全部完成。二是乡村普遍建立乡风评议会、道德评议会、红白理事会等倡导文明的机构和载体，增城区村民议事经验继续在全国推广，乡村自治、法治、德治水平明显提升。

（二）乡村振兴的外部优势明显

1. 城市经济发达助推城乡融合

2018 年，广州实现地区生产总值（GDP）22859.35 亿元，人均 GDP 达到 153373 元，已经迈入"高收入城市"行列。2019 年前三季度广州 GDP 增长速度为 6.9%，高于北京的 6.2% 和上海的 6.0%，也高于深圳的 6.6%，仍处在中高速增长经济轨道上，城乡融合发展的态势强劲。概而言之，较大的经济总量及较快的增长速度，为广州城乡发展的融合性提供强力保障，推动广州城乡居民教育、医疗卫生服务、就业与社会保障等主要民生领域一体化发展，为乡村振兴奠定坚实的基础。

2. 城镇化水平走在全国前列

2018 年广州常住人口城镇化率为 86.38%，户籍人口城镇化率为 79.78%，两者相差 6.6 个百分点，高于全国平均值，充分表明广州在推进"以人为本"的城镇化工作已经走在全国前列。城镇化水平提高，有利于接纳乡村转移劳动力进城就业安居。作为改革开放的前沿城市，广州大力解决"半城镇化"问题。以教育为例，通过推行渐进式改革，外来务工人员子女实现从入读民办学校到入读公办学校、从随机派位入学到就近入学，从积分制入学到普通高中 8% 指标到校等系列改变。

3. 城乡互动日益频繁

广州"以城带乡"的市场潜力大。2018 年末广州常住人口接近 1500 万，并呈现不断增长趋势。城市人口的增长不仅促进农产品的消费需求，还将推动休闲农业、乡村旅游市场快速发展。广州"以城带乡"工作模式成熟。推动农业科技下乡帮扶，不断提升农业科技水平。2009 年广州市实施"千企扶千村"方案，各涉农区市也相继推进"百企扶百村"。截至 2018 年 11 月，首批参加帮扶的企业多达 1277 家，其中 338 家企业与 316 个行政村形成结对帮扶关系，从产业合作、文化交融和人居环境改善等方面推进乡村振兴。

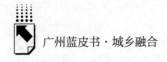

4.外部政策环境不断优化

国家、广东省相继公布实施乡村振兴战略总体制度框架，为全面实施乡村振兴战略指明了方向。广州率先推出"1+2+N"的政策体系，明确2020年、2022年、2027年、2035年、2050年各时间节点的乡村振兴目标，提出九大重点任务。各涉农区均已形成协同推进新型城乡关系和乡村振兴进程的共识，致力于推动城乡融合发展，实现改革成果和红利的共荣共享。各级政府积极推进乡村振兴有关文件的落实落细，着力补齐农业农村发展的短板，加速形成农业农村优先发展的体制机制。

三 广州实施乡村振兴战略的难点

（一）区域城镇化发展不平衡

2018年末，广州常住人口总数为1490.44万人，常住人口城镇化率为86.38%，其中荔湾、越秀、海珠和天河区城镇化率均为100%。2018年末各涉农区的常住人口城镇化率从低到高依次为从化区45.08%、花都区68.80%、南沙区72.79%、增城区73.10%、白云区81.02%、番禺区89.13%、黄埔区91.65%。广州七大涉农区中，以从化、增城村庄数量最多，农村人口基数最大，2018年末从化区有乡村户籍人口67.25万人，城镇化进程相对缓慢，区内不同镇村的发展水平差异明显。

（二）城乡居民收入差距较大

2018年广州城市常住居民人均可支配收入为59982.1元，农村常住居民人均可支配收入为26020.1元，城乡居民收入比为2.305∶1。城乡居民的可支配收入差距大于湾区内其他城市如佛山、中山、东莞和珠海。如进一步考虑城乡居民的收入结构、支出结构、基础设施建设和社会公共服务水平等因素，城乡发展不平衡现象更为突出。

（三）农业产业发展不充分

广州"大城市、小农业"现象突出。农业"小、散"经营方式普遍，对比国内先进城市存在差距，如天津市进入产业化体系的农户占比达到90%，苏州市建成万亩以上农业示范园区26个。农业产业化经营度低，2018年农业产业化经营占比仅为16.6%，对比北京、上海，广州农业龙头企业在数量、规模、盈利水平上偏弱，对农业发展的带动能力相对不足。农业科技水平有待提升。对农业科技基础性研究重视不足，农业科技研发资金投入低于其他行业。农业科技人才聚集能力不强，农业科技人员总量不足，国际性高层次人才更为缺乏。

（四）农村地区发展不充分

中心城区与郊区经济社会发展的差距较大，致使中心城区产生集聚效应，同时造成郊区尤其是远郊区发展的疲软。广州农村地区发展不充分主要体现在农村水利设施建设达标率有待提高，农村道路综合路况有待提升，农村信息设施建设有待加强，尽管广州已积极统筹推动城乡教育、文化、医疗社会保障发展，但现实情况是农村地区的社会公共资源，尤其是优质资源仍然相对不足。对比城市，农村人居生态环境建设、农村社会治理等领域都面临挑战。

四　广州实施乡村振兴战略的思考路径

（一）提升对战略的认识和理解

不能因为第一产业产值在国内生产总值中的占比不高、农村对经济增长的贡献不大，而忽视农业农村工作。乡村振兴工作不仅是经济范畴，更是政治、文化、社会治理范畴，必须坚决贯彻和领会党的十九大会议精神，加强对农业农村的部署，切实把实施乡村振兴战略作为推动城乡融合

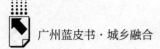
发展的总抓手，巩固和完善农村各项基本制度，强化乡村振兴战略的基础地位。

（二）构建城乡"双轮驱动"新格局

重塑国家中心城市的城乡关系，优化城乡融合发展的政策体系，健全城乡融合发展的体制机制，推动城镇发展与乡村振兴的"双轮驱动"。要统筹推进乡村经济、政治、文化、社会和生态文明建设的总体布局，建立市区镇村四级书记抓乡村振兴的工作格局，增强城镇与乡村的交融互通，形成城乡财政优先保障、金融重点倾斜、社会积极参与的多元投入格局。

（三）促进特色优势农业发展

充分发挥各区资源比较优势，制定农业产业发展规划，重点扶持花卉、荔枝等特色农产品和优势农业产业规模化发展。优化农产品品种结构、质量结构、区域结构和市场结构，纵向延伸农业产业链，横向拓展农业多功能。积极发展现代种业，注重推动种业绿色发展、种业科技创新、优化种业企业发展方式和服务管理能力。

（四）创新农村经济社会发展方式

以农业供给侧结构性改革为主线，加快推进农业技术进步，完善农业技术推广体系，释放农业资源要素配置红利，培育农业农村发展新动能。全域推进生态宜居美丽新村建设，传承发展乡村文明，焕发乡风文明新气象，创新乡村治理体系，推动乡村善治良治。

（五）弘扬敢为人先的改革精神

乡村振兴是新时期的新战略，广州应发挥勇立潮头的精神，以敢为人先的勇气破除体制机制障碍，激发广大市民投身乡村振兴建设，推动条件好的涉农区率先实现乡村振兴。推动大学生、专业技术人员、乡贤返乡创新创业，提振乡村新气象。推动从化区深挖历史人文资源，重塑乡村生态，打造乡村全面振兴的"广州样本"。

五 广州实施乡村振兴战略的具体举措

（一）大力推动乡村产业兴旺

充分发挥国家中心城市"强城市"的辐射带动作用，引导优质生产要素跨界向农村聚集，充分发挥各地资源比较优势，重点扶持特色农产品和优势农业产业带发展，以粤港澳大湾区"菜篮子"平台建设推动农业生产规模化发展。以农业公园、农业产业园和田园综合体为依托，发展创意农业、智慧农业、现代都市农业，促进农业"接二连三"融合发展。加快推进农业技术进步，完善农业技术推广体系，提升现代农业生产力发展水平。完善利益联结机制，推动农业经营主体间基于各自的禀赋优势参与产业链纵向协作，鼓励主体之间跨区域合作，引领发展农业产业化联合体，优化农业社会化服务体系，激励市场主体把小农户有机衔接到现代农业经营体系之中。

（二）持续建设生态宜居乡村

优化城乡区域功能布局，推动形成各具特色、各美其美的共存共荣格局。全面开展农村人居环境综合整治，加快农村"厕所革命"，加强农村污水管网建设和维护，推动完善乡村基础设施和公共服务设施。加快建立以绿色生态为导向的农村发展新模式，推动生产、生活、生态"三生"空间的耦合，增强乡村人居环境可持续发展。

（三）构建乡村治理新体系

建立健全党委领导、政府负责、社会协同、公众参与、法治保障的现代乡村社会治理体制。推动村民理事会等自治组织建设发展，加速形成自治、法治、德治相结合的乡村治理体系。协同多主体参与乡村治理，实现从监管

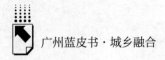

式治理向数据驱动的智慧治理转变，从属地治理转向"属地治理+行为和事件场景"治理。加强乡镇以及村级综合服务管理平台建设，打造"一门式办理""一站式服务"的综合服务平台。

（四）推动乡风文明焕发新气象

坚持以社会主义核心价值观为引领，建设新时代文明实践中心（所、站），广泛开展文明实践活动。增强广州作为广府文化核心城市和岭南文化中心地的功能，规划建设"三雕一彩一绣"醒狮扎作、广州灰塑、广州榄雕、广绣、广彩等富有广府特色的农村文化产业和品牌，传承和发扬广府优秀传统文化，以农村公共文化服务体系建设为载体，建立健全农村信用体系，推动农村文化振兴。

（五）推进城乡基本公共服务均等化

加快农村信息设施建设，推动社会保障、就业创业服务向农村延伸，健全覆盖城乡一体的基本公共服务体系。完善就业创业帮扶措施，实施精细化公共就业服务，加大农村劳动力的就地就近就业服务，对农村劳动力转移就业做到"需帮尽帮"。加强乡村就业创业服务平台建设，积极改造现有村庄设施，加大对农业农村企业的孵化和经营指导服务。

（六）深化乡村振兴体制机制改革

深化农村土地制度改革，巩固和完善农村基本经营制度，积极探索农村承包地、宅基地"三权分置"的有效实现形式。深化农村集体产权制度改革，探索农村集体经济新的实现形式和运行机制，进一步发挥财政扶持资金促进农户特别是低收入农户增收的作用。深化农业扶持政策改革，降低广州农产品"地产地销"的门槛条件限制，允许有条件跨区使用财政扶持资金。增强改革的系统性、整体性、协同性，切实解决乡村发展面临的"人、地、钱"难题。健全多元投入保障机制，营建"四个优先"环境，激发各类主体投身乡村振兴。

参考文献

陈锡文：《从农村改革四十年看乡村振兴战略的提出》，《行政管理改革》2018 年第 4 期。

刘彦随：《中国新时代城乡融合与乡村振兴》，《地理学报》2018 年第 4 期。

叶兴庆：《新时代中国乡村振兴战略论纲》，《改革》2018 年第 1 期。

万俊毅等：《中心城市的乡村振兴——广州例证》，中国农业出版社，2020。

B.10
创新广州市村级工业园整治提升的实现路径研究

邱志军*

摘　要： 在城乡土地资源紧缺、统筹城乡均衡发展背景下，如何在村
级工业园更新改造方式、手段方面做出创新，推动传统产业
园区的提质增效，转型为现代化产业体系的载体成为广州迫
切需要解决的问题。本文阐述了广州对现有村级工业园进行
整治提升的重要意义，分析了近年来广州村级工业园发展现
状及整治改造存在历史遗留问题较多、系统规划和政策配套
不足、园区改造融资难、园区改造效率和效益不高等问题，
提出村级工业园整治提升，需创新发展理念、创新规划布局、
创新利益共享体系等具体对策建议。

关键词： 村级工业园　整治提升　实现路径

一　广州村级工业园整治提升的重要意义

　　广州是改革开放的前沿，是全国首个获批"创建'中国制造2025'试
点示范城市"的一线城市。村级工业园大多数是改革开放之后依靠"三来
一补"政策，经历了"试验—复制—推广"的过程，村级工业园得到快速

＊ 邱志军，广州市社会科学院经济研究所助理研究员，研究方向为农村经济。

发展，通过自下而上的模式发展成为广州重要的产业载体，在逐浪改革开放进程中，为广州这座历史名城铸就了辉煌，为广州经济发展贡献巨大。可随着时间推移、社会发展、城乡协调发展进程的加快，村级工业园布局分散、形态破旧、产业低端、土地低效、安全隐患等问题越来越突出，已成为影响广州经济高质量发展的主要障碍之一。如何提升村级工业园产业内涵，推进可持续发展，给村庄经济注入活力并带动就业，是广州需要进一步解决的问题，在乡村振兴战略背景下，对村级工业园整治提升正是好契机。

对村级工业园开展整治提升行动，可以最大限度盘活村级工业园存量土地，科学合理解决村级工业园散、旧、低效问题，实现村级工业园的可持续发展。同时，可以进一步提升广州城市功能、城市产业空间布局以及城市形态优化。当前，开展村级工业园整治提升，并使之成为链接城市产业用地供给和乡村振兴的重要抓手，是经济社会发展的大势所趋。开展村级工业园整治，是提升城市土地开发利用的必由路径，是广州实现经济高质量发展，展示老城市新活力的重要空间载体，更是统筹城乡协调发展的重大举措。

二 广州村级工业园发展现状

广州市工业和信息化局开展的村级工业园摸查数据显示，广州全市现有2705 个村级工业园，主要用于皮革皮具、五金、服装、化妆品等加工制造以及仓储、物流等行业。全市村级工业园总用地面积约 131.62 平方公里，用地面积较多的是白云、番禺和花都区，这 3 个区村级工业园总用地面积占全市村级工业园用地总规模的 80% 以上。在产值方面，全市 2000 多个村级工业园的产值仅占全市工业企业总产值一成左右。税收更少，全市村级工业园年缴税金额仅占全市工业企业总税收的 6% 左右。

近年来，村级工业园整治提升是广州市城市更新改造的重点，村级工业园改造关乎产业转型升级、环境整治、拆违、治水等工作，广州市委、市政府把村级工业园整治提升工作确定为 2019 年城市更新九项重点工作之一，印发实施了《广州市提高工业用地利用效率实施办法》（穗府办规〔2019〕

4号)、《广州市村级工业园整治提升实施意见》(穗府办规〔2019〕9号)和《广州市村级工业园整治提升三年行动计划（2019—2021年）》(穗工信〔2019〕4号)等文件，并于2019年9月3日成立了由市领导为组长、市工业和信息化局为牵头单位，共29位成员的广州市村级工业园整治提升工作领导小组，为村级工业园整治提升工作做好顶层设计、提供政策支撑。

对村级工业园整治提升工作，广州市委、市政府正采取关停并转、改造提升等措施有计划分批次有序推进。通过强化环境及安全整治，进一步完善区域公共服务设施建设，全面提高村级工业园土地集约节约利用效率。计划到2021年，完成总面积33平方公里的村级工业园整治提升目标，基本建立村级工业园管理体制与发展标准体系，打造出一批生态优良、功能完善、经济效益和社会效益显著的现代化村级工业园区。

三 广州村级工业园整治提升存在的问题

目前，广州村级工业园整治提升工作进展顺利，取得了一定的成效。但也存在一些问题。

（一）历史遗留问题多，不利连片改造

广州市现有村级工业园多建于20世纪八九十年代，由于建设时间比较早，目前普遍存在许多历史遗留问题，例如，没有完备的手续、产权模糊、租赁关系过于复杂、建筑用地大多违法违章等，这些与现行的国土空间规划发展要求不符。这些历史遗留问题造成现有村级工业园土地权属复杂，难以整合，改造实施面临的困难较多，按目前以地块权属为基本单位的改造模式，很难符合当前成片连片改造的思路要求。

（二）系统规划、政策配套不足

目前，村级工业园改造在市层面缺少整体谋划和部署，没有系统的政策支撑，资金支持不到位，考核验收标准空白，主要靠各区自行推动。在具体

操作层面，利用现有厂房进行微改造的，在规划报建、消防验收方面遇到突出的政策瓶颈；进行成片连片整体改造的，面临土地权属复杂难以整合、土地手续不完善等困难，城市规划不稳定、规划调整程序复杂等问题也都给改造带来很大制约。

（三）园区改造融资不易

目前园区改造鼓励村集体以多种方式参与改造，主要采取"市场为主，多措并举"的筹资方式。村级工业园改造提升的目标是助力城市升级和产业转型，目前市场对产业类改造项目缺乏积极性，使得融资不易。一是村集体融资方面，因园区土地建筑通常欠缺产权手续，较难作为抵押质押物获得银行等金融机构授信审批；同时村民对园区改造表决多持犹疑态度，大规模集体融资积极性不高。园区企业作为园区权利人，受土地厂房租赁期和投资回报的影响，也怠于融资改造。二是市场主体以营利为目的参与改造的融资，因项目回收期长、盈利预期不明确、退出补偿机制细化不足、园区土地建筑产权手续欠缺等问题，项目融资的难度大，民营、外资等企业融资参与改造的积极性受阻。

（四）园区改造效率和效益不高

现阶段，广州市各区多青睐于新增产业园建设，而村级工业园整治提升由于牵涉利益主体众多，改造程序、报批等手续繁杂，各方主体对村级工业园整治提升的主动性和积极性不高，加上现有针对村级工业园整治提升的政策在实际操作中缺乏具体指导意见，村级工业园整治提升工作进展缓慢。个别村级工业园整治提升过程中，由于缺乏对村级工业园改造主体产业选项与整体规划，园区整治后未能有效引入高端产业，产业层次仍然不高，提升成效不够明显。

（五）村集体改造积极性不高

目前，广州市部分村集体对于村级工业园改造积极性不高，部分原因是在等待村庄整体改造，进行房地产开发。广州村级工业园有将近80%的面积集中在近郊区，随着房地产市场迅猛发展，土地价格上涨，村集体开展改造时，更希望能够实现"工改商住"，在短时间内获得丰厚的土地收益。村集体这种短视行为、观望态度，造成农村集体土地隐形市场日益活跃，改造之后产业导入不足，产业发展空间受到严重挤压。

四　创新广州村级工业园整治提升的对策建议

当前广州村级工业园整治提升战略，从统筹城乡协调发展角度进行了一系列制度设计，抓住了拓展优化工业产业发展空间这个"牛鼻子"。能否在村级工业园整治提升实现路径有所创新，探索出科学可持续的发展模式，让占工业用地规模较大的村级工业园承担起产业转型升级的重任，是推进城市战略空间优化、产业结构升级的重要抓手，亦是未来创新的重要方向。必须做好以下几个方面的创新。

（一）创新发展理念

一是思想观念要创新。村级工业园的整治提升，意味着产业布局的全面转型。推动村级工业园整治提升，需要市、区两级政府部门加强联动，形成合力，针对不同的情况分类施策，系统解决村级工业园存在的问题，不能仅凭单一逻辑抹掉原有产业，也不能简单以用地、产值和税收等指标来衡量村级工业园城中村式工业对广州的实际贡献，村级工业园的产业里也有"种子选手"，它们是产业提质增效的基础。参与整治提升工作的各方，要秉持创新理念，找准产业转型的发力点，对村级工业园企业的亩均产出、生态效益、产业上下游衔接进行深度考量。

二是眼界要开阔。村级工业园的整治提升，要从自身实际出发，充分考虑自身工业园区面积，也要充分结合所在区、镇（街道）实际情况，以更加高远开阔的眼光，将各区、镇（街）工业园改造与广州城市总体发展、产业规划布局结合起来统筹考虑，借粤港澳大湾区建设契机，尽快做好村级工业园长期规划布局，在新一轮产业合作中争取主动权。

三是角色变换要灵活。村级工业园改造过程中，政府是主角而非配角，在村级工业园转型升级各个环节都要发挥关键作用，要从被动的审批管理模式转变为主动介入。村级工业园改造面临的历史遗留问题处理、土地整合、基础设施和产业载体建设、招商引资等方面，都需要政府主导统筹下有序推进。各级政府要主动作为、主动谋划、主动服务，不但要做好审批管理服务，还要投入精力去引导村民、协调解决历史遗留问题，做好统筹规划、管理、招商引资等各项工作。

（二）创新规划布局

一是加强统筹产业发展规划和空间布局。根据全市产业布局、城乡规划、土地利用规划，充分考虑各区的发展重点，划分不同的村级工业园改造功能区，各区要从全市工业产业区块划定工作出发，加快推进区内村级工业园空间布局规划，引导现状零散的村级工业园合理进行连片整合提升，形成全市村级工业园统筹发展"一张图"。各区要在市级统筹下，划定本区工业产业区块，研究产业发展规划，明晰产业准入正负面清单，明确村级工业园产业发展方向，建立入园标准。

二是加大对入园企业的奖励、扶持和金融支持力度。坚持"一企一策"，采取更为灵活招商模式，吸引更多优质企业向园区聚集。完善广州市村级工业园更新改造政策体系，编制全市村级工业园转型升级总体规划，各区根据实际情况，选取一批项目作为区级试点项目加快推进，通过市、区两级联动，打造一批整治提升示范项目。

（三）创新利益共享体系

一是政府主导、市区联动。村级工业园的用地更新主体包括政府、市场（开发商）、土地使用权人（企业）以及集体土地所有权人，利益涉及面广且多元复杂。村级工业园整治提升，要发挥市场主体作用，但不能只依靠市场，要发挥村民的积极性，但不能只寄希望于村民、完全让村集体自主发展。要在加强政府主导、市区联动的基础上，明确"工改工""工改新"及综合整治实施路径，积极探索农村集体用地空间与收益分离的操作办法，整治提升村级工业园的工作，还需要各类市场主体共同参与。

二是对产业发展前景好的项目进行升级，还可适度考虑由政府出资引导。借鉴佛山经验，鼓励、引导市属建筑或房地产等类型国有企业参与城市更新改造。充分发挥各级国资的引领作用，鼓励、引导区镇两级公有公司直接介入村级工业园改造，创新村集体、公有资产、社会资本的利益共享机制。

（四）创新产业用地管控

一是提升村级工业园水平。统一规划、连片开发、统一招商引资，统一管理，鼓励产业用房、租赁住房、商业地产连片混合开发，提升村级工业园的档次和水平，按照现行国土空间规划要求，谋划好产业发展布局，从全市一盘棋考虑，采取多种保护措施，引导村级工业产业集聚。

二是统筹村级工业园集约开发使用土地。实现由镇街或更高层面上统一组织，进一步统筹各村级工业园用地指标，突破各村种种壁垒，实现跨村域集约工业区的统一开发模式，解决土地碎片化问题，创新村级工业园管理体系，对于空间相邻的各村级工业园，统一划归由集约工业区进行管理。鼓励通过村级工业园升级改造解决新增产业用地需求，确有需要才供应新增建设用地。

（五）创新整治标准

一是全面掌握村级工业园信息。广州市的大部分村级工业园基本上都是自发形成的，土地权属错综复杂，历史遗留问题多，规划方面没有进行统一布局，"见缝插针"现象普遍存在，占地面积大小参差不齐。对此，凭村级工业园整治提升契机，全面评估现有村级工业园，对村级工业园区位、面积、主导产业甚至用地手续、企业与资产、规划和环保、租期和产出贡献等基本情况彻底摸清楚，为后期工业园整治提供依据。

二是制定整治标准。梳理整合广州市各类产业政策中园区布局的相关内容，承接新的产业发展功能定位，合理规划各区村级工业园布局，明确发展方向，对原有产业或企业的去留有一个清晰指引，再进一步制定村级工业园分类整治标准，解决村级工业园"为何要改"和"改成什么"问题。在此基础上形成分类、分批整治清单，推进产业集聚和园区集中连片发展，全面提升村级工业园的产业结构及单位产出。

（六）创新配套建设模式

一是加强部门联动。村级工业园整治提升过程中，需要市、区、镇街和村集体等主体统一思想，加强产业、规划、建设、环保、消防等多部门联动，推进路、水、电、热、气、通信、绿化等公共配套设施建设，对村级工业园综合整治、改建、重建、扩建方面的手续报批以及工程验收等，制定统一规范的工作程序和流程要求。引入现代专业企业、技术、设备，制定专门的村级工业园改造项目实施细则，以方便操作和实施为导向，创新园区废气和固体废物处置、市政管网接驳及污水处理的方式和渠道。

二是组织开展村级工业园环境保护、安全生产等评价工作。充分用好违法建筑拆除和环境整治等手段，守住环保、安全底线，实现环保安全双提升。对利用现有厂房进行微改造的，要借鉴国内先进城市经验，积极开展规划报建、消防验收方面的政策创新、先行先试，着力破除政策瓶颈，加快工作进度、降低企业投入成本，摸索基础配套设施建设新模式。

参考文献

张开泽：《村级工业园的演进历程与未来发展——以广东省佛山市为分析样本》，《经济研究导刊》2019 年第 14 期。

李慧蓉：《佛山高新区：攻坚村级工业园改造推动经济高质量发展》，《广东科技》2019 年第 12 期。

丁媚英、陈嘉敏：《顺德：打好村级工业园整治牌》，《环境》2018 年第 1 期。

项继权、王明为：《新型城镇化与乡村治理转型》，《求实》2016 年第 10 期。

李钢：《基于城乡统筹视域下小城镇工业园规划》，《低碳世界》2016 年第 36 期。

B.11
强优势补短板，扎实推进乡村振兴

朱展翔　卢志霞*

摘　要： 广州扎实推进现代农业建设，全面深化农村改革，持续改善民生，为实现全面乡村振兴奠定了坚实基础。乡村振兴优势不断增强：农业经济总量稳步增加、农业新产业新业态蓬勃发展、农村人居环境持续改善、农民生活水平全面提升。乡村振兴短板仍然突出：农业与其他产业融合度不高、农民家庭经营承包土地流转不畅、农村集体经济薄弱、农业产业效益有待进一步提高、生态保护与产业发展的矛盾较为突出等。广州应增优势、补短板，扎实推进乡村振兴，坚持创新引领，推动农村三次产业有机融合发展；优化经营方式，促进农业产业规模化发展；协调处理生态保护与农村经济发展的关系；加大对北部山区的扶持力度，发展和壮大集体经济。

关键词： 乡村振兴　农业经济　产业振兴

党的十九大提出实施乡村振兴战略，以"产业兴旺、生态宜居、乡风文明、治理有效、生活富裕"为总要求，强调农业农村优先发展，加快推进农村现代化。乡村振兴战略是党和国家对农业农村发展做出的重大决策，其意义重大而深远。近年来，广州市委市政府以美丽乡村建设为抓手，制定

---

* 朱展翔，广州统计局农村处处长，研究方向为农村经济；卢志霞，广州统计局农村处主任科员，研究方向为农村经济统计。

乡村振兴配套政策，扎实推进现代农业建设，全面深化农村改革，持续改善民生，推动了全市农业升级、农村文明、农民增收，为实现全面乡村振兴奠定了坚实基础。本文通过客观分析广州实施乡村振兴战略现实基础，试图找出广州乡村振兴的短板，提出加快乡村产业振兴步伐的意见建议。

一 广州乡村社会经济发展现状

（一）农业经济总量稳步增加，农业经济结构不断优化

2008 年以来，广州农业经济稳步增长，全市农业总产值从 2008 年的 291.30 亿元发展到 2018 年的 416.69 亿元，10 年间增长了 125.39 亿元，年均增长率为 2.3%（见表 1）。农林牧渔服务业占农业总产值比重逐年上升，经济内部结构逐年优化。农林牧渔服务业增加值 2008 年为 28.13 亿元，到 2018 年为 58.52 亿元，年均增长 7.6%。2018 年农业、林业、牧业、渔业及农林牧渔服务业总产值的比例为 55.6∶0.6∶10.1∶19.7∶14.0，农林牧渔服务业占比由 2008 年的 9.7% 提高到 2018 年的 14.0%，提升 4.3 个百分点。农业产业结构逐渐向着生态优化和经济高质量方向发展。

表1 2008～2018 年广州农业总产值变化情况

单位：万元，%

年份	合计	农业	林业	牧业	渔业	农林牧渔服务业	农林牧渔服务业占比
2008	291.30	144.53	1.99	63.96	52.69	28.13	9.7
2009	295.62	150.08	2.17	61.20	53.61	28.56	9.7
2010	322.13	166.24	2.66	64.16	58.33	30.74	9.5
2011	350.61	178.35	3.43	72.19	62.77	33.87	9.7
2012	366.79	187.24	3.22	76.68	63.73	35.92	9.8
2013	389.98	202.71	3.96	75.86	67.75	39.69	10.2
2014	398.30	214.15	4.04	64.87	73.30	41.96	10.5
2015	413.46	226.05	4.22	61.80	75.13	46.25	11.2
2016	436.65	240.75	3.87	65.80	76.70	49.53	11.3
2017	432.92	240.18	3.66	56.59	79.49	53.00	12.2
2018	416.69	231.69	2.54	41.97	81.98	58.52	14.0

值得提出的是，广州传统农业的种植规模正在逐步缩减，2018年全年粮食播种面积26315公顷，与2008年相比下降70.6%；总产量13.01万吨，与2008年相比减少60.3%。受环境整治影响，畜禽养殖规模不断收缩，2018年广州生猪存栏量31.13万头，比2008年减少77.1%，规模化养殖已成为趋势。

（二）农业新产业新业态蓬勃发展，产业融合程度不断提高

1. 龙头企业、新型农业主体带动效益显著

为适应农村发展新形势，解决农业生产过程中"大发展与小规模"及"大市场与小生产"难以对接的矛盾，广州大力培育新型农业经营主体、农业龙头企业。2018年市级以上农业龙头企业183家，其中市级135家、省级42家、国家级6家，带动本地农户32.67万户，吸纳从业人员4.3万人，带动农民增收47.67亿元。2018年全市登记在册的农民专业合作社为1454家，家庭农场发展到402家，农民合作社成员数量达3.2万人。

2. 休闲农业健康发展

广州是广东省发展观光休闲农业起步较早的地区之一，经过近年来的发展已有较好基础，在全省处于领先地位，涌现出从化溪头村、宣星村，增城大埔围村、西境村、莲塘村，花都红山村，番禺大稳村、蔡边一村等大批具有特色的观光休闲农业示范村和宝趣玫瑰世界、百万葵园等农业主题观光休闲园。截至2018年底，广州共评选出星级农家乐31家、特色农庄7个、观光休闲农业示范园6个、观光休闲农业示范村37个。2018年，广州观光休闲农业经营主体年内接待游客人次5808万人，比2010年增长5.53倍，年均增长23.8%；观光旅游总收入9.74亿元，比2010年增长41.4%，年均增长4.4%。

3. 农产品加工业快速增长

农产品加工业将有效提升农业附加值，延伸农业产业链，提高农民在农产品加工与流通的增值收入。广州农产品加工产业体系发展较为完整，具有良好的产业基础，产品在全国具有较强竞争优势，有珠江啤酒、致美斋、风行牛奶等超过100

个食品名牌企业。2018 年农产品加工企业产值 1368.91 亿元，较 2010 年增加 81.4%，年均增长 7.7%，农产品加工企业产值与农业产值的比值逐步扩大，由 2010 年的 2.34∶1 扩大至 2018 年的 3.29∶1。

（三）农村人居环境持续改善

通过开展农村人居环境综合整治工作，切实改善了农村生产生活和生态环境。在对 1000 户农村居民进行"居住环境评价满意度"的问卷调查①结果显示，96.0% 的受访村民表示所在村的整体居住环境好，表示不好和说不清的比例分别仅为 3.6% 和 0.4%。至 2018 年底，全市已建设 160 个市级美丽乡村，创建 30 个市级特色小镇，全市乡镇建成区绿化覆盖率达 23.7%。全市对生活垃圾全部集中处理的村占全部行政村的 91.1%；对生活污水全部集中处理的村占比为 59.2%，有 98.6% 的村民小组完成改厕。广州联合开展了广佛跨界河涌、白坭河、流溪河流域畜禽养殖场整治，关停、清拆禁养区内养殖场（户）。

（四）农民生活水平全面提升

2018 年广州农村居民人均可支配收入为 26020 元，比上年增长 10.3%，高于全省平均水平 51.6 个百分点。自 2008 年以来，广州城乡居民收入稳步增长，且农村居民人均可支配收入增幅持续高于城镇，城乡收入差距逐步缩小。其中，2018 年广州城乡居民人均可支配收入比为 2.31∶1，较 2008 年的 2.58∶1 明显缩小。农民通过外出务工、订单农业、农村电商、旅游采摘、房屋出租等多种渠道实现增收。

二 广州实现乡村振兴的短板

通过建立乡村振兴指标评价体系对涉农区进行综合指标评分，结果

---

① "居住环境评价满意度问卷调查"已形成调查报告《推进人居环境治理，建设乡村美好生活》并在广州统计信息快报专辑 2019 年第 34 期登载。

显示：从乡村振兴五大方面来看，各地区在产业兴旺和生活富裕方面得分较低，表明农业产业发展和农民生活水平提高是广州乡村振兴的短板，主要表现在农业产业发展不充分，城乡、区域发展不平衡方面，具体情况如下。

（一）农业与其他产业融合度不高

近年来广州在农村环境综合整治、农村基础设施及绿道建设上的政府投入较大，成效较为明显，但这些发展成果没能有效转化成产业发展的动力基础，多产业融合发展的力度和深度也不太够。主要表现在以下几个方面。

一是农产品加工大多停留在粗加工阶段，产品附加值低，总体效益不高，价值链不长。广州农村地域农产品加工企业数量相对较少，规模普遍较小。初粗加工农产品仍然是主要方式，精深化加工水平不高。特色农产品的品牌化经营、标准化生产程度有待加强。例如广州的特色水果荔枝，由于精深加工、冷链物流以及营销网络体系不健全，致使有的年份荔枝增产不增收，甚至连采摘成本都收不回来。农产品贱卖、难卖现象频现，影响农民收入和生产积极性。

二是新型农业经营组织对产业融合的带动能力不强。对比北京、上海，广州在龙头企业和农民专业合作社方面具有一定差距，对农业产业整合能力不足，难以带动相关企业、农产品生产基地和农户的发展。2017 年，广州市级及以上农业龙头企业 122 家，相较北京（162 家）少 40 家，较上海（380 家）少 258家，其中国家级农业龙头企业 6 家，仅为北京龙头企业总量的 15% 和上海龙头企业总量的 32%。广州销售收入超过 10 亿元的农业企业仅 3 家，然而北京和上海分别有 20 家、13 家。广州农民专业合作社 1375 家，然而北京有 5774 家、上海有 2813 家，相比差距明显。

三是休闲观光农业发展效益不高。广州乡村休闲农业处于比较初级阶段，普遍存在小、散、弱的问题，一般是利用生产基地、自家住宅发展起来的相对简易农家乐，开发模式雷同，缺乏特色和统一规划，特别是建设用地指标受限，农村闲置宅基地盘活困难，导致产出效益不高，

2018 年广州观光休闲农业旅游总收入 9.74 亿元，仅占全部旅游总收入的 0.2%。

（二）农民家庭经营承包土地流转不畅，阻碍规模经济发展

广州主要农业大区从化、增城的地势以山地丘陵为主，农户承包地零星分散，农村人均耕地面积不足 1 亩，蔬菜种植规模 1.5 亩以下的种植户占 97%，亟须整合分散经营、碎片化的土地，但是农民惜地及相关政策不到位，导致家庭承包经营地流转不畅，土地流转率总体偏低，农业集约化、规模化生产受到限制。调研发现，本地农户一是受小农思想影响，在规模化项目土地整合上存在各自为政甚至有意斗气的情况；二是由于征地补偿价格高、耕地租金价格涨幅大等原因，农户只愿意短租给外来农业务工人员，难以形成规模化种植。2016 年"三农"普查数据显示，广州农村土地流转率为 44%，高于全国的平均农地流转率（35%），低于上海（65%）和北京（50%），土地规模化种植面积仅占全部实际耕种耕地面积的 29%。

（三）农村集体经济薄弱

集体经济是农村经济中不可或缺的有机组成，也是农民收入的重要来源和坚实保障。村集体经济的薄弱，不仅直接影响农民收入，还不利于农村生产生活条件的改善，进而影响全面建成小康社会的进程。而实际上，广州大多数经济落后地区未能将集体经济发展起来，与广东省农民收入排名靠前的珠海、中山、佛山、东莞相比，广州农村的集体收入偏低。从 2018 年村集体收入平均水平来看（见表 2），广州平均每村全年村集体收入 932.9 万元，低于佛山（2916.0 万元）、东莞（2876.6 万元）、中山（2243.5 万元），高于珠海（390.8 万元）；广州平均每村经营收入 649.3 万元，低于东莞（2353.6 万元）、中山（1815.2 万元）、佛山（1364.5 万元），高于珠海（188.7 万元）；广州本地村民从村集体获得的分红为 2342 元，仅为佛山的 39.1%、珠海的 70.6% 和中山的 75.3%。

表2　2018年珠三角五市集体经济情况

城市	全年村集体收入(万元)	平均每村全年村集体收入(万元)	其中:经营收入(万元)	其中:平均每村经营收入(万元)	本村居民人均从村集体获得的收益(分红)(元)
广州	1189417.0	932.9	827868.0	649.3	2342.0
珠海	64869.2	390.8	31323.3	188.7	3316.0
中山	520484.1	2243.5	421119.2	1815.2	3110.0
佛山	1527979.1	2916.0	714971.8	1364.5	5991.0
东莞	1556242.1	2876.6	1273280.8	2353.6	3419.0

(四)农业产业效益有待进一步提高

2018年,第一产业从业人员人均实现农业增加值为35556元,与佛山、东莞、中山和珠海相比,低于东莞(39465元/人)、珠海(79253元/人)、佛山(62541元/人)和中山(55752元/人),说明广州农业产业还有较大的提升空间,也说明广州农业投入的劳动力更多,但产出却更少,劳动生产率低。究其原因主要有:一是农业从业人员整体素质低,当前广州农村务农人员老龄化趋势明显,留在农村的大多以初中、高中学历为主,文化程度不高,青壮年劳动力普遍选择到城镇打工;二是农业技术落后,粗放经营效益低,目前广州农户经营主要还是以散小户为主的形式,生产技术落后,调研发现广州专业合作社发挥的市场引导作用非常小,农户看到某种农产品畅销,就跟风大面积种植,导致市场饱和,加上市场销售渠道单一,价格下跌,农户收益低。2016年,广州农业科技进步贡献率为65.5%,而上海已在70%以上,广州高新技术农产品产值约18亿元,仅为农业总产值的4%。

(五)生态保护与产业发展的矛盾较为突出

近年来,广州加大了农村环境整治的力度,居住环境得到较大改善,但是调研发现,生态保护与农业产业发展之间尚存在矛盾,一方面,市政府对河流两岸的畜牧养殖场、农家乐进行了拆除,导致畜牧业产量连续几年大幅下降,但对于畜牧养殖农户的后续搬迁难、建厂难、补栏难的问题尚未及时有效解决。另一方面，发展现代农业、休闲观光农业所必需的配套设施建设，如保温大棚、田头冷库、停车场等因生态保护而设的耕地红线和林业生态红线保护受到发展限制，农业经营主体做大做强面临瓶颈。

（六）城乡、区域收入均衡问题亟待改善

当前，广州城乡居民收入绝对差距和地区间农民收入差距偏大状况仍然没有发生根本性改变。从城乡收入差距横向比较来看，2018年广州城乡收入比在全省20个地市（深圳除外）中最高。与上海、杭州、苏州相比，仅低于北京。从城乡收入差距纵向比较来看，2014~2018年广州城乡居民收入差距绝对值分别为25292元、27412元、29492元、31916元和33962元，差距扩大趋势明显。从地区间收入差距来看，2018年，从化区农村居民收入尚不足2万元，收入最低的三个区（从化、增城、花都）农村居民收入仅为收入排名第一的番禺区的55.1%、67.0%和70.2%。

三 广州实现乡村振兴的路径探索

（一）坚持创新引领，推动农村三次产业的有机融合发展

大力推进第一、二、三产业在农村的融合发展，是实施乡村振兴战略的一个重要着力点，也是增加农民收入、提高农产品质量、改变农村风貌和建设美丽乡村的核心路径。因此要在花都、增城、从化区建设一批产业融合示范基地，引领村镇产业融合发展。要持续引导和帮助农民充分重视农产品的育种改良、种植工艺和加工标准，推进电子商务、冷链物流、乡村旅游、休闲农业、农产品加工等产业发展，延伸农业产业链。要推进特色专业村镇建设，提升"一村一品""一镇一业"发展层次，以村、镇为主体推动农业纵向延伸产业链条，横向拓展多种功能。

（二）优化经营方式，促进农业产业规模化发展

随着城镇化与工业信息化进程加快，广州农业用地日渐紧缺，连片农田

较少，农民经营的土地流转程度低，流转价格机制不完善。根据调查发现，广州涉农企业普遍与农民合作成本高，突出表现在土地流转成本高，致使农业产业的规模化程度不足。广州应探索科学的土地流转机制，推动较大规模的专业化农场生产模式，实现现代都市农业快速发展。

推进土地流转，实现土地规模经营。可采用政策引导、市场调节的方式，鼓励和引导农民流转土地承包经营权，或以承包经营权入股，推动集约土地资源、促进土地流向种养大户、农民专业合作社和农业企业，推动农业从小规模分散经营向适度规模化、集约化发展，从而提高农民经营性收入。建立完善的土地承包经营流转制度，培育土地承包经营流转市场，实现土地规模经营，促进现代都市农业健康发展。

发展龙头企业和农民专业合作社，带动地区经济发展。通过实施"公司（基地）＋农户""公司（基地）＋合作社＋农户"等模式，带动当地农民经济发展。壮大经营规模，并按企业带动本地区农民的贡献情况给予适当奖励。加强对龙头企业和农民专业合作社的财政支持，对农业产业化项目给予贷款贴息补助；对能够带动当地农民致富的企业提供贷款或者担保，推动项目产业有序发展。

（三）协调处理生态保护与农村经济发展的关系

深化农村土地制度改革，根据农村建设和发展需求分配一定建设用地指标到农村地区。地方政府及国土、农业、林业等相关部门要妥善、协调解决好生态保护与乡村经济发展之间的矛盾，加快完善设施农业用地相关政策的配套制度，在严守生态红线的基础上，尽可能为农业生产经营提供产业发展空间，适当放松相关标准，简化相关审批手续，满足农业产业发展需求。盘活空心村闲置住房，用于乡村改造项目。积极引导牲畜定点屠宰企业无害化升级改造，稳步推进规划外屠宰场关闭和相应补偿工作。

（四）加大对北部山区的扶持力度，发展和壮大集体经济

一是要加大对北部山区的政策扶持力度，健全北部山区基本公共设施，

扶持各区优势特色产业，针对因受生态或环境保护需要而对产业发展有约束的区，建立健全相应的生态补偿机制，要以统筹广州城乡协调发展为主线，充分整合各区的优势资源，如北部山区充分利用劳动力资源优势，中心区发挥人才、资金和技术等优势助力北部山区发展，最终实现共同富裕。梳理北部山区薄弱镇街、地区，加大对重点人群的帮扶力度，改善其生产、生活条件，确保精准施策，切实提高低收入农民收入水平。二是要坚持把扶持农村集体经济发展作为财政支出的重点，发挥财政资金效能。以往我们对农业项目或涉农产业的扶持重心是"扶大、扶强"，以后可以向集体经济项目方面加大力度。三是加大对农村、农业固定资产投资力度，特别是生产性固定资产投资力度，大力鼓励能带动农民增收的政府扶持性投资或民间资本投资。

参考文献

李霰菲：《推进乡村产业兴旺的若干思考——以福建省福安市为例》，《宁德师范学院学报》（哲学社会科学版）2019 年第 12 期。

韩立雄：《基于乡村振兴战略的"三农"问题解决对策》，《安徽农业科学》2019 年第 11 期。

邱联鸿：《乡村振兴战略下高质量制度供给问题研究》，《新疆农垦经济》2019 年第 6 期。

吴奇修：《不忘初心　牢记使命　扎实推进乡村振兴》，《当代农村财经》2019 年第 9 期。

B.12
以城乡一体化思路加强农村供水保障
助力广州实现全面小康

柏 啸 梁群英*

摘 要： 加强农村供水保障，是实施乡村振兴战略的重要内容，是全面实现小康社会的内在要求。广州历来高度重视农村供水保障工作，深入贯彻乡村振兴战略，坚持城乡一体化工作思路，聚焦农村供水服务，逐步实现全市范围内农村集中供水100%覆盖。广州加强农村供水保障仍面临短板：供水水量不足、水压不够，供水水质存在隐忧，供水设施管理维护不到位。广州应坚持以城乡一体化思路，加快推进农村供水改造，促进市政管网向农村地区进一步延伸；加强农村供水服务管理，建立健全农村供水运行管理机构；促进农村供水收费规范化，形成良性循环收费机制。

关键词： 农村供水改造　全面小康　城乡一体

加强农村供水保障，是实施乡村振兴战略的重要内容，是全面实现小康社会的内在要求。改善农村供水服务，事关农村居民的生命健康和生活质量，事关人民群众实实在在的获得感、幸福感。

* 柏啸，广州市水务局综合调研处一级科员，研究方向为农村供水改造与管理；梁群英，广州市水务局水资源与供水管理处一级主任科员，研究方向为供水管理。

一 广州加强农村供水保障的发展历程

广州历来高度重视农村供水保障工作，深入贯彻乡村振兴战略，坚持城乡一体化工作思路，聚焦农村供水服务。2003 年以来，先后推进农村地区"五通"（通电、通水、通水泥路、通有线电视及通电话）、农村自来水改造工程建设、农村供水改造等工作，逐步实现全市范围内农村集中供水 100%覆盖，有效保障了农村用水安全，提升了农村生产生活水平。

（一）2003～2007年，实现百人自然村全面通水

小康不小康，关键看老乡。《诗经》提出："民亦劳止，汔可小康。""小康"作为丰衣足食、安居乐业的代名词，成为中华民族追求美好生活的朴素愿望和社会理想。20 世纪 80 年代，广州尚有 90 万人饮用不洁河涌水，由于农村地区未能普及集中供水服务，大量居民直接从自然水体或钻井中取水，旱季往往"闹水荒"，汛期不得不用"黄雨水""山洪水"，农村用水水质、水量得不到保障。直到 21 世纪初，仍有大量农村居民过着"自来水不来，用水自己来"的日子，安居乐业、小康生活更谈不上。

为彻底扭转这一局面，为农村地区老百姓解决"用上自来水"这个"老大难"问题，2003 年初广州市深入贯彻以城带乡及城市支持农村方针，印发实施《广州市人民政府批转市计委关于加快实现我市农村"五通"意见的通知》，做出 2003 年实现全市行政村"五通"，2007 年实现全市 100 人以上自然村"五通"的决定部署。"通水"方面，着力完善农村供水基础设施，确保规划村全面通上自来水，自来水管全数通管到户。据统计，2003 年前广州 1132 个行政村已通水 790 个，通水比例为 69.8%，其中番禺区行政村已全部通水，白云区行政村通水比例为 92.4%，花都区为 62.6%，从化区为 57%，增城区为 46.4%，通水工程规模较大。经过精细规划、紧密建设，2003 年当年，即完成全市行政村通水工作，再历经 4 年攻城拔寨，2007 年顺利实现了全市所有 100 人以上的自然村全面通水。

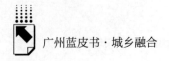

（二）2011～2015年，攻坚农村地区100%集中供水

全面小康，一个都不能少。百人以上自然村实现通水，可以说农村全面通水已走了90步，剩下的10步路，是要解决偏远的、生产环境恶劣的村落供水问题，这些都是困中之困、难中之难，是决定成败的关键。

2011年，广州开始在北部山区开展农村自来水改造工程试点工作；2012年10月，市政府审议通过《广州市农村自来水改造工程建设方案》，要求市水务部门牵头会同各区（县级市）政府负责，在全市范围内开展农村自来水改造工程建设。一是延伸市政供水管网至农村地区。按照村镇供水工程技术标准和规范要求，提高建设标准，调整不合理的供水管网布局，更换新型供水管材，提高农村供水水质。二是建设农村小型供水设施集中供水。针对部分地势较高的农村和偏远地区农村，以当地地下水或山泉水为水源，建设小型集中式过滤净化供水设施供水到户，同时取得卫生部门水质合格证书，保障水源水量、水质符合设计要求。

2015年底，广州农村自来水"村村通水"改造工程全面完工通水，共建设水池253个，铺设供水管网5442公里。2014年，印发实施《广州市农村供水工程管理手册》（穗水供水〔2014〕28号），指导、督促各区规范农村供水管理行为。工程完工后，广州农村集中供水普及率达到100%，其中以城镇水厂供水的农村人口约占农村总人口的85.4%，采用小型集中式供水管网供水约占14.6%。

（三）2016年至今，聚焦农村供水全面提质增效

人民期待的小康，是优质的小康。有了"村村通水"落地开花的基础，摆在广州面前的，是如何让农村供水这棵精心培育的"民生树"结出好吃的甜果子，切实让农村居民能够持续稳定用上优质自来水。2016年以来，广州着力建立健全农村供水管理体制机制，以农村供水设施的运行管理、日常维护、水质监测为抓手，进一步落实农村供水运行管理责任，提高农村供水精细化管理水平。同时，科学有序开展农村供水设施改造及供水基础设施建设工作，不断提升农村供水服务保障能力。

二 广州加强农村供水保障的实践探索

（一）重视制度牵引，规范农村供水管理工作

一是不断加大《广州市农村供水工程管理手册》实施力度；二是强化农村供水水质检测，印发实施《广州市水务局关于加强供水水质检测和水质公示的通知》（穗水供水〔2015〕16 号）、《广州市水务局关于加强农村供水工程管理和水质检测的通知》（穗水供水〔2016〕25 号），从 2017 年开始，各区水务部门陆续安排财政资金，开展农村供水水质检测工作，并将检测指标进行公示；三是组织开展农村供水工程安全隐患排查整治和农村饮水安全专项监督检查，对照新国标 106 项指标要求，定期对供水企业进行水质监督检测；四是出台施行《广州市供水用水条例》，规范农村供水用水管理，明确供水企业应与村户签订用水合同，供水单位对拖欠水费用户可采取限制用水、违约处罚、经批准停止供水等措施，保障供水单位正常运转及合法用户利益。

（二）开展提质增效，纵深推进农村供水改造

为进一步提升农村供水服务保障水平，2018 年，市水务局组织编制了《广州市农村供水改造工作方案》，明确了 2019 年至 2025 年农村供水改造和管理的具体工作任务。一是深入实施农村供水改造工程。全面摸查黄埔、白云、花都、从化、增城 5 个区农村供水情况和存在问题，尽量拓展市政供水管网覆盖面，对老旧供水设施和管网进行查漏补缺、全面升级改造。二是完善农村供水管理机制。按水利部、省水利厅要求，建立健全广州市农村饮水安全管理责任体系，落实"三个责任""三项制度"。"三个责任"即区政府的主体责任、区水行政主管部门的行业监管责任、区供水单位的运行管理责任，"三项制度"即明确运行管理机构、制订运行管理办法（制度）、落实运行管理经费。2019 年 6 月底制作完成千人以上供水工程"三个责任"

公示牌并在相应水厂或村委会公示，同时将"三个责任"落实情况在区政府或区水务局网站公示。2020年3月底，完成全部1000人以下供水工程"三个责任"公示牌制作，并在村委会公示。健全农村供水监管体制，建立设施维修资金，实行小型集中式供水设施专业化管理，加强水质检测，完善供水应急预案，强化水源保护措施，确保农村供水安全。2020年5月底，《广州市农村供水改造工作方案》涉及项目共有135条村已进场施工。2016年，按照市政府印发《广州市十四届人大六次会议第201620427号重点建议办理工作方案》，大力推进白云区北部"8村1居"自来水改造工程建设，累计完成投资约10666万元，截至2019年底，北部8村1居主干管供水工程通水，白云区实现市政自来水全覆盖。近期，在花都区梯面镇开展供水单位技术支持试点工作，成立技术服务指导小组，建立技术对接平台，定期开展人员培训，配合提供检测服务，一村一档建立健全应急预案和管理档案。

三 广州加强农村供水保障面临的短板

2020年3月2日，广东省委、省政府印发《关于加强乡村振兴重点工作 决胜全面建成小康社会的实施意见》（粤发〔2020〕4号）指出，要对标全面建成小康社会要求，加快补齐农村基础设施和公共服务短板，提高农村供水保障水平，统筹推进县镇村集中供水设施及配套管网建设，推进珠三角地区城市配套管网向农村延伸。经过十余年接续奋斗，广州农村供水工作虽然取得了较大成效，但对标全面建成小康社会要求仍有距离，对标在全省实现"四个走在全国前列"、当好"两个重要窗口"仍有距离，对标广州实现老城市新活力、"四个出新出彩"的要求仍有距离，目前，提升广州农村供水主要存在以下短板。

（一）供水水量不足、水压不足

根据2020年4月摸查数据，广州约有202个行政村使用山泉水、地下水作为重要水源，干旱年份可能出现水源水量不足情况；市政自来水覆盖的从化区江浦、城郊街、太平镇，增城区正果镇、派潭镇等近郊 77 个行政村存在不同程度的水压不足问题，涉及人口约 18 万人，大规模的"屡弱水""用水荒"给农村居民生产生活带来极大不便。一方面，由于部分农村地区供水管网历史布局不合理，供水管道及设施维护不当，导致设施老化严重、漏损率高，供水效能受到影响；另一方面，近年来农村居民用户用水量速增，季节性水源供需不平衡、不充分也是重要原因。

（二）供水水质存在隐忧

广州接通市政管网的农村地区，所供自来水都是供水单位水厂严格按照国家的标准和规范进行取水、过滤、消毒等程序，经检测合格后输运到千家万户的，水质基本得到有效保障；但部分地处偏远、市政管网设施触角延伸困难的农村地区，大多采用小型集中式供水设施进行供水，供水水质不稳定。究其原因，主要一是供水消毒、检测不到位。小型集中式农村供水设施配置的净水设施消毒硬件简易、消毒过程粗略，受农村居民生活饮水习惯影响，消毒不彻底，且出水检测不规范，供水水质细菌指标容易超标。二是净水设施过滤处理能力有限。汛期暴雨过后，水源水质急剧降低导致供水悬浮物超标、水质浑浊，设施超负荷运行后维护不当，也会对设施处理模组造成永久损害。

（三）供水设施管理维护不到位

部分接通市政自来水的农村，改水后仍是总表供水模式，未能实现"抄表到户，终端服务"，导致总表后（村内）管网设施缺乏专业而有效的维护，随着时间推移，村内管网漏损增多，水费分摊问题日渐突出。以山泉水、地下水为水源，小型集中式供水设施供水的农村，供水设施往往由当地村委负责管理，水费收缴流于形式甚至不予收缴，大部分村社没有专门的供水设施维护管理资金，管理人员大多未经过专业系统培训，维护管理意识淡薄，管理水平较低，手段落后，经验不足，导致供水设施老化严重，滴漏问题持续、反复出现，无法保障农村供水设施长期有效运行。

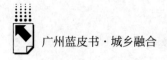

四 建议与展望

2020年，是全面实现小康社会的决战决胜之年，习近平总书记在中央扶贫开发工作会议上指出："全面建成小康社会，是我们对全国人民的庄严承诺，必须实现，而且必须全面实现，没有任何讨价还价的余地。"站在两个一百年的历史交汇点上，继续深入做好做优农村供水工作是广州重要民生课题、时代任务，绝不能把劣质农村生产生活用水、落后农村供水服务带入全面小康社会。真正让城乡一体化思路延伸至农村供水服务上来，切实让城乡基础服务均等化体现在农村供水服务上来，保障农村居民能及时方便地获取足量水、放心水、平价水，从而进一步提升农村地区生产生活水平。

（一）加快推进农村供水改造

贯彻落实上级有关建立完善农村饮用水安全管理体系和《广州市农村供水改造工作方案》的要求，促进市政管网向农村地区进一步延伸，完成所有具备条件的老化供水设施提升改造，最大化普及农村市政自来水，加快落实纳入《2020年市十件民生实事建议事项》的56个行政村供水改造计划。工程规划建设过程中因地制宜，明确突出短板，摸清薄弱环节，科学研判改水工程建设方案，在资金有限的基础上，集中优势力量解决刀刃问题。同时，严格加强工程督建考核，由纪检监察部门组织，建立农村供水改造督导问责制度及工作直报制度，以目标为导向，按时保质推进农村供水改造工程建设。

（二）加强农村供水服务管理

建立健全农村供水运行管理机构、运行管理办法、运行管理经费保障制度，严格落实并加强《广州市供水用水条例》《广州市农村供水工程管理手册》"三个责任""三项制度"施行。一是加强供水水质监测、公示、预警工作，购买专业服务，提高集中式农村供水设施养护服务质量。二是强化水源保护，划定饮用水水源保护区或保护范围，以山泉水、地下水为水源的农村，水源保护区和保护范围的划分、标志建设、环境综合整治等工作，需与农村饮水改造项目同步设计、同步建设、同步验收。三是按照供水设施规模化运营、专业化维护和规范化管理的要求，探索建立水厂统一管理，串联水源保护、供水处理、自来水输送、设施维护、信息化管理等工作。

（三）促进农村供水规范收费

按照水利部、省水利厅工作部署要求，全面推进农村供水工程水费收缴工作。制定水费收缴政策，完善水价定价标准，制定农村供水设施维修资金筹集方案，通过农村供水水费收取、财政补助等方式多渠道筹措资金，保障设施维护管理资金足额到位。

参考文献

王思彤、高萍萍：《全面建成小康社会认定办法的思考与建议》，《统计科学与实践》2018 年第 1 期。

华正学：《试论"四个全面"战略布局对中国共产党反贫困实践的新谋划》，《农业经济》2018 年第 1 期。

李慧静：《赤峰市农村集中式饮用水水源地环境现状及保护对策简析》，《建筑工程技术与设计》2015 年第 29 期。

李香云：《城乡供水一体化发展战略模式探讨》，《水利发展研究》2019 年第 12 期。

B.13
建管并重、扎实有序推进
农村生活污水治理

石永琦　南燕*

摘　要： 治理农村生活污水，建设生态宜居美丽乡村，是农村基础设施和公共服务建设的重要内容，是深入贯彻落实乡村振兴战略的关键举措，与农村居民切身利益息息相关。近年来，广州市以习近平生态文明思想为指导，认真贯彻落实省委、省政府重要决策部署，积极推动农村生活污水治理工作，着力改善农村人居环境，取得了较大成效。但治理工作仍须向自然村纵深推进，设施运维精细化管理水平有待提升。扎实有序推进农村生活污水治理，广州要加快推进"双百"落地，牵好农污治理"牛鼻子"；强化设施精细化管理，握住农污治理"刀把子"；加大治理宣传力度，种出农污治理"甜果子"。

关键词： 农村污水治理　生活污水　设施管理　精细化

治理农村生活污水，建设生态宜居美丽乡村，是农村基础设施和公共服务建设的重要内容，是深入贯彻落实乡村振兴战略的关键举措，与农村居民切身利益息息相关。2020年中央一号文件《中共中央　国务院关于抓好

---

* 石永琦，广州市污水治理工程管理办公室主任，研究方向为农村生活污水治理；南燕，广州市污水治理工程管理办公室四级主任科员，研究方向为农村生活污水治理。

"三农"领域重点工作确保如期实现全面小康的意见》，明确提出扎实搞好农村人居环境整治，梯次推进农村生活污水治理的指导意见。稳步扎实推进广州市农村生活污水治理工作，增强农民群众的获得感和满足感，对做好"三农"工作，确保农村同步全面建成小康社会具有重要意义。

一 广州农村生活污水治理概况

近年来，广州市以习近平生态文明思想为指导，认真贯彻落实省委、省政府重要决策部署，积极推动农村生活污水治理工作，着力改善农村人居环境，取得了较大成效。

（一）分类推进，行政村生活污水治理全覆盖

广州市历来高度重视农村生活污水治理工作，早在 2008 年市政府就印发了《广州市污水治理和河涌综合整治工作方案》，由此正式启动农村生活污水治理工作，按照轻重缓急、分类推进的原则，对城镇管网规划范围以外的农村建设分散式污水治理设施，对饮用水水源保护区等环境敏感区和重点流域农村优先实施治理。

2013 年以来，经市政府同意，广州市水务局先后印发《关于进一步加强我市农村生活污水治理工作的实施方案》《广州市农村生活污水治理工作实施方案（2016—2017 年）》等多项文件，结合乡村振兴战略、农村人居环境整治、美丽乡村建设等工作要求，全面推进全市范围内农村生活污水治理。到 2018 年底全市共完成计划内 1112 个行政村（社区）治理，在全省率先实现行政村治理全覆盖的阶段性目标，特别是 2016～2018 年 3 年时间完成 554 个村社，治理速度是往年 3 倍。通过实施治理，实现污水暗管暗渠化收集，村内水环境质量得以提高，村容村貌明显改善。

（二）对标对表，自然村生活污水治理再延伸

2019 年以来，针对部分早期项目建设标准偏低、管网设施不完善的问

题，按照实施乡村振兴战略推进农村人居环境整治等工作部署，广州市水务局印发实施《广州市农村生活污水治理查漏补缺工作方案》，以污水全收集全处理和达标排放为目标，全面开展查漏摸底工作，对不符合要求的实施补缺工程，到 2019 年底，全市建成分散式处理设施站点 2227 个、污水管网6134 公里。

2019 年 10 月，广东省生态环境厅等四部门联合印发《广东省农村生活污水治理攻坚实施方案》，明确要求广州到 2020 年底实现自然村生活污水终端处理设施和雨污分流"双百"目标。在市委、市政府的统一领导下，广州市水务局立即组织开展摸查，结合省目标要求，于 2019 年底印发《广州市农村生活污水治理自然村全覆盖攻坚实施方案（2019—2021 年）》，明确治理对象尽快从行政村向自然村延伸，对照新要求逐一摸清自然村治理情况和现状设施运行情况，加快推进全覆盖治理任务。

二 广州农村生活污水治理取得的主要成效

（一）高位推动治理工作

一是领导高度重视。2018 年以来，市委、市政府领导多次就农村生活污水治理做出重要批示，定期主持召开农村生活污水治理专题会议部署工作，多次亲赴现场检查督促任务落实情况，近四年市政府工作报告连续将农村生活污水治理列入重点工作，市河长办成立农污工作组督促协调具体推进问题。二是建立分工负责制。市水务局统筹全市农村污水治理工作，制定工作计划、技术路线和管理制度，推广适用工艺技术，监督指导建设管理工作；各区水务主管部门、镇街负责组织实施辖区内的工程建设和设施运行维护管理工作。三是挂图作战、销号处理。按区制作农村生活污水治理作战图，按照"一村一策"倒排工期，每月通报治理进度，对推进中存在的问题提请市治水联席会议和市河长办协调解决。

（二）建立健全制度体系

一是建立管理制度和规范。制定了操作性较强的《广州市农村生活污水设施运行维护管理办法（试行）》《广州市农村生活污水设施维护管理操作规程》等规范性文件，出台广州地方技术规范《农村生活污水治理设施养护与维修规范》（DBJ440100/T 253－2015），印发《广州市农村生活污水处理适用技术指引》《广州市农村生活污水治理查漏补缺技术指引》《广州市农村生活污水项目验收工作指引（试行）》《关于农村生活污水处理设施污泥资源化利用工作要求的通知》等十多项管理办法和规范性文件，形成较完善的建设运行管理制度。二是完善工程质量监管体系。出台《加强农村生活污水治理建设工程质量管理工作的意见》，按照"一次建设、长久使用"的目标，要求各区、镇街、村居完善工程质量监管体系，牢牢盯住工程质量。从工程设计、建材检测、工程施工、竣工验收、运行维护等方面的16点事项提出了明确要求。

（三）科学有序开展治理

一是分类优选处理工艺。按村庄布局因地制宜选取污水治理模式。靠近城镇的自然村，接入城镇污水处理系统；离城镇较远但居住密集的自然村，建设集中式污水处理设施；人口规模较小、居住相对分散的自然村，采用三格式化粪池，出水通过管道或暗渠收集后，进入小型分散式污水处理设施处理，或在不影响区域整体环境前提下流向农田、林地、池塘等自然系统净化。二是解决设施用地问题。市委、市政府出台"三农"工作意见，明确服务于农村且建成后恢复为农用地的分散式农村生活污水处理设施按农用地管理，从政策上解决了设施用地困难问题。三是加快审批流程。将农村生活污水治理项目纳入市政府建设项目审批绿色通道，由所在区职能部门负责审批，切实缩短审批时间。四是广泛开展宣传。通过广州电视台、《广州日报》和各区媒体对农污治理开展宣传报道，争取得到群众对治理工作的支持和参与，对维管不到位的单位予以曝光。五是加强公众监督。全市统一规范设置处理设施信息公示牌，明细镇（街）、村（社）和维管单位三级管养责任，鼓励公众通过监督电话、12345微信公众号、广州治水App方式参与监督管理，积极营造"开门治水、人人参与"的社会监督氛围。

（四）强化设施运维管理

一是加强运维管理力量。以镇（街）为责任主体，统筹辖区内治理设施的运行维护管理，聘请第三方专业公司对分散式治理设施开展巡查维护管理，定期监测水质，发现问题及时维修整改，镇（街）定期对设施运行状况开展巡查监督，有效解决了农污设施维管资金投入不足和专业技术人员缺乏等问题，建立责任清晰的运行机制，提高维护管理质量。组织基层人员开展治理技术培训，召开技术推广会和经验交流会，及时推广好的经验做法。二是开展信息化管理。开发应用农污信息管理系统App+PC，实施扁平化管理，狠抓巡检达标率，2019年共巡检290316次，维管单位巡检达标率从1月的47.4%上升到12月的99.2%；巡检问题上报从1月的172个上升到12月的1282个，全年上报问题9960个；对全市现场考核（检查）共1094村次，督促按期完成问题整改，考核问题办结率89%，巡检问题办结率92.7%，实现巡检、评价、问题上报、交办和整改等全流程电子管理。

（五）加大监督考核力度

一是完善监督考核体系。深入贯彻落实广州市总河长1号令，创新推出全市农村生活污水治理效能评价体系，明确区、镇（街）、行政村、维管单位四个层级管理责任，定期评价各层级管理事务落实情况。二是强化市级督导。2018年以来市水务局每月召集各区召开专题工作会议，每周由副处级干部带队下沉至村指导项目建设和维管工作；针对进度滞后问题函达相关区委主要负责同志，对相关区水务部门分管领导提醒谈话。三是加大区级协调力度。各区充分利用区水环境整治联席会议机制，及时协调外电报装、施工开标排期、道路开挖审批、因农作物收成影响项目交地等具体问题，推进项目实施。四是建立水环境治理责任追究制。广州市委、市政府印发《水环境治理责任追究工作意见》，明确因不履职或不正确履职，导致水环境治理工作任务落实不到位等问题，对相关责任人追究责任。

三　广州农村生活污水治理存在的问题

2020 年自然村生活污水全覆盖治理目标实现与否，事关广州实施乡村振兴战略全局。目前，广州市农村污水治理工作主要存在以下问题。

（一）治理亟须向自然村纵深推进

尽管广州市在 2018 年底已实现治理行政村全覆盖，但自然村治理率仍不足。根据《中共广东省委农村工作办公室、广东省农业农村厅关于 2019 年广东省农村人居环境整治统计情况的通报》，截至 2019 年底，广州自然村雨污分流比例为 84.65%，污水终端处理设施建设率为 84.52%。按照省近期印发的《广东省农村生活污水治理攻坚实施方案（2019—2022 年)》，治理对象确定为自然村，到 2020 年广州市自然村污水终端处理设施和雨污分流完成率应达到 100%，治理工作亟须由行政村向自然村纵深加速推进，实现"双百"治理任务仍然十分艰巨。

（二）设施运维精细化管理水平有待提高

为有效解决农村地区专业维护技术人员缺乏等问题，广州市目前已将农污设施运维管理工作上收至镇街统一负责，通过委托第三方技术服务单位开展日常设施巡查和养护。2019 年全市共 48 家单位参与运维工作，其中白云区 4 家、黄埔区 2 家、花都区 10 家、番禺区 6 家、南沙区 12 家、从化区 5 家、增城区 9 家。由于各镇街和维管单位技术力量不同、维护管理水平不同、奖惩措施等维管机制不同，部分镇街存在设施管护工作不到位等问题，主要表现为人工湿地水位调节不及时、壅水、植物长势不良、机电设备故障、管网堵塞或渗漏等，污水未能有效收入处理设施或出水不达标；部分考

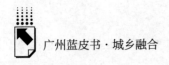

核交办问题未及时整改，导致设施未能充分发挥污水处理实效，全市整体运维工作精细化程度有待提高。

四 推进农村生活污水治理的相关建议

2020 年是全面建成小康社会目标实现之年，也是农村生活污水治理工作滚石上山、爬坡过坎的最后时刻，下一步，广州必须坚决贯彻落实中央、省相关工作部署，坚定信心不动摇，咬定目标不放松，落实责任不松劲，整治问题不手软，认真对标对表农村人居环境整治目标任务，坚持不懈地做好各项工作，坚决打赢水污染防治攻坚战，重点抓好以下几个方面工作。

（一）加快推进"双百"落地，牵好农污治理"牛鼻子"

按照国家、省、市关于实施乡村振兴战略的工作部署，坚持系统治理、久久为功，用"绣花"功夫落实农村生活污水治理各项任务，与农村改厕工作有效衔接，将厕所、厨房和阳台的生活污水全收集。要理顺雨污排放系统，加强管网修复和疏通，提升管井质量，完善管网工程建设，同时实施处理站点扩容和提标改造，提升污水处理能力，美化处理站点周边环境。确保到 2020 年，自然村生活污水终端处理设施建设完成率达到 100%，基本实现雨污分流、污水排放管道收集或暗渠化。

（二）强化设施精细化管理，握住农污治理"刀把子"

建立健全长效管理机制，按照标准化与规范化要求，提升农村生活污水治理设施精细化管养水平，确保设施稳定运行。一是进一步完善运维监督和质量评价标准。对区、镇（街）、行政村、运维单位的维管效能定期通报排名，找准责任主体，对维管单位实行末位淘汰制，纵向传导压力，督促落实管养责任，提高管理水平。二是全面应用 PC 农污信息管理系统＋手机 App。督促各级维管人员按照养护维修规范落实各项管养工作，高效落实问题交办、督促整改修复、数据化考核考评，健全"全覆盖—可追溯—可倒查"

的管理体系，确保已建成处理站点发挥治污实效。三是将农村生活污水治理纳入智慧水务建设，探索对部分示范站点增加建设视频监控和监测设备，实时动态监控设施运行状态，实现处理设施的信息化监管。

（三）加大治理宣传力度，种出农污治理"甜果子"

在实施乡村振兴战略推进农村人居环境整治的背景下，要继续强化政府主导作用，让村民认识到要实现农村美，开展农村生活污水治理是关键所在。积极调动农民主体力量，充分利用报刊、手册等传统介质及微博、微信等新兴媒体开展内容丰富、通俗易懂的宣传工作，使村民了解并自觉参与到农污治理行动中来，鼓励监督举报建设质量差、运维不当、破坏农污设施等行为，政民联动，共同维护农村污水治理成果，进一步推动形成"共建共治共享"的农污治理新格局。

参考文献

邹学钞、张宏伟：《蒲江县农村生活污水治理的现状、问题和建议》，《四川水利》2020 年第 2 期。

张金生、许新发、吴晓彬、刘聚涛：《温春云江西省农村水环境问题及综合整治对策》，《水利发展研究》2020 年第 1 期。

潘江浚：《农村污水处理难点及建议》，《工程建设与设计》2019 年第 12 期。

郑秀亮：《提高水处理水平，助力农村环境综合整治》，《环境》2020 年第 1 期。

区域发展篇

Regional Development

B.14
发挥知识城辐射带动作用，统筹推动
周边五镇联动发展

黄金海　左向宇　王　阳*

摘　要： 中新广州知识城及周边五镇之间、五镇与所在区各镇街之间、五镇内部城乡之间是广州发展不平衡不协调的典型区域，问题十分突出。具体表现在知识城辐射带动作用发挥不明显；周边五镇发展基础较差，难以有效承接知识城外溢功能。共同建设广州国际科技创新产业集聚区、广州中部地区城乡融合发展示范区，共同打造生产、生活、生态高度融合的宜居宜业新城，是中新广州知识城带动周边五镇高质量发展的目标愿景。广州应增强中新广州知识城的区域核心增长极功能、

---

* 黄金海，广州市委政策研究室城乡研究处处长，研究方向为城乡发展政策研究；左向宇，广州市委政策研究室城乡研究处副处长，研究方向为城乡发展政策研究；王阳，广州市委政策研究室城乡研究处四级主任科员，研究方向为城乡发展政策研究。

推动产业发展联动、服务设施联动、乡村振兴联动、环境建设联动、机制体制联动等带动周边五镇高质量发展。

关键词： 中新广州知识城　五镇联动　城乡融合

习近平总书记视察广东时强调，要提高发展的平衡性和协调性。中新广州知识城及周边五镇之间、五镇与所在区各镇街之间、五镇内部城乡之间发展不平衡不协调问题十分突出，是广州不平衡不协调的典型区域。2019 年以来，广州市委、市政府有关部门就推动中新广州知识城周边五镇发展平衡性和协调性开展联合调研。在推动知识城建设发展、做强作为粤港澳大湾区重大平台功能的同时，充分发挥知识城的辐射带动作用，统筹推动周边五镇联动发展，切实解决发展不平衡不协调问题，共同实现高质量发展，共同打造粤港澳大湾区科技创新、优质生活圈的重点区域。

一　中新广州知识城及周边五镇的基本情况

中新广州知识城及周边的黄埔区九龙镇、增城区中新镇、白云区钟落潭镇、花都区花东镇、从化区太平镇五镇处于广州市发展版图中心地带，总面积约 991 平方公里，占广州市域面积约 13%，2017 年总常住人口约 66.3 万人。中新广州知识城规划面积 123 平方公里，规划人口 50 万，正在重点建设总面积 21.2 平方公里的新一代信息技术价值创新园、国际人工智能岛、国际生物医药价值创新园、新能源新材料及智能芯片园区、粤港澳大湾区科技创新综合孵化园五大价值创新园。GE 生物科技园、百济神州、粤芯芯片、宝能新能源汽车、阿里云工业互联网、巨轮机器人、景驰科技、创维智能制造、绿叶集团、广东合一新材料研究院、GE 风电总部项目等一批战略性新兴产业项目建设加快推进，预计全部项目建成后，将实现工业产值超 2500 亿元，实现科研、商贸及服务业营业收入超 1500 亿元，形成若干千亿元级战略性新兴产业集群。同时，国家和省对知

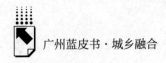

识城在粤港澳大湾区建设中发挥重大平台作用也高度重视、寄予厚望，不断发展的知识城完全有条件和能力辐射带动周边知识经济和创新产业集聚发展。

二 中新广州知识城及周边五镇发展 不平衡不协调问题突出

（一）知识城辐射带动作用发挥不明显

一是创新产业尚未形成集聚效应。五大产业价值创新园正在加紧建设，产业园区配套也在加紧完善，高端产业载体空间尚未形成。GE 生物科技园、百济神州、粤芯芯片等龙头企业重大项目尚未投产，产业链上下游配套企业尚未形成集聚，产业综合实力尚未显现，预计 2020 年各龙头企业建成投产后，创新产业带动效应才能充分发挥。

二是城内公共服务功能还不完善。目前知识城公共服务设施较为缺乏，日常基本生活需要的公共服务尚不健全，高等级的商业服务中心、文化体育中心尚未形成，方圆 10 公里仅有 1 家大型酒店，缺乏大型购物中心，一批教育医疗设施如广州实验中学、新加坡南洋华侨中学、南方医院知识城分院、中大肿瘤医院、皇家丽医院等正在建设，近期将不可避免地面临公共服务缺口，知识城内部很多企业只能通过班车接送员工往返知识城和市区，对周边五镇公共服务功能辐射更无从谈起。

三是知识城联系周边区域的综合交通网络尚未形成。知识城与市区联系较为不便，目前只有通过广河高速、京珠高速与市区连通，车程 40 分钟以上，地铁 14 号、21 号线 2020 年底通车以后，知识城核心区距离市中心仍有 1 小时车程，缺少城际轨道、高快速路等快速交通直接与市区连通。同时，知识城中心区与周边各镇之间缺乏快速联系通道，现有道路等级与服务水平较低，通行时速多为 30~40 千米/小时，通行时间 30 分钟以上，接近前往市中心时长，难以满足知识城与周边五镇之间高效便捷联系的需求。

（二）周边五镇发展基础较差，难以有效承接知识城外溢功能

一是与中心城区交通联系不便且位于各自行政区域边缘。各镇距离中心城区较远、交通联系不便。经测算，各镇政府与市政府、珠江新城等中心区域的直线距离均在 30 千米以上，主要依靠高速公路与中心城区联系，车程均在 40 分钟以上，缺少大运量的轨道交通。各镇位于各自行政区域边缘，如花东镇位于花都区最东部，太平镇位于从化区最南部，中新镇位于增城区最西部，钟落潭镇位于白云区东北部，九龙镇位于黄埔区最北部，各镇与所在区政府的直线距离均在 10 千米以上，最远的钟落潭镇距离区政府近 30 千米。

二是产业基础薄弱、发展低端无序。经济总量偏小，地区生产总值最高的钟落潭镇有 85 亿元，最低的太平镇仅 33 亿元，人均地区生产总值最高的花东镇（5.8 万元/年）只有全市平均水平（15 万元/年）的 38.7%。产业层次低端，以纺织、食品、化工等传统制造业为主，以镇村工业园为主要载体，园区基础设施配套不足、污染隐患大、产业规模较小、低端零散。缺乏重大产业平台，普遍缺乏带动力强的龙头企业、高新技术企业，重大产业平台建设推进缓慢，如钟落潭镇的广州国际健康城，2013 年至今仅有总投资 12 亿元的 4 个项目在建，道路、市政基础设施均不完善。

三是公共服务与市政基础设施欠账多。九佛西路在钟落潭镇和九龙镇交界处，钟落潭镇方向道路宽度、路灯、绿化等建设水平明显落后于九龙镇方向。钟落潭镇规划 21 平方千米的高职园区，现有 7 所院校、师生近 10 万人，未来将达 25 万人，但医疗、教育、文体、商业等服务配套和道路、污水、垃圾处理等市政基础设施都是镇级水平，无法满足高职园区发展的巨大需求。太平镇有 2 间卫生院，均建于 20 世纪 90 年代，设施陈旧、设备不足，全镇仅有 1 座设计规模 2 万吨/天的污水处理厂，已满负荷运转，污水收集管网严重不足，一些大型居住区面临供水不足和污水处理瓶颈，严重影响产业发展和群众生活。

四是城镇环境较差、土地利用粗放。城乡环境脏乱差问题突出，低矮建

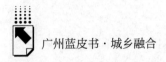

筑破败，建设工地散乱无序，国道 G106、省道 S118 等重要交通沿线城镇面貌严重影响广州城市形象。存量建设用地利用粗放、低效，以旧村庄为主（占 60.6%），历史遗留问题较多，如钟落潭镇一些沿街烂尾楼至今无法妥善处理，既影响城镇面貌也浪费宝贵的土地资源。

三 以中新广州知识城带动周边五镇高质量发展的目标愿景

（一）共同建设广州国际科技创新产业集聚区

依托中新广州知识城作为广深港澳科技创新走廊重要节点的优势，发挥知识经济、科技产业的辐射作用，带动周边地区协同发展高科技产业集群，形成创新产业集聚发展格局。知识城侧重国际尖端科技研发和成果转化，打造先进知识创造地和新兴产业策源地，周边各镇重点发展科技创新上下游产业配套，共同打造创新活跃、产业竞争力强的国际科技创新产业集聚区。

（二）共同建设广州中部地区城乡融合发展示范区

大力实施乡村振兴战略，坚持高科技引领，推动互联网、大数据、人工智能等现代技术融入现代农业，坚持"农业 + 旅游"发展，加快建设特色小镇和美丽乡村，打造精品乡村旅游线路，大力发展乡村旅游和观光休闲农业，加快推动教育、医疗、养老等优质公共服务资源向周边农村地区延伸，完善周边镇区基础设施配套，推动高水平城乡融合发展，打造广州科技创新枢纽后花园。

（三）共同打造生产、生活、生态高度融合的宜居宜业新城

牢固树立绿水青山就是金山银山的理念，突出岭南山水特色，按照"低碳智慧、产城融合"理念开发建设，提高知识城品质化、国际化、现代

化规划建设水平，加强水体、公园、绿色廊道等生态要素一体化保护利用和污染联防联治，打造高水平的城市公共服务中心，高起点、高标准打造既有产业园区、城市服务中心，又有历史文化、城市自然生态的充满活力的现代化城区。

四 以中新广州知识城带动周边五镇发展的对策建议

（一）增强中新广州知识城的区域核心增长极功能

积极争取国家、省完善知识城建设的中新双边合作机制，加强宏观指导和统筹协调，保障知识城建设发展用地，争取省扩大专项建设用地规模、增加林地指标、水田指标等，为增强知识城辐射带动作用努力创造条件。一是打造区域创新产业发展增长极。加快建设五大价值创新园，着力培育主导产业，构建"总部经济—研发中试—生产应用—配套服务"网络型产业链体系。完善区域创新体系，强化创新要素集聚，引进国家实验室等新型研发机构，依托国家专利审查协作广东中心等平台，打造国际知识产权交易中心。二是建设区域公共服务中心。高标准规划建设一批教育、医疗、文化娱乐、商业服务设施，提高知识城公共服务中心等级，积极辐射服务周边地区，打造广州中部地区的区域公共服务中心。三是完善以知识城为中心的互联互通综合交通网络。规划建设机场联络线、知识城至东站、广中珠澳（知南线）等快速轨道交通，实现8分钟到白云机场、12分钟到广州东站，规划延伸地铁14号线支线、花都1号线，强化城际轨道对周边五镇的覆盖。完善周边地区与知识城联系的骨干道路，加快规划建设科韵路北沿线直达知识城，延伸永九快速、东部快速、知识大道等，结合实际增设出入口和互通立交桥，推动各镇20分钟通达，延伸九龙大道至空港经济区，打造50千米国际科创大道。

（二）产业发展联动，加快推进区域产业协同发展

一是围绕产业链推动产业配套发展。各镇要根据资源禀赋、区位条件和

产业基础，积极承接知识城产业辐射，发展配套产业，发挥优势、错位发展。如中新镇具有精细化学、汽车零部件等产业基础，可为知识城新材料新能源产业做好配套；花东镇、钟落潭镇可发挥临近机场的区位优势，建设区域航空物流产业基地；太平镇生物医药产业基础良好，可在医药研发、检测服务等方面与知识城深度合作。二是以产业园区为载体推动产业空间协同。高标准规划建设或提升产业园区，瞄准高端产业，完善园区设施配套，形成以知识城为核心、一主四副高端产业园区群，重点支持太平镇从化高新技术园二期、中新镇中新科技园、钟落潭镇国际健康产业城和白沙科技园、花东镇空港科技创新园区等加快建设。

（三）服务设施联动，加快推进区域公共服务和基础设施提档升级

一是加大城市公共服务对五镇地区的倾斜。推动城市优质教育、医疗、文体、养老等公共服务资源向五镇延伸，鼓励市属中小学校以新建校区、对口帮扶等方式开展合作，新建综合性公立医院优先向五镇地区布局，支持市属优质医院与各镇共建新院或建立医联体。二是补齐各镇的市政基础设施短板。加大各级财政对五镇基础设施投入力度，完善供排水、垃圾收集处理设施。建议市水投集团尽快接管从化区给排水相关设施的投资、建设、营运、管理等工作，以便太平镇供排水设施建设顺利推进。

（四）乡村振兴联动，加快推进区域乡村振兴协同发展

一是建设特色农业发展示范区。加快农用地流转，由政府主导储备一批集中连片的农业用地，进行统一招商，引入科技含量高、环境友好的高端绿色农业，发展"一园一特""一村一品"精品农业。二是连片打造休闲旅游目的地。统筹五镇乡村旅游资源，打造互联互通的绿道网络，沿流溪河、帽峰山、国道 G106、省道 S118 及绿道网络等，建设一批美丽乡村群、美丽乡村带，将分散景点串联成连续旅游线路，形成近郊乡村旅游目的地。三是打造流溪河带状湿地公园群。开展两岸散乱污企业整治，沿两岸河堤构筑全线

连续贯通的流溪河景观休闲绿道，串联滨水开敞空间，整体打造带状湿地公园群，展示流溪河生态风光，打造广州科技创新枢纽后花园。

（五）环境建设联动，以"三旧"改造释放区域城乡发展空间

一是大力推进村级工业园区转型升级。因地制宜采用"工改工"方式推进传统工业园区改造，科学研究划定各镇"实体经济保护线"，确保中长期各镇产业用地总规模，避免工业园区变为地产项目。二是协同推进环境整治。以地铁 14 号线，国道 G106、G324，省道 S105 等主要交通线路为轴线，加强邻近区镇协作，综合运用连片改造、微改造、环境整治等形式，实施一批城市更新和环境整治项目，提升城市环境品质，释放发展新空间。三是加大城市更新资金扶持。在城市更新年度计划中向五镇地区连片改造和微改造项目倾斜，按照市区财政 8∶2 比例分担微改造资金。

（六）体制机制联动，着力破除五镇联动发展的体制机制障碍

一是建立统筹协调机制。建议成立由市领导任组长的五镇联动发展领导小组或协调机构，市有关单位和五个区共同参与，统筹协调知识城与周边地区基础设施互联互通、产业协同发展等问题，破除行政区划掣肘。二是开展扩权强镇改革。以五镇为试点，探索下放更高层级的经济社会管理权限，赋予镇灵活用人自主权，提高建制镇规划建设水平，通过闲置农村集体建设用地和宅基地复垦、安排专项指标等形式保障镇发展用地规模，产业、社会事业和基础设施项目优先列入市重点项目并安排专项资金支持。

参考文献

李恒宇：《行稳致远走好"三条路"　率先实现城乡融合示范区——阳泉市郊区经济社会发展综述》，《前进》2019 年第 7 期。

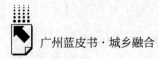
郝立东:《打造城乡融合发展示范区，助力乡村振兴伟业》,《新时代学刊》2018 年第 1 辑（总第 1 卷）。

李英、贾连奇、张秋玲、简保权、李旖:《关于加快城乡融合发展推动乡村建设的思考》,《中国农学通报》2020 年第 2 期。

董巧平:《加快村镇建设的路径探索》,《中共山西省委党校学报》2018 年第 2 期。

B.15
增城区农村居民收支比较分析
与对策研究

国家统计局增城调查队课题组[*]

摘　要：　依据 2017～2018 年增城区城乡一体化住户调查公报数据，
　　　　　通过与广州其他区对比发现，2018 年增城区农村居民四大
　　　　　收入全面增长，收入增速在广州各区排名第二，城乡居民
　　　　　收入差距进一步缩小；农村居民八大支出全面增长，消费
　　　　　结构不断优化升级，农村居民生活水平进一步提高；制约
　　　　　农村居民收支的主要因素有经济稳增长压力大，工资性收
　　　　　入增长乏力；乡村振兴战略配套措施不完善，农业持续增
　　　　　收受到限制；农村技能型人才缺乏，生产经营效益不高；
　　　　　土地流转整合难度大，财产性增收存在阻力。基于以上分
　　　　　析，提出全力推动乡村振兴、加强农业生产经营、加快农
　　　　　旅融合发展、盘活农村闲置土地等促进农村居民增收的政
　　　　　策建议。

关键词：　乡村振兴　农村居民收入　消费升级

2018 年，增城区以建设现代化中等规模生态之城为目标定位，立足乡
村振兴战略的部署，坚持绿色发展的新理念，加快农业供给侧结构性改革，

＊　课题组成员：钟惠敏，国家统计局增城调查队副队长，研究方向为农村经济、农村统计分析；
周斯琪，国家统计局增城调查队，研究方向为农村统计分析。

推进三次产业融合发展,深化农村综合改革,激活农村发展内生动力。乡村振兴成效显著,农业农村持续稳定发展,农村居民收入较快增长,中间区域收入家庭比例扩大,生活质量进一步提升。

一 农村居民收入全面增长,生活水平进一步提高

(一)收入增速明显,城乡居民收入差距进一步缩小

根据国家统计局增城调查队调查数据显示,2018 年,增城区农村居民人均可支配收入 23726.38 元,同比增长 11.1%,高出城镇居民人均可支配收入增速(8.4%)2.7 个百分点,高出 GDP 增速 7.0 个百分点。可支配收入增速在广州各区排名第二,城乡居民收入比为 1.98,首次降到 2.0 以下,城乡居民收入差距明显缩小(见图 1)。

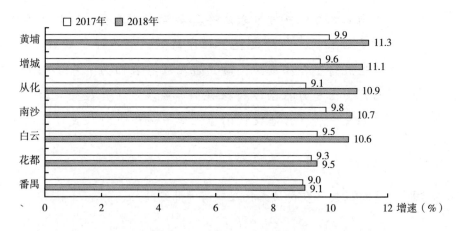

图 1 2017~2018 年广州市各区农村居民人均可支配收入增速

(二)中间区域收入家庭增加,收入分配进一步优化

随着广州城乡统筹社会保险制度不断完善,城乡居民收入分配进一步优化。调查数据显示,2018 年增城区农村家庭高低收入比例进一步收窄,中

间区域收入家庭比例扩大，人均可支配收入在 15000 元及以下的农村家庭占比为 18%，同比下降 2.0 个百分点，人均可支配收入在 30000 元及以上的农村家庭占比为 28%，同比下降 2.0 个百分点，人均可支配收入在 15000～30000 元的农村家庭占比为 54.0%，同比提升了 4.0 个百分点，中间区域收入家庭占比不断提高。

（三）大力搭建就业平台，农村居民工资性收入稳步增长

2018 年，增城区委区政府大力搭建就业推介平台，不断落实各项促进就业政策，着力提升就业服务水平，举办"就业援助月""春风行动"等现场招聘会 26 场，转移农村劳动力就业 8010 人。调查数据显示，2018 年增城区农村居民就业劳动力人数占劳动力人数的比重比上年增加 5.6 个百分点，农村重点人群就业相对稳定，农村居民人均工资性收入为 16547.33 元，同比增长 9.9%，占农村居民人均可支配收入比重为 69.7%，对农村居民人均可支配收入的贡献率达 62.9%，拉动收入增长 7.0 个百分点，工资性收入是农村居民收入的主要来源。

（四）三次产业融合发展，农村居民经营净收入快速增长

增城区深入推进农业供给侧结构性改革，积极培育和扶持新型农业经营主体，推广"互联网 + 现代农业"模式，打造农业自主品牌，推进都市农业与旅游业有机融合。有关资料显示，2018 年，增城区新增区级农业龙头企业 8 家，新增市级专业合作社 2 家，1 家电商企业被评为区级及以上农业龙头企业，辐射带动农户家庭经营增收。调查数据显示，2018 年增城区农村居民人均经营净收入 3488.03 元，同比增长 17.7%，其中第二、第三产业人均经营净收入 2056.01 元，同比增加 502.65 元，增长 32.4%，占经营净收入的比重达 58.9%。

（五）农村综合改革深化，农村居民财产性净收入持续增长

增城区着力建立促进扶贫提质增效的长效机制，认真落实财政兜底补助

机制，保证村集体经济年总收入总量。同时，加快推进农村土地承包经营权确权登记颁证工作，推进农用地流转整合和规模流转工作，农村居民财产性收入与日俱增。调查数据显示，2018 年，增城区农村居民人均财产净收入1294.58 元，同比增加了 173.73 元，增长了 15.5%，其中，人均红利收入同比增加了 60.57 元，增长了 17.1%；人均转让承包土地经营权租金净收入同比增加了 16.68 元，增长了 25.3%；人均出租房屋净收入同比增加了136.91 元，增长了 20.2%。

（六）农村社保水平提高，农村居民转移净收入增幅明显

增城区积极推进全民参保登记计划，实施城乡居民社会养老保险制度，构建覆盖全区的城乡居民医疗保障体系，社会保险覆盖面不断扩大，社会保险待遇水平逐年稳步提升，农村居民转移净收入增幅明显。调查数据显示，2018 年，增城区农村居民人均转移净收入 2396.44 元，同比增加了 181.62元，增长了 8.2%，其中人均养老金或离退休金收入 1920.70 元，同比增加279.16 元，增长 17.0%；人均社会救济和补助收入 35.51 元，同比增加14.81 元，增长 71.5%；人均报销医疗费 284.56 元，同比增加 63.69 元，增长 28.8%。

二　农村居民生活水平高质量发展，消费进一步升级

随着农村居民收入水平的提高，在政府各项刺激消费政策的推动下，农村居民的消费能力不断增强。数据显示，2018 年增城区农村居民人均消费支出 17259.14 元，同比增加 1597.49 元，增长 10.2%，其中八大支出全面增长，消费结构不断优化升级，农村居民消费进一步升级。

（一）从构成上看，人均支出全面增长

2018 年，增城区农村居民人均八大类消费支出呈现全面增长态势，其中衣着、交通通信、教育文化娱乐和医疗保健四大类均实现两位数增

速，增速分别为 10.8%、12.7%、13.1% 和 13.8%；其次是食品烟酒、居住、生活用品及服务、其他用品和服务，增速分别为 9.7%、9.0%、6.8% 和 3.7%。

（二）从占比上看，消费结构由"生存型"向"发展型"转变

1. 基础型消费稳定增长但占比下降

2018 年，增城区农村居民以吃、穿、用为主的基础型消费支出 9215.97 元，同比增加 797.51 元，增长 9.5%，占生活消费支出的 54.4%，同比下降 0.5 个百分点。农村居民消费需求由温饱向品质转变，服务型消费支出增长迅速，数据显示，2018 年农村居民食品烟酒消费支出 7344.66 元，同比增长 9.7%，其中，人均饮食服务消费支出增长较快，同比增加 404.26 元，增长 43.8%。此外，随着各大网购平台和物流配送行业的发展，农村居民有更实惠、更便捷的消费体验，因此带动了生活类消费支出增长较快。数据显示，2018 年农村居民衣着、生活用品及服务、其他用品和服务消费支出同比分别增长了 10.8%、6.8% 和 3.7%。

2. 公共服务基础建设提升，发展型消费快速增长

生活水平的不断提高，使得增城区农村居民的消费结构由以吃穿用为主的生存型逐步向居住、交通通信、教育文化娱乐和医疗保健消费需求增多的发展型转变。

一是居住消费支出增速回落，但住房维修及管理消费支出剧增。随着增城区美丽乡村建设及乡村振兴战略的不断推进，都市农业与旅游业的不断融合，增城区农村居民对住房条件的改善需求不断提升。数据显示，2018 年，增城区农村居民人均居住消费支出 3218.85 元，同比增加 265.78 元，增长 9.0%，同比小幅回落 0.8 个百分点，其中，人均住房维修及管理消费支出 974.60 元，同比增加 339.90 元，增长 53.6%。

二是交通更加便捷，4G 网络覆盖范围扩大，交通通信消费支出快速增长。随着广州地铁 21 号线镇龙西至增城广场段建成运营，增城交通迈入"双地铁时代"，珠三角环线高速（北三环高速二期）、广惠高速西延线、正果大桥改

建工程建成通车，极大缩短了增城与市中心和周边城市的距离。4G网络进一步改造和升级建设，覆盖范围进一步扩大，日常运营管理进一步优化，大大促进了增城区农村居民的交通通信消费支出增长。数据显示，2018年增城区农村居民人均交通通信支出2621.44元，同比增加了295.41元，增长12.7%。其中，农村居民家庭汽车拥有量增长迅速，人均通信费用支出627.02元，同比增加了109.23元，增长21.1%。

三是优质资源配置进一步向农村延伸，农村居民精神文明消费支出增速远超城镇。2018年，增城区委区政府进一步加大文化教育投入，促进城乡教育资源优化配置，13所新改扩建学校全部动工、4所已完工，新开办4所公办幼儿园，增加公办学位1185个，引进6个优质教育项目，其中广州二中增城应元学校、广大附中增城实验中学正式开学。良好的文化教育环境和氛围促进了城乡居民进一步增强自我提升意识，农村居民对精神文化层次的需求日益增长，教育、旅游等文教娱乐活动日渐多彩化。数据显示，2018年增城区农村居民人均教育文化娱乐消费支出1327.75元，同比增长13.1%，增速比城镇居民高6个百分点，其中，人均教育支出929.77元，同比增长31.9%，增速远超城镇居民23.6个百分点；人均文化娱乐服务支出232.16元，同比增长17.2%，增速超城镇居民12个百分点。

四是健康产业不断推进，农村居民健康消费模式向医疗保健服务转变。2018年，增城区扎实推进优质医疗卫生设施建设，南方医院增城分院（区中心医院）顺利开业，区人民医院改扩建工程启动建设，广州市妇儿医疗中心增城院区、增城惠康医院加快建设，石滩镇中心卫生院荣获"全国百佳乡镇卫生院"称号。随着医疗基础投入逐年增加，增城区医疗保险保障水平不断提高，农村居民养生保健意识也在增强，开始重视生命质量，健康消费模式也由以往的有病寻医问药逐步转变为医疗保健和养生等多种形式并存。数据显示，2018年增城区农村居民人均医疗保健消费支出700.93元，同比增长了13.8%，其中人均医疗服务消费支出577.17元，同比增长了10.6%，占医疗保健消费支出的比重达82.3%。

三 制约农村居民收支的主要因素

（一）经济稳增长压力大，工资性收入增长乏力

目前，增城区经济发展处于动能转换、结构调整的攻坚阶段，创新能力薄弱，发展新动能仍然不足，产业转型升级任重道远，经济稳增长压力较大，对企业特别是小微企业经营造成了影响，导致农村居民的工资水平持续快速增长难度加大。数据显示，2018 年，增城区农村居民人均工资性收入增速（9.9%）比广州市整体农村居民人均工资性收入增速慢 0.6 个百分点，增速在有农村居民的广州各区中排名倒数第二；增城区农村居民人均工资性收入绝对值比广州市整体农村居民人均工资性收入绝对值少 2267.35 元，比番禺区少 11423.63 元，比花都区少 2785.60 元。增城区经济发展带动农村居民增收能力有待进一步提高。

（二）乡村振兴战略配套措施不完善，农业持续增收受到限制

目前，增城区乡村产业发展仍存在短板，乡村基础设施建设还不够完善，影响了农业经营增收。一是农业项目落地难，项目运营规划及融资渠道还存在不足。项目具体实施过程中遇到的困难较多，实施细节性的指引不够，连片规划滞后，农业生产仍然多处于小规模、分散化发展的小农户经营状态。二是龙头企业带动优质农产品推广难，带动效应不明显，加上农业生产基础设施还不够完善，农资价格和人工成本不断上涨，在一定程度上削弱了农业经营利润，农产品增值链条未能有效形成，农业持续增收受到限制。数据显示，2018 年增城区农村居民人均第一产业经营收入 1432.02 元，同比仅增加 21.89 元，增长 1.6%，增长额度小、幅度窄。

（三）农村技能型人才缺乏，生产经营效益不高

数据显示，农村从事第二、第三产业生产经营的人员，大部分仍选择技

术含量较低的行业，从事制造业、批发零售业、交通运输、仓储和邮政业和居民服务修理业等行业的劳动力占比达53.3%，技能型人才的农村劳动力占比仅为16.8%。第二、第三产业生产经营服务行业老化，业务狭窄，科技管理水平不高，市场竞争力低，生产经营效益不高。

（四）土地流转整合难度大，财产性增收存在阻力

各个村社不同程度存在干部群众对开展土地流转整合重要性认识不足的问题，没有深刻认识到土地流转整合在乡村产业兴旺、生活富裕中的作用，宣传、推动土地流转整合的力度不够，有畏难情绪，积极性不高。根据走访还发现不少闲置或粗放种植农田、地块存在顾虑惜租、恶意拒租的情况，以及受流转补偿、青苗补偿、农田地块规模、生产条件不足等问题影响，导致丢荒弃耕现象较多，土地面积较小、集中度低、整合效率低，影响和阻碍了土地流转和农业规模化、产业化发展。

四　促进农村居民增收的对策建议

（一）全力推动乡村振兴发展，拓宽农民增收渠道

一是以产业兴旺引领乡村振兴，围绕农业供给侧结构性改革主线，找准市场切入点，把融合发展和多元共治结合起来，创新"三农"工作机制，大力振兴增城荔枝、增城丝苗、增城迟菜心、增城花卉等特色农业产业，推动农业提质增效和转型升级；二是依托增城区的资源优势，加强部门联动，按照"建园区、引项目、引技术、引人才、强龙头、树品牌"的思路，大力开展农业招商引资工作，引进一批有实力、带动强的农业企业，促进现代农业的跨越式发展；三是改善农村人居生活环境，盘活闲置农村资源，发展"农业＋旅游""农业＋文创""农业＋康养"等新产业、新业态、新模式，助推"美丽乡村"建设，拉动内需，拓宽农民增收渠道，实现产业发展与农民增收同步。

（二）加强农业生产经营，促进农业增产增收

一是强化农技队伍建设，共建农业科技创新平台，大力培育和引进农业科技人才，建设一批现代农业产业技术创新团队和科技创新联盟，为乡村振兴工作注入发展新活力、新动力提供坚实的技术支撑、人才支持；二是扶持粮食种植大户和家庭农场发展，扶持蔬菜示范基地建设，推进蔬菜产业化发展，抓好增城丝苗、蔬菜、水果、花卉种植业规模基地的机耕道路等基础设施建设，促进农业现代化发展；三是完善农业基础设施，做好农资保障供应、农资储备、稳价服务和市场监管工作，稳定生产资料价格，降低农业生产成本，促进农业增产、农民增收。

（三）加快农旅融合发展，促进农村旅游提质升级

一是以"增城十宝"特色农产品及农村特色民俗文化为依托，打造特色农耕体验游、田园观光游、特色民俗文化游等精品旅游路线，把旅游景点与万家旅舍"串"起来；二是推动"互联网＋"模式发展，通过举办"荔枝文化旅游节""菜心美食节"等活动增加名村名点数量和提升质量，充分利用各大网络旅游平台推荐农村精品旅游线路，让更多的人走进农村、体验农村；三是加强农村旅游道路建设，完善农村公路网络布局，解决旅游线路"往返不畅"问题，继续推进农村人居环境治理，完善基本公共服务配套设施，提高服务标准和服务水平，不断提升旅游承载能力，让游客引得进、留得住，增加乡村旅游收入。

（四）盘活农村闲置土地，持续推进土地流转

一是认真做好农村闲置土地的摸底调查，科学编制和调整国土空间规划，统筹农村生产、生活、生态空间，正确处理山、水、田、林、路与民居的关系，将高效生态农业、乡村旅游、农家乐和民宿等结合起来，促进土地规模经营和三次产业融合发展；二是要加强力量做好土地流转的指导工作，选派思想观念新、经验丰富、群众威信较高的人员担任土地流转工作人员，

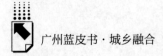

开展政策宣传，引导农村积极参与到转变土地利用方式、促进产业升级、提高发展质量的规模化经营中去，提高土地利用效率；三是加大扶持力度，做到"土地流转到哪里，基础设施配套到哪里，政策资金倾斜到哪里"，简化土地流转中的各项手续、流程，加大各项扶持措施力度，推进土地流转，实现农业生产规模化、产业化、现代化，助力农民可持续增收。

参考文献

肖坚：《改革开放 40 年来中国农村居民收支与生活水平研究》，《牡丹江师范学院学报》（哲学社会科学版）2018 年第 10 期。

肖坚、邹运明：《新世纪以来农村居民收支与生活水平研究——基于江西省 2000 ~ 2017 年的数据》，《江西广播电视大学学报》2018 年第 9 期。

李要辉：《杭州市城乡居民消费分析》，《经营与管理》2017 年第 11 期。

郭敏英、罗雅慧：《把握城乡收支特点 提高居民生活水平——河北省城乡居民收入与消费问题研究》，《统计与管理》2016 年第 2 期。

B.16
规划建设花都从化增城北部生态文化
旅游区对策建议

宋仕友 曹添*

摘 要： 规划建设花都从化增城北部生态文化旅游区，是广州推动国家城乡融合发展试验区建设、搭建城乡产业协同发展平台的重要举措。建设花都从化增城北部生态文化旅游区的基础条件优越，集中表现在红色文化资源丰富、空铁联运综合交通枢纽形成、都市农业新业态蓬勃发展。以广东广清接合片区的试验任务为研究视角，立足于整合广州北部花都从化增城三区生态文化旅游资源，广州深入探索、先行先试，持续推动红色文化出新出彩，加强旅游配套基础设施建设，培育发展医疗旅游产业集群，推动农业文化旅游融合发展，加强"复合型农民"职业教育培训。

关键词： 城乡融合 城乡产业协同 红色文化 文旅融合

一 规划建设花都从化增城北部生态
文化旅游区的背景与意义

2019 年 12 月 19 日，国家发展改革委、中央农村工作领导小组办公室、

---

* 宋仕友，广州市增城区委办公室政研室主任，研究方向为城乡产业发展；曹添，广州市增城区委办公室政研室四级主任科员，研究方向为城乡融合发展。

农业农村部、公安部等十八部门联合印发《国家城乡融合发展试验区改革方案》，并公布包括广东广清接合片区在内的 11 个国家城乡融合发展试验区。广东广清接合片区按照区域划分为广州北部区域和清远局部区域，覆盖广州增城区、花都区、从化区，清远市清城区、清新区、佛冈县、英德市连樟样板区，面积约 9978 平方千米。广清结合片区试验区深入探索，先行先试，重点聚焦建立城乡有序流动的人口迁徙制度；建立农村集体经营性建设用地入市制度；完善农村产权抵押担保权能；搭建城中村改造合作平台；搭建城乡产业协同发展平台。11 个国家城乡融合发展试验区的试验重点任务，虽然各有侧重，但共同的核心试验任务是搭建城乡产业协同发展平台。广州北部区域其中一个重要的城乡产业协同发展平台，就是规划建设花都从化增城北部生态文化旅游区。

2018 年 10 月，习近平总书记在视察广东时，提出广州要实现老城市新活力，在综合城市功能、城市文化综合实力、现代服务业、现代化国际化营商环境方面出新出彩。为推动城市文化综合实力出新出彩，2019 年 8 月广州市委十一届八次全会提出，要打造花都从化增城北部生态文化旅游区等合作平台，以点带面增强广州经济创新力和竞争力。全会提出了"花都从化增城北部生态文化旅游区"的平台概念，首次对广州北部作为一个整体区域发展生态文化旅游做出决策部署，并将在后续工作中对"建设怎样的生态文化旅游区"和"怎样建设生态文化旅游区"做出详细部署。

二 规划建设花都从化增城北部生态文化旅游区的基础条件

（一）红色文化资源丰富

广州英雄城市底色底蕴深厚，红色革命遗址遗迹众多，但目前对遗址遗迹的保护修复和革命文化的弘扬展示还是以静态开放展览方式为主，革命文化教育受众仅可参观瞻仰、现场感受领会，还无法通过具有参与性、互动性的主题活动切身体会革命文化、深刻体验革命传统。从红色文化出新出彩的角度，打造红色旅游区，推进广州国家红色文化传承弘扬示范区建设，广州具备较为扎实的基础条件。

（二）空铁联运综合交通枢纽形成

广州在粤港澳大湾区建设中承担综合性门户城市的功能定位，花都从化增城北部生态文化旅游区在大湾区"宜游"优质生活圈建设的空间布局中也应当承担门户和枢纽的功能。随着港珠澳大桥、广深港高铁等一系列重大交通设施相继建成投用，大湾区交通网络逐步完善，"一小时旅游圈"正在形成，这将为生态文化旅游带来前所未有的合作机遇，激发内地与港澳旅游交流的新活力。北部生态文化旅游区以空铁融合发展轴为重点，以广州白云国际机场和广州北站空铁联运综合交通体系为支撑，辐射带动北部区域整体发展。

（三）都市农业新业态蓬勃发展

随着乡村振兴战略深入实施，广州北部大力推动都市农业与乡村旅游融合发展。2018年广州市农业局认定了首批20个市级农业公园，其中花都从化增城占比70%。农业公园涵盖水果、花卉、蔬菜种植等农业优势产业，并将旅游观光采摘、农耕文化体验、科普教育、民俗风情展示等元素融为一体。同时，大力推动文旅融合发展。近日，广州增城区成立首个农业公园新时代文明实践基地，整合更多农技资源，开展农业培训、农技交流、农业观光、特色农产品展示等丰富多彩的农业科普活动。医疗旅游资源优越，广州中心城区具有位居全国前列的优质医疗资源，广州北部具有良好的生态环境和发展医疗旅游的地理空间优势，医疗旅游产业发展初现端倪。

三　规划建设花都从化增城北部生态文化旅游区的相关建议

为深入贯彻市委全会精神，增城区区委开展了专题研究，以国家城乡融合发展试验区广东广清接合片区的试验任务为研究视角，立足于花都从化增城北部生态文化旅游区建设整合三个区生态文化旅游资源，并由广州市一级统一谋划部署的角度，就整合资源力量、积极储备政策选项、加快推动城市文化综合实力出新出彩等方面提出以下建议，为广东广清接合片区搭建城乡产业协同发展平台深化城乡融合发展提供决策参考。

（一）推动红色文化出新出彩

一是规划建设英雄城市红色小镇。在广州北部乡村地区（因用地规模较大并结合地形风貌等因素，增城、从化、花都3区可为备选选址）规划建设一个集中复原广州境内革命遗址遗迹（如中共三大会址、农讲所等）和革命纪念馆（如广州起义纪念馆等）的主题特色小镇，一方面作为红色文化出新出彩的龙头项目，另一方面也是广州北部地区加强文化基础设施建设、发展红色经济、推动乡村振兴的重要载体。学习借鉴河北省涉县（太行抗日根据地中心区域）将县内零散分布的38处革命遗址进行集中复建（即涉县红色记忆小镇）的经验做法，红色小镇的复建革命遗址遗迹不仅仅发挥静态展示展览的作用，更多承担的是革命教育培训中心、国防教育基地、文化会议中心、红色影视拍摄基地等综合功能，比如在红色小镇内，可在复建后的中共三大会址参加会议，可在复建后的农讲所参加军事夏令营，从而让革命文化教育受众更加鲜活地走进革命历史、接受革命教育、体验革命传统。

二是培育扶持发展红色文化田园综合体。与红色小镇侧重政府投入基础设施建设并负责宏观运营不同，红色文化田园综合体坚持市场化运作，政府予以财政补贴扶持。革命遗址遗迹所在的村庄比如增城区的大埔围村、白面石村和从化区的宣星村等，如在乡村振兴发展中引进田园综合体项目，并能将红色文化遗址遗迹的传承弘扬融入田园综合体的总体发展规划中，则政府予以财政补贴扶持。

（二）加强旅游配套基础设施建设

为加强乡村旅游综合枢纽和游客集散地的功能建设，建议在花都从化增城北部生态文化旅游区内规划建设观光小火车网络，将花都、从化、增城等地的乡村旅游重要节点通过观光小火车串联起来并与广州北站、区域内轨道交通站场连接，使花都从化增城北部生态文化旅游区通过交通基础设施建设更加紧密融合发展成为一个整体互联的生态文化旅游区，使乡村旅游游客更加便捷、更加环保地抵达旅游目的地，并增强游客乘坐小火车的旅游观光体验。同时预留线位将观光小火车连接到清远、惠州等周边城市的重要乡村旅游目的地。据悉，清远正规划建设将珠三角城际轨道连接到清远长隆项目，惠州近年也在谋划从南昆山到罗浮山的观光小火车项目，因此具备通过观光小火车实现互联互通的基础和条件。

一是以有轨电车模式规划建设观光小火车，日间承担乡村旅游的客运功能和在途观光功能，夜间可承担一定的货运功能，区域内农产品通过小火车接驳其他交通工具（设施）发送至大湾区各处。

二是通过观光小火车串联乡村旅游重要节点，使乡村旅游游客入住酒店后可以不必自行驾车而通过观光小火车便捷抵达各处旅游目的地，同时使区域内酒店、民宿集聚区更具乡村旅游枢纽功能（乡村旅游目的地和集散地），推动增城派潭、从化温泉和良口、花都花山等地按照"达沃斯"的定位和标准打造旅游特色小镇。在条件允许情况下，广州市谋划在南沙建设新的国际会议中心的同时，在广州北部区域同步建设一个新的国际会议中心。

三是观光小火车线位走向结合绿道、碧道网络布局进行规划，在确保串联起乡村旅游重要节点如酒店、民宿集聚区和重要景观景点的同时，通过专业规划设计，使观光小火车线位沿途景观真正代表广州的"田园风光"。

（三）培育发展医疗旅游产业集群

上海是我国最先发展医疗旅游的城市，而最近几年发展势头最为迅猛的是海南，2013 年 2 月 28 日，国务院正式批复海南设立博鳌乐城国际医疗旅游先行区，并量身定做了 9 项特殊政策，被称为"国九条"。国务院批复同意设立中国（海南）自由贸易试验区并印发《中国（海南）自由贸易试验区总体方案》，该方案提出，加快自贸区服务业创新发展，发展国际医疗旅游和高端医疗服务。2019年4月11日下午，在结束博鳌亚洲论坛2018年年会活动后，习近平总书记考察了博鳌乐城国际医疗旅游先行区规划馆，对海南发展医疗旅游的思路和工作予以肯定。

对标上海和海南发展医疗旅游的基础和条件，广州同样具有发展医疗旅游的扎实基础和现实优势，广州北部重点培育发展医疗旅游产业集群前景广阔。

一是积极争取国家和省的支持，对标博鳌乐城国际医疗旅游先行区申报国家级国际医疗旅游先行区。海南发展医疗旅游的目标定位，是把海南建设成为高端医疗旅游与特色养生保健相结合的世界一流医疗旅游胜地、国际著名医疗旅游中心，启动项目就是博鳌乐城国际医疗旅游先行区。这个"先行区"不仅仅是国家层面授予的一块金字招牌，关键是有含金量极高的政策红利即"国九条"（"国九条"可概括为特许医疗、特许研究、特许经营、特许国际交流等4个特许）。因此，从广州在大湾区建设的角色定位上分析，广州如发展医疗旅游产业集群，规划设定的目标服务人群就不应局限在大湾区内部的七八千万目标人群，而是和海南的发展定位一样，面向全世界，努力建设国际著名医疗旅游中心，显然，这离不开国家层面的政策支持。

二是加快引进和培育广州北部医疗旅游产业集群。目前增城、从化、花都等地已有落户或在建的医疗旅游项目，但规模较小且呈零散化分布，尚未形成具有区域竞争力的医疗旅游产业集群。从打造产业集群的角度，建议一方面通过招商引资引进目标项目，另一方面鼓励推动广州中心城区优质公立医院到广州北部拓展建设医疗旅游项目，结合正在谋划推进的穗港澳国际健康产业城和国际医学中心建设，在广州北部加快集聚形成医疗旅游产业集群。

三是按照试点先行的思路，鼓励支持派潭生命健康小镇加快发展。目前增城区的派潭生命健康小镇已经入选广东省第二批特色小镇培育库，在打造医疗旅游产业集群方面做了比较多的前期工作，建议在市一级层面加大政策扶持力度。

（四）推动农业文化旅游融合发展

一是在增城、从化、花都主要城市集聚区规划建设城市农业公园。在旧城改造过程中，将计划腾退复绿的地块（以及现有面积较大的公园、闲置未开发利用成片土地）规划建设城市农业公园，采取市民公园加市场化运营果蔬农场的模式，既为市民提供公共休闲空间，又引入市场化主体运营体验式果蔬农场，为市民提供就近果蔬采摘农事体验、农业科普宣传、承接团建活动等服务，并引领带动市民利用楼宇天台、阳台种植果蔬，通过立体绿化优化城市生态环境。

二是规划建设农业博览园。在广州北部规划建设 1~2 个规模较大的农业博览园，打造成为广州名优农产品特别是荔枝、龙眼、芒果、黄皮、乌榄等岭南特色水果的农业主题公园和农业科研基地。

三是申报全球、中国重要农业文化遗产。深入挖掘广州特色名优农产品如荔枝、龙眼等的文化遗产内涵和 IP 价值，积极组织力量申报全球重要农业文化遗产和中国重要农业文化遗产。目前，广东省内被评定为中国重要农业文化遗产的仅有 1 项——广东潮安凤凰单丛茶文化系统，暂无项目入选全球重要农业文化遗产。

（五）加强"复合型农民"职业教育培训

充分发挥人才的支撑，培育壮大一批既能从事都市农业生产，又能从事乡村旅游的"一专多能"的"复合型农民"。

一是深入实施"粤菜师傅"工程。将"粤菜师傅"工程与乡村振兴、精准扶贫相结合，促进农民当地就业，发展乡村旅游，助推乡村振兴发展。

二是加强精品民宿人才专业培训，学习借鉴浙江等地先进经验，积极筹建民宿学院加强对精品民宿人才的专业培训。近年来广州民宿产业取得长足发展，业内影响力也在不断上升，同时推动了民宿集聚片区的乡村振兴发展。为了推动广州民宿产业的健康可持续发展，建议在精品民宿人才的专业培训方面，政府予以财政支持补贴。

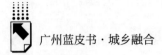

三是加强农村电商人才专业培训。通过专业培训推动传统农民向现代市场主体的转变，切实提升广州农村电商发展水平。壮大农村电子商务，将有效盘活特色农业产业。因此，建议加大对广州农村电商发展的财政扶持力度，特别是加强对农村电商人才专业培训的财政补贴支持。

参考文献

林树森：《广州城记》，广东人民出版社，2013。

乔家君：《中国乡村地域经济论》，科学出版社，2008。

卢文彬：《湾区经济：探索与实践》，社会科学文献出版社，2018。

庄锦华：《特色小镇文创宝典——桐花蓝海5.0》，电子工业出版社，2018。

张东明主编《广州策论——一个国家中心城市的发展战略思辨》，《南方日报》出版社，2013。

B.17
从化区创建乡村振兴示范区，推进城乡融合发展

叶　平*

摘　要： 从化区抢抓国家城乡融合发展试验区机遇，奋力建设全省乃至全国乡村振兴示范区。实施乡村振兴战略以来，从化区在产业发展、美丽乡村建设、特色文明实践、引智平台建设、基层有效治理等方面充分彰显岭南特色与亮点。在党领导乡村的体制机制、落实"四个优先"、特色小镇建设、人才支持、督查考核机制等方面积累了可供复制推广的经验做法。但与创建全省乃至全国乡村振兴示范区存在差距，表现在乡村建设发展不均衡、动力源对全区产业带动不充分、乡村资源的挖掘利用不充分、农民主体作用未充分激发。从化区应坚持以问题和目标为导向，全力发展富民兴村产业、多举措促进农民增收致富、加快推进特色小镇建设、持续深入推进农村人居环境整治、大力推进乡风文明建设。

关键词： 广州从化　乡村振兴示范区　城乡融合

根据国家发改委《关于开展国家城乡融合发展试验区工作的通知》（发改规划〔2019〕1947号），从化区被确定为国家城乡融合发展试验区广东广

---

* 叶平，中共广州市从化区委实施乡村振兴战略领导小组办公室副主任、广州市从化区经济社会发展研究中心主任，研究方向为区域经济、乡村振兴。

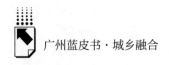

清接合片区七个区（县）之一。当前，从化区认真贯彻落实省、市关于乡村振兴工作部署，抢抓国家城乡融合发展试验区机遇，努力探索超大城市乡村振兴之路，加快建设与国际一流湾区和世界级城市群相匹配的美丽宜居乡村，奋力建设全省乃至全国乡村振兴示范区。

一 从化实施乡村振兴战略的特色与亮点

实施乡村振兴战略以来，从化区紧紧围绕"产业兴旺、生态宜居、乡风文明、治理有效、生活富裕"的总要求，全面推进乡村"五大振兴"。在乡村产业发展、农村人居环境整治、特色文明实践、引智平台建设、基层有效治理等方面充分彰显"从化特色"。

（一）以生态设计为引领推动乡村产业振兴

依托生态设计小镇大力推动"生态产业化"和"产业生态化"。通过充分发挥生态设计"转化器""推进器"作用，广州北部生态功能区优越生态资源正在加快转化为中国尺、文化茶、生物光源、数字艺术作品等具有高附加值的绿色产品。以生态价值创新为手段，从化区正在加快构建以生态设计产业为引领，以特色民宿、文化创意、智慧农场、定制农业为支撑的乡村产业体系。

一是通过政府引导、市场运营，盘活北部山区废弃农贸市场、旧葡萄糖厂、旧学校以及闲置村集体留用地等，以"广州速度"和"广州质量"高水平建设全国唯一的生态设计小镇，辐射带动良口镇塘尾村等6个村共同迈向振兴之路。塘尾村所在的生态设计小镇自2018年底投入运营以来，已吸引76家设计企业落户，举办包括世界生态设计大会等70多场大型会议，生态设计产业集群初见成效，2019年实现税收约1.8亿元。

二是积极培育田园产业。从化大力发展"一村一品"，积极利用"龙头企业+基地+农户""互联网+农业"等新模式新业态，加快推进产加销一体化发展，着力提升品牌影响力。目前，全区共有南平双壳槐枝、钱岗糯米糍、桂峰三华李、达溪高山番薯等"一村一品"特色农产品 5 大类 20 种。其中，南平双壳槐枝被农业农村部评为"一村一品"示范村镇，从化荔枝、从化蜂蜜、从化流溪娟鱼通过国家地理保护标志产品的审批。同时，从化区着力发展岭南特色水果产业，特别是通过探索实施荔枝定制销售模式，有效改善了荔枝种植"丰产不丰收"的"大小年"问题。

三是加快推进现代农业产业园建设。从化大力建设荔枝、花卉等省、市级现代农业产业园，打造面向湾区、服务湾区的"菜篮子""果盘子""米袋子"基地。抢先布局 5G 下乡，高标准规划建设艾米稻香小镇，打造集"生态农业产业""数字农业产业""智能农业产业"于一体的景观田园样板小镇。

四是扶持发展新型农业经营主体。大力推广农民专业合作社、家庭农场等经营模式，引进了艾米农场、农耕田园、莲麻酒业等一批现代农业新业态项目，成立了全省首个以经营民宿为主的农民专业合作社，让农民更多分享全产业链增值收益。全区有水果、蔬菜、花卉、养蜂、经作、水产、加工流通、种业、农机九大类农民专业合作社 386 家，社员约 11000 人，合作社共为农户直接销售和代理销售农产品约 1.55 亿元。2019 年全区注册登记并备案的家庭农场有 48 家。

五是积极发展特色民宿产业。在全域范围内分类谋划特色民宿产业布局，鼓励和引导特色民宿建设进一步突出岭南文化、饮食文化和乡俗文化相融合，持续提升特色民宿主题显示度和文化品位。首期推出 16.8 万平方米优质民宿资源，引入 14 家民宿投资团队，成功打造了米社、湖庐、菁木山舍等一批"网红"民宿。

（二）以美丽乡村建设为核心推动乡村生态振兴

一是建设美丽家园。持续推动农村垃圾分类和治理。坚持奖罚并举、以奖为主，建立垃圾分类红黑榜，开办"美丽银行""美丽超市"，组织开展"五个最美"评选活动，持续推动垃圾分类成为群众自觉行动。大力开展农村"四边"环境整治专项行动和"清扫垃圾，清洁乡村"农村生活垃圾治理专项行动，全面清理存量垃圾、卫生死角，全覆盖、拉网式清理农村环境黑点。推进农村户厕改造。采取"新建与改建结合，养护与提升并举"方式，全区已建223座乡村公厕，74座岭南风格装配式乡村公厕，确保每个行政村至少建成1座标准化公厕，打造从化15分钟"如厕圈"，全区已实现无害化卫生户厕改造普及率100%。在全省率先实现干净整洁村全覆盖的基础上，2019年共打造155个美丽宜居村和29个特色精品村。

二是建设美丽田园。保护田园生态，彻底整治农田"看护房""窝棚房"，并按实用美观标准建设田间设施用房。大力发展生态循环农业，实施农田化肥农药"零增长"行动，促进土壤资源永续利用，守住广州北部生态"净土"。优化田园景观，深度挖掘农业景观功能和体验功能，大力扶持休闲农业和乡村旅游发展，举办稻田音乐会、农民丰收节等特色节庆活动，塑造田园品牌。全区已建成休闲农业与乡村旅游景区景点30多处，广州市观光休闲农业示范村9条、示范园8个。其中宝趣玫瑰世界入选"广东十佳最美农田"，香蜜山生态果庄入选"广东十佳最美果园"。

三是建设美丽廊道。打造105国道、花卉大道、流溪绿道等200多千米陆上廊道，建设100多千米流溪河水上廊道，卫东段约12千米被评为全广东省最美的绿道。全区森林覆盖率达68.9%，环境竞争力连续五年排名全市第一，旅游综合竞争力连续九年在全省67个县（市）中排名第一。温泉生态乡村游休闲精品线入选全国2019年休闲农业和乡村旅游秋季精品景点线路，从化区流溪画廊特色小镇乡村游精品线路入选广东20条美丽乡村精品线路。

（三）以特色文明实践为中心推动乡村文化振兴

一是强化阵地建设，系统构建新时代文明实践体系。坚持区、镇（街）、村三级资源纵向整合，按照"六有"标准，建设文明实践站。全区已系统构建"1个中心、8个实践所、274个实践站"全覆盖的三级新时代文明实践阵地。建设新时代文明实践广场、百姓舞台、致富先锋讲堂、孝德家风讲堂、青苗艺术学苑、家风广场、普法基地等1100多个实践点，形成一中心（所、站）多点的功能布局，为群众就近开展文明实践活动提供最大便利。

二是突出服务群众实效，用心打造新时代文明实践品牌。先后创设青苗艺术学苑、"致富先锋"讲堂、"好日子"讲堂、"孝德家风"讲堂和幸福奋斗论坛等"村民自己的论坛"，举办农村广场舞大赛、乡村"春晚"等"村民自己的活动"，组建一支由在职领导干部、优秀思政课教师等组成的文明实践"轻骑兵"，上山下乡，在祠堂前、田地里、榕树下，以群众喜闻乐见的形式，讲理论、讲政策、讲故事2000多场，有力推动了党的创新理论"飞入寻常百姓家"。

三是创作乡村振兴系列歌曲，丰富乡村文化。基于从化乡村振兴的生动实践，艺术家们以从化为原型，创作了《人居环境靓起来》《新时代轻骑兵》《大勺的故事》《和美西和》等一批弘扬主旋律、激励人们参与乡村振兴的歌曲。歌曲以群众喜闻乐见的方式展示和宣传了从化乡村振兴成果，引导广大群众更加自觉参与乡村振兴，实现共建共治共享。

（四）以引智平台建设为载体促进乡村人才振兴

一是引进湾区设计开放大学。从化盘活闲置的旧温泉镇政府办公楼，引入浙江大学、英国诺丁汉大学等11所国内外大学共同建设的湾区设计开放大学，吸引百名博士到乡村，为粤港澳大湾区建设输送培养优秀设计人才。湾区设计开放大学首批联合培养的50名硕士研究生有11名学员已扎根从化，部分学生的科研项目成果已就地转化，成功孵化出多家企业。

二是推动高端研究机构落户。以世界生态设计大会为纽带，促成一批践行新发展理念的合作机构落户从化，如引进了潘云鹤、陈纯、徐扬生、高文四个院士专家工作室，以及以陈纯院士担任中心学术委员会主任的教育部计算机辅助产品创新设计工程中心，共同建立香港低碳设计中心和澳门科技设计中心，发起成立了粤港澳数字创意职业教育产教联盟和广州联合再生产业研究院等多个重量级产学研机构，在人才培养、技术交流、成果转化及服务配套等方面为乡村产业发展注入新活力。

三是通过现代产业园聚集人才。培育了艾米农场、农耕田园、神农田园等一批现代农业产业园区，带动周边农民技能培训和提升，推动年轻大学生落户农村就业创业。

四是建立乡村振兴实践培训中心。从化区依托特色小镇等乡村振兴的生动实践成果，在南平村创新建立乡村振兴实践培训中心，为乡村振兴培养实用人才。培训中心结合乡村头雁训练营、粤菜师傅培训室、农村建筑工匠培训室等，形成"一心多点"的培训架构，为产业发展输送人才。

（五）以党的建设为统领促进乡村组织振兴

一是大力实施基层党组织"头雁"工程。启动实施"头雁高飞群雁齐飞"九大行动，举办"头雁"培训班9期，培训村（社区）第一书记、书记1800余人次。从全区统筹选派113名优秀党员干部到覆盖全区一半的村党组织担任第一书记，全面开展党群干部进弱村、政法干部进乱村、经济干部进穷村、"三农"干部进产业村等行动。全区建立"村推镇（街）选区考察"金种子培养选拔机制，引导各镇街重点聚焦党组织软弱涣散、书记年龄老化、集体经济薄弱的村，共选拔村书记后备干部"金种子"558名。

二是探索党员干部服务群众的新机制新模式。实行党员干部服务群众"四必行四必止四知道四跟上"新机制。积极构建以镇党委为领导，片区行政村党组织为核心，辖区单位、进驻企业等党组织共同参与的"令行禁止有呼必应"区域化党建新模式，努力推动实现"六呼六应"工作新模式。

三是切实打通基层党支部主题教育"最后一公里"。针对从化区农村党员面广量大、情况复杂的实际，以"四个一"为抓手激活"神经末梢"。编印一套"口袋书"，创新编印《从化区农村党员"不忘初心、牢记使命"主题教育简明知识手册》等口袋书13万册。组织一支"轻骑兵"，依托各级党校和1100多个新时代文明实践点，深入开展文明实践活动2000余场。配备一张"联系卡"，共发放党群联系卡13918张。实行一套"工作法"，在农村党组织推行"一访二学三问四评五带头"工作法，聚焦乡村振兴、基层治理。

二 从化创建乡村振兴示范区的实践探索

从化区奋力创建乡村振兴示范区，结合实际，不断探索可复制、可推广的经验做法，力求发挥示范引领效应。

（一）加强和完善党领导乡村振兴的体制机制

一是成立区委农村工作领导小组。按照《中国共产党农村工作条例》要求，从化成立由区委主要负责同志任组长，区长任常务副组长，分管农业的副区长任办公室主任的农村工作领导小组，健全党委统一领导、政府负责、党委农村工作部门统筹协调的农村工作领导体制，建立实施乡村振兴战略领导责任制，落实五级书记抓乡村振兴的要求，高位推动全区乡村振兴工作。各镇街均成立相应领导小组，全面压实乡村振兴责任。

二是创新建立党建一体化联动工作机制。着力探索区域化党建引领特色小镇乡村振兴新模式，在温泉镇、良口镇和太平镇，探索建立党建一体化联动工作新机制。促使各项资源相融相促、互联互通，为特色小镇建设提供更加坚强有力的组织保证。

三是创新开展"党旗引领＋乡村振兴"党员示范先锋行动。聚焦全区乡村振兴各项重点工作，组建乡村振兴示范先锋队、扫黑除恶霹雳先锋队、治水治污决胜先锋队、拆违治乱铁骑先锋队、产业优化升级先锋队等14支党员攻坚先锋队，扎实开展党员"亮身份、亮职责、亮承诺"活动，组织引领广大党员在乡村振兴事业中干在实处、走在前列。

（二）落实"四个优先"，壮大乡村振兴力量

一是坚持"三农"干部配备优先考虑。坚持把优秀干部充实到"三农"战线，注重提拔使用实绩优秀的"三农"干部，2018年以来精准选配113名优秀党员干部驻村担任特色小镇"第一书记"，提拔重用"三农"干部17名。

二是在要素配置上优先落实。全力保障"三农"用地，在不占用基本农田的基础上，对符合条件的水利、道路设施免予办理用地手续；规范宅基地使用审批程序。推进落实"一户一宅"制度，印发《从化区农村"一户一宅"核定基数指引（试行）》，有效遏制"一户多宅"的现状。优先重点保障"菜篮子"、农业新产业新业态等项目用地指标，完成了特色小镇共约198 亩的用地报批工作。

三是坚持"三农"资金投入优先保障。2019 年安排 30.97 亿元投入农业农村事业，比 2018 年增加 9.36 亿元，占财政支出的 27.39%。同时，建立区、镇两级农村集体资产交易服务平台，积极引导社会资本参与特色小镇建设。

四是公共服务优先安排。为全区农村地区 65 所义务教育阶段学校的学生（约 5.3 万名），每天提供一份免费营养餐。推进广州医科大学附属从化妇女儿童医院项目建设，推进广东省中医院从化国医健康医疗中心进驻从化，加快推进市属医院与镇卫生院建立对口支援，推进紧密型镇村卫生服务一体化管理。全区城乡居民养老保险、医疗保险参保率达 100%，居家养老助餐配餐服务、医疗卫生服务、公共服务站、综合文化服务中心、民主法治议事大厅等实现村级全覆盖。

（三）以特色小镇为示范，以点带面逐步推动全域乡村振兴

从化坚持把特色小镇作为实施乡村振兴战略的重要平台，按照"以点为基、串点成线、连线成片、聚片成面"的实施路径和网状空间布局，在全区布局 20 个各具特色的小镇，通过示范引领，带动全区 221 条村逐步共同振兴。全区特色小镇建设围绕"产业、文化、景观、街区"四个要素实施建设，即小镇必须要有主导支撑产业，要有富有本土元素的文化内涵，要有突出生态理念的景观设计，要有服务完善的街区。目前，生态设计小镇、莲麻小镇、南平静修小镇、西塘童话小镇、西和万花风情小镇、温泉财富小镇、米埗小镇、艾米稻香小镇等已对外开放，对周边村镇形成较好的辐射带动效应。

（四）线上线下融合，打造"从化乡亲"乡村服务平台

创新打造集党务政务村务财务信息公开、网上办事、农村电商等功能于一体的"依托云平台打造立体化农村公共服务体系"。该平台荣获首批全国农村公共服务典型案例。"仁里集"平台对全区农村居民实行网络化全覆盖管理，增强党群沟通联系，推动基层党建与基层治理相融合。打造"仁里集+电商"平台。村民可在电商平台以实名方式发布商品信息，实现农产品销售、生产资料采购，推动实现"家门口"的就业创业。"仁里集"平台上线以来，村民在线发布农副产品信息2万多件，成功销售农副产品6540件。

（五）注重人才支持，引进高素质"一懂两爱"专业人才

引进了一批乡村振兴设计师、策划师、规划师，极大地推动了乡村振兴事业发展。如，中国工业设计协会副会长兼秘书长、浙江大学教授博导应放天策划建设的生态设计小镇，乡村振兴规划师武杰老师策划设计的南平静修小镇等均成为乡村振兴典范。从化乡村振兴的实践表明，"一懂两爱"专业人才对于乡村振兴意义重大。

（六）建立健全督查考核机制，确保各项工作落实到位

一是成立深化干净整洁城乡人居环境巡检督导小组。组建8个常态巡检督导组，每月对各镇（街、园区、林场）开展全方位巡检，重点对105国道、355国道、城市主次干道、地铁14号线周边、特色小镇等区域进行检查。2019年常态巡检督导组巡查发现各类城市管理问题9234宗，涵盖市容环境卫生、城市"六乱"、偷排乱倒建筑废弃物、车辆乱停放、市政园林管养等问题，限时要求责任单位落实整改，目前全部问题均已整改到位。

二是建立乡村振兴战略实施督查问责机制。通过日常督查、随机抽查、专项检查、约谈问责和第三方评估等方式，切实加大对乡村振兴示范区建设工作的督查督导力度。建立各镇街和区有关部门定期向区委区政府报告乡村

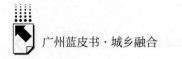

振兴工作推进情况机制。对工作不力、懒政怠政、失职渎职等行为严肃问责，对违纪违法行为依法依规处理。

（七）营造乡村振兴良好氛围，壮大乡村振兴力量

一是发挥本地区融媒体平台优势记录乡村振兴新变化。区属媒体分别开设乡村振兴宣传专栏，2019年同步推出乡村振兴相关消息、专题、评论员文章、推文共272篇，制作《印象从化》《180带你看第二届世界生态设计大会》等乡村振兴专题宣传片和短视频作品共60条，短视频《吕田苦笋》《从化掷彩门》《生态从化 追梦湾区》等作品被学习强国转载，生动记录并展示了从化区全面实施乡村振兴战略日新月异的变化。

二是充分联动中央、省、市主流媒体展示乡村振兴新成效。2019年，中央、省、市主流媒体对从化乡村振兴报道达2500多篇次（含转载报道）；学习强国平台转载及推出关注从化乡村振兴发展的报道136篇。其中，《人民日报》"壮丽70周年奋斗新时代"共和国发展成就巡礼·广东专题报道中，以从化区莲麻小镇、生态设计小镇为例子，报道了广东破解区域发展不平衡，开展精准扶贫、精准脱贫的经验。

三是文化活动走进田间地头，增强百姓获得感。2019年，从化在西塘童话小镇成功举办"我和我的祖国"全区庆国庆文艺汇演、"我和我的祖国"群众文艺嘉年华、庆国庆主题游园、"我和国旗同框"打卡等系列庆国庆活动，生动展现乡村振兴发展带来的成就与风貌，切实增强百姓群众的获得感和幸福感。同时，深入挖掘村第一书记在乡村振兴实践中的生动故事，以人物故事展现从化乡村振兴活力。

三 从化创建乡村振兴示范区存在的短板

从化的乡村振兴工作正蹄疾步稳向前推进，但与全省乃至全国乡村振兴示范区目标还有差距。主要表现在：一是乡村建设发展不均衡。"五个一批"及20个特色小镇建设推进不平衡，特色小镇发展的行政边界意识仍存

在，不同镇区的资本、产业的融合有待深化。二是乡村振兴动力源对全区产业带动不充分。特色小镇、产业园区、现代农业产业园、知名旅游景点等乡村振兴动力源，与周边农村组团发展的模式和路径不成熟，特色小镇的乡村特色产业体系还未形成全域覆盖态势，农民增收致富的渠道仍然不宽。三是乡村资源的挖掘利用不充分。乡村"沉睡"资源的盘活利用工作有待继续推进，还需要加快摸清家底，并结合"五个一批"工作思路，有针对性地提出盘活利用方案。四是农民主体作用尚未充分激发，还需要进一步做好宣传动员工作等。

四　从化区持之以恒创建乡村振兴示范区

对照乡村振兴示范区的要求，从化应坚持问题导向和目标导向，围绕抓重点、补短板等方面接续奋斗。

全力发展富民兴村产业。持续深化农业供给侧结构性改革，大力发展家庭农场、农民合作社等新型经营主体，以生态设计为引领培育壮大荔枝、龙眼等特色农产品产业链，大力发展乡村旅游、休闲观光、民宿等新产业新业态，以广州大都市为依托，优化全区农业产业体系、生产体系和经营体系。加快花卉产业园建设，打造现代农业新的增长点。着力培育农业产业化龙头企业和联合体，大力推进荔枝、花卉、壹号蛋鸡等现代农业产业园建设。实施"一村一品"特色农产品提质增效工程。

多举措促进农民增收致富。落实《从化区关于促进农民增收的若干措施（2019—2020年）》，力争2020年农村常住居民人均可支配收入达到23458元以上。

加快推进特色小镇建设。在持续巩固提升首批特色小镇管理运营品质的基础上，总结经验、科学统筹，加快推进生态设计小镇、锦洞桃花小镇、鲁班小镇第二批特色小镇建设，形成多点辐射、全面带动的良好格局。

持续深入推进农村人居环境整治。继续深入实施"五个美丽"行动，聚焦重点，补齐短板，坚持以农村垃圾分类、污水处理和"厕所革命"为

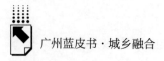

主攻方向，加快补齐农村基础设施短板弱项。力争80%以上的村建设成为美丽宜居村，20%的村建设成为特色精品村。

大力推进乡风文明建设。实施"村史馆建设三农行动计划"，高水平建设南平村史馆，形成可推广可复制的村史馆建设经验，逐步在20个特色小镇所在中心村建设村史馆，再向全区各村铺开。

加快完善自治法治德治相结合的乡村治理体系。夯实基层组织，确保农村社会和谐稳定。加强城乡群众自治组织建设，组建区、镇（街）两级平安促进会，推广依托云平台完善立体化农村公共服务体系、从化乡亲群防共治"724"模式，促进形成民事民议、民事民办、民事民管的良好局面。全面推进全国乡村治理体系建设首批试点县建设，2020年取得阶段性成果。

参考文献

邓亚莉、张学艺：《打造美丽宜居示范村　建设乡村振兴示范区》，《中共乐山市委党校学报（新论）》2020年第1期。

詹慧、史纯纯、苗慧、佘雨欣：《乡村振兴战略下"创客+农产品"发展模式的研究——以怀远县淮西现代农业示范区为例》，《商场现代化》2019年第3期。

王亮成、张麦秋：《提升湘赣边区乡村振兴示范区农村基层党组织组织力的策略与途径》，《农家参谋》2019年第12期。

谢助民：《湖南东安：开展乡村振兴示范区建设》，《当代农村财经》2018年第12期。

胡玖明：《努力打造江汉平原乡村振兴示范区》，《政策》2018年第11期。

优化产业布局，促进农业提质增效

从化区农业农村局课题组

摘　要：　从化区农业发展的优势主要表现在政策支持有力、规划布局合理、产业基础较好、龙头带动有力；发展短板为用地因素制约明显、资金支持力度不足、农业基础设施不完善、科技及人才支撑不够。推动农业产业发展，从化还需加快建设三个省级现代农业产业园；抓好"菜篮子""米袋子"等"五子"工程；巩固和提升马业、林麝、种业等优势产业；大力培育新型农业经营主体等。

关键词：　产业布局　农业提质增效　产业振兴　广州从化

2019 年从化区深入贯彻广州市乡村振兴战略部署，进一步优化农业产业布局，激发农业发展的内生动力，持续推动农业强、农村美、农民富。2019 年从化区农业产业总产值 51.23 万元，同比增长 4.4%，增速高于上年 0.8 个百分点。其中种植业产值 32.35 万元，占比 63.14%，占比高于上年 2.5 个百分点。从化区农村居民人均可支配收入为 21720 元，同比增长 10%，其中工资性收入占比 83.6%，经营性收入占比 8.09%。

一　从化区农业产业发展特色

当前，从化区现代农业产业发展的总体布局为"一带、三区、七大产业、'六园＋'"。"一带"：沿流溪河走廊和 105 国道扶持建设具有历史、地域特点的休闲农业与乡村旅游功能带。"三区"：粮菜畜禽产业功能区（西部）、名优果花产业功能区（中南部）、特色生态农业产业功能区（北部）。"七大产业"：荔枝、花卉、甜蜜蜂业、电商、畜牧、种业、马业。"六园＋"：荔枝现代农业产业园、花卉现代农业产业园、壹号蛋鸡现代农业产业园、柑橘现代农业产业园、生猪现代农业产业园、粤港澳大湾区优质农产品供应链现代农业产业园。

（一）现代农业产业园建设全面推进

打造集种养有机结合，生产、加工、科技、销售于一体的农业全产业链。充分挖掘农业生态价值、休闲价值、文化价值，积极培育农村经济新的增长点。通过园区的示范、带动，促进了农业增效、农民增收。荔枝现代农业产业园引进国际领先的荔枝保鲜加工设备和先进技术，加快发展荔枝加工产业，实现荔枝加工新技术和新产品研发能力逐渐增强，产品加工链条不断延伸，加工产品种类十多种，全区荔枝加工率达到30%，荔枝产品价值提高20%。大力发展"荔枝＋"新业态，推出"荔枝＋乡村旅游""荔枝＋民宿""荔枝＋粤菜"等新型组合产品，促进荔枝产业全链条融合发展。2019年，全区荔枝产量1.5万吨，销售均价20元/斤，产值达6亿元。花卉现代农业产业园推行专业化、标准化、规模化和产业化生产方式，开展中高档盆花和切花、花坛与庭院盆草花的生产，建设花卉标准化种植示范区。小盆栽产量占全国60%以上，引领行业发展，价格成为全国市场的风向标。在规模化生产的基础上，产业园不断拓展旅游观光项目和完善旅游服务设施，三次产业快速融合发展，园区管理规范、服务水平提高，旅游产品丰富，每年客流量达到200万人次以上。壹号蛋鸡现代农业产业园已建成50万羽全自动化智能化规模化养殖示范基地，园区采用全环控自动化管理，整个养殖阶段为零排放，年产鲜鸡蛋1万吨，供生鲜超市销售。拥有六家省级科技创新平台，多个优质高产高效的鸡品系，打造了全国知名农产品品牌"壹号土鸡""壹号土鸡蛋"。园区通过建设现代农业种养循环生态发展示范区，把养殖废弃物有效转换成优质有机肥和高价值昆虫产品，实现园区内粪污资源化利用率100%，并充分联合从化区3000多亩种植基地，形成"产业旺、农民富、乡村美"的良好示范。

（二）特色产业蓬勃发展

围绕农业"生态化、特色化、产业化"，继续推进荔枝产业、花卉产业、甜蜜蜂业、畜牧产业、电商产业、种业、马业发展。把握建设粤港澳大湾区契机，全力推广"荔枝＋"定制营销模式，促进三次产业深度融合发展。依托国家农业农村部和省共建的万花园现代农业示范区平台，积极推进花卉交易中心建设，做大做强从化花卉产业。通过参加展览会、电商上线、精深加工等形式将谭山蜂蜜等从化优质农产品向外推广，树立从化荔枝蜜品牌，推进现代养蜂业持续健康发展。2019年10月，从化区被中国养蜂学会评为全国蜂业优秀之乡，成为全国12个全国蜂业优秀之乡之一。推动壹号蛋鸡现代农业产业园、新五丰公司从化生猪养殖现代农业项目、4A级生猪定点屠宰场项目、有机肥引进项目、无疫区动物隔离检疫场项目等重点项目有序开展，积极协助完成环评、规划、林业报批等工作，其中力智帝田猪场已经投产，壹号蛋鸡现代农业产业园、新五丰现代化生猪养殖场和畜牧科技产业园已动工建设。积极拓宽农产品销售渠道，大力发展"互联网＋农业"，以农产品电子商务等为重要补充，农业企业、农民专业合作社、流通大户和农民经纪人广泛参与，农批零对接、农超对接、农企对接等多种产销对接方式并存的农产品市场流通体系。与华南农业大学签订合作协议，编写从化区农村电商发展规划（2019～2020年），为从化区农村电商齐把脉、共献策、谋发展，助力乡村振兴。2019年农村电商线上交易额约2.19亿元，同比增长9.5%。加强无疫区维护管理，配合做好国际马匹检测中心建设，顺利通过澳大利亚、新西兰等国家的评估认可，保障中国香港马会从化马匹训练中心顺利运作，截至2019年12月底共输入马匹2262匹，共100批次。配合相关部门成功举办从化马场首场国际级纯演示性速度马术比赛。

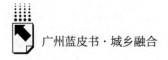

（三）品牌建设取得成效

从镇村资源禀赋出发，因地制宜挖掘各类优势主导产业产品，积极申报"一村一品、一镇一业"专业村镇，致力建设一批特色产业强镇强村，形成特色农产品优势区、产业带。其中，温泉镇南平村（双壳槐枝）被评为全国"一村一品"示范村镇，城郊街（花卉产业）入选2019年广东省100个"一村一品、一镇一业"专业镇。目前，全区拥有全国"一村一品"示范村2个、省级"一村一品、一镇一业"专业镇1个、市级"一村一品"专业村6个、区级"一村一品"20个。加大品牌战略实施力度，稳步发展绿色、有机和地理标志农产品。目前共有区名优农产品12个，省名牌农产品25个，省名特优新农产品区域公用品牌3个，省名特优新企业经营专用品牌18个，从化荔枝入选全国名特优新农产品名录，从化区入选中国特色农产品优势区。

（四）经营主体持续壮大

农业龙头企业做大做强，提升农产品加工业，发展精深加工和产地初加工。积极培育壮大农产品加工流通龙头企业，大力发展"龙头企业＋合作社""龙头企业＋合作社＋家庭农场"等模式的农业产业化联合体，形成上下游紧密协作的生产经营群体。积极实施"龙头带动"战略，鼓励龙头企业通过股份合作、订单农业等方式，与小农户形成紧密利益联结，带动小农户分享农业现代化成果。2019年，从化区共有区级以上龙头企业55家，其中国家级1家、省级6家、市级19家。农产品加工企业20家，主要包括水果、蔬菜、优质米、禽畜产品、蜂产品的综合加工及流通等。其中农产品初加工企业17家、农产品深加工企业3家。2019年，农业龙头企业实现销售收入25.23亿元，收购、加工销售农产品近7.33万吨，带动8.01万农户增收致富，增加农民工资性收入22402元。积极培育新型经营主体，印发《关于引导农村土地经营权有序流转发展农业适度规模经营的实施意见》等惠农政策文件，发展多种形式适度规模经营。目前从化区农民专业合作社共386家，为农户直接销售和代理销售农产品约1.55亿元，有力促进了农业增效、农民增收。

（五）休闲农业升级提档

打造一批休闲农业与乡村旅游示范镇（点），把青山绿水变为农民聚宝盆。重点培育新型农业产业形态和新型消费业态，将旅游观光采摘、农耕文化体验、科普教育、民俗风情展示等元素融为一体，把休闲农业与乡村旅游打造成从化富民强区工程。全区已建成休闲农业与乡村旅游景区景点30多处，其中省级休闲农业与乡村旅游示范镇3个、示范点6个、省级农业主题公园1个、省级农业公园2个；广州市观光休闲农业示范村9条、观光农业示范园8个、特色农庄4个。大丘庄园、艾米农场等9个农业公园被评为市级农业公园。宝趣玫瑰世界入选"广东十佳最美农田"，香蜜山生态果庄入选"广东十佳最美果园"。美丽从化温泉生态乡村游休闲精品线入选全国2019年休闲农业和乡村旅游秋季精品景点线路，温泉镇南平村被评为2019年中国美丽休闲乡村。

二 从化区农业产业发展优势与主要短板

（一）发展优势

一是政策支持有力。借助实施乡村振兴战略，建设全省乃至全国乡村振兴示范区和建设粤港澳大湾区"菜篮子"供应基地的东风，系列政策、资金、信息、科技等方面的措施陆续出台，为从化区农业产业进一步发展提供了空间与方向。

二是规划布局合理。围绕农业"生态化、特色化、产业化"发展思路，编制了农业"十三五"规划以及花卉、荔枝、蛋鸡、柑橘、电商、畜禽养殖等特色产业规划，明确"一带、三区、七大产业、'六园＋'"目标，出台《从化区人民政府关于加快特色农业产业发展的实施意见》，推动农业产业高质量发展。

三是产业基础较好。从化气候温和，空气、水、土壤优质，适宜热带、亚热带作物生长，区内农作物资源十分丰富，是粤港澳大湾区"菜篮子"产品生产供应基地。通过不断优化种养结构，农业生产能力稳步提高，生产基地蓬勃发展，实现农业农村经济稳步发展。

四是龙头带动有力。积极实施"龙头带动"战略，培育了一批如华隆、顺昌源、佳荔、绿宝轩、友生等带动优势显著的龙头企业，通过开展"企业＋合作社＋基地＋农民""专业市场＋合作社＋农民"等农业产业化经营模式，带动农民增收致富。建立了风行集团华美牛奶公司青龙奶牛基地、天生卫康公司现代化生猪生产基地、军和公司万头猪养殖基地、壹号蛋鸡三天鲜公司 50 万蛋鸡全自动封闭式养殖车间、穗屏公司30 万蛋鸡健康养殖示范基地等大型养殖基地，促进农业生产向产业化、规模化发展。

（二）主要短板

从化区农业产业发展存在的问题和制约因素有以下五个方面。一是用地因素制约明显。土地流转难，建设用地缺乏，设施农业用地紧张，不能满足现代农业的发展。二是资金支持力度不足。财政扶持效果不理想，存在门槛高、补助低、范围窄、手续烦琐等问题；农业经营主体缺乏积极性；农业经营主体贷款融资困难，缺乏有效抵押物，以经营权作为贷款抵押品评估难、转手难。三是农业基础设施不完善。用电设施建设落后于经济发展水平，现有的用电网络无法满足农村生活生产需求；排水排洪设施建设不完善，无法满足正常需求；交易市场布局不合理，导致附近的农产品不能进行大规模收购、装运；道路建设和维护不足，加大了农产品销售的成本。四是科技及人才支撑不够。农业科技投入不足，科技成果的转化和推广力度不够，科技人员、新型职业农民、高素质的返乡创业者等数量不多，人才瓶颈突出。五是三次产业融合不深入。发展方式粗放，加工产业集聚化、规模化程度不高；产业品牌不强，销售渠道不畅，农产品对外销售面临物流成本较高的问题；旅游农业附加值低，三次产业融合度不高。

三 从化区农业产业发展对策与建议

（一）加快建设现代农业产业园

一是花卉现代农业产业园。以"新开花谷"为龙头，加快建设面向粤港澳大湾区、辐射全国的高端花卉交易中心，助力花卉产业园升级为国家级现代农业产业园。完善种植、销售、服务体系，推动花卉产业加快发展，不断促进花卉产业扩规提质增效，着力打造从化花卉品牌。全面加快西和万花风情小镇建设，将其建设成为全国最大的小盆栽生产基地，具有从化特色的花卉休闲旅游区和现代都市农业集聚区。全力承办好即将在从化区举办的"大湾区都市农业发展大会"。二是荔枝现代农业产业园。充分整合高接换种品种改良、加工流通产品开发、农旅融合荔枝定制、科技支撑提质增效等优势资源，进一步提升从化荔枝的知名度，把从化荔枝产业园打造成为全国"从化井岗红糯"主产区、全省荔枝加工产业先行区、全省荔枝产业科技创新展示中心。三是壹号蛋鸡现代农业产业园。通过发展蛋鸡和新型粪污资源化利用技术，加快建成一批绿色生态种养标准化基地，促进产业集群融合发展和产学研协同创新，将产业园打造成为全国第二大的"蛋鸡"养殖基地、现代农业种养循环生态发展示范区。四是柑橘现代农业产业园。加快推广园内的新品种、新技术，辐射园区周边农户发展特色现代高效农业，增加农民收入；加大玫瑰柑系列加工产品研发力度，延长产业链条。五是生猪现代农业产业园。重点建设谷越种猪养殖大数据平台，争创生猪特色优势区，保障"菜篮子"肉类产品供应。六是粤港澳大湾区优质农产品供应链现代农业产业园。借助力智公司、农艺菜场的供港平台，以及清香公司农产品加工优势，华瑞绿源植物工厂科技赋能，进一步集聚从化区优质农产品，打造一批"菜篮子"供应基地，建立统一的优质农产品供应平台，实现农产品直接供应粤港澳大湾区。

（二）抓好"菜篮子""米袋子""果盘子""茶罐子""花瓶子"等"五子"工程

一是着力抓好以生猪养殖和蔬菜为重点的"菜篮子"工程，主要包括发展温氏、壹号土猪、新五丰、力智农业等重点养殖企业，盘活农艺菜场，促进农艺、东升等大型菜场提质增效，为粤港澳大湾区提供优质农产品。二是重点打造以从化香米为代表的"米袋子"工程。主要包括建设从化香米生产基地，扶持艾米农场发展等；同时大力推进退果还田，扩大优质稻米种植面积。三是巩固提升以荔枝为主的岭南特色水果生产的"果盘子"工程。主要包括促进荔枝、火龙果、葡萄等水果产销，大力推广"农产品＋"定制销售模式，促进三次产业融合，重点建设荔博园科创中心。四是打造以无忧茶为代表的"茶罐子"工程。主要包括打造民乐红茶、流溪绿茶、桂峰山茶品牌以及拓展荔枝红茶、无忧茶（无咖啡因茶）生产品牌与销售。五是升级以花卉现代农业产业园为龙头的"花瓶子"工程。主要是建设国家级花卉现代农业产业园，重点打造从化新开花谷花卉交易中心。

（三）巩固和提升马业、林麝、种业等优势产业

深入实施现代种业提升工程，依托科研机构、高等院校的科技资源力量，鼓励和支持科技型种业产业化龙头企业、"育繁推一体化"种业企业等协同研发种质资源保护、基因资源挖掘和种子繁育。加快科技成果孵化转化，促成一批技术先进且市场前景好的种业科技成果实现产业化。加快推进规模化、标准化、集约化育繁基地建设，重点建设优质水稻、鲜食玉米、优质特色薯类育繁基地；充分利用无疫区，推动林麝、种马、奶牛和种猪繁育产业基地；建设花卉和珍稀经济林木种苗繁育基地、盆栽植物种苗基地；建立光倒刺鲃水产种质资源育繁产业基地。促进马业蓬勃发展，继续落实从化无疫区管理工作，创新监管机制，结合粤港澳大湾区规划，借鉴境内外先进管理经验，推动香港赛马会赛马及兽药、饲料等物资通行监管工作。积极与

上级部门沟通，尽快落实隔离场建设资金，推进无疫区隔离检疫场建设，并做好无疫区培训及宣传工作。

（四）大力培育新型农业经营主体

持续深化农业供给侧结构性改革，大力发展家庭农场、农民专业合作社等新型经营主体，以生态设计为引领培育壮大荔枝、龙眼等特色农产品产业链，大力发展乡村旅游、休闲观光、民宿等新产业新业态，进一步优化农业产业体系、生产体系和经营体系。加快发展乡村特色产业和新型服务业，制定家庭工场、手工作坊、乡村车间培育行动计划，深化实施"粤菜师傅"工程，创响一批具有从化特色的"土字号""乡字号"特色产品品牌。着力发展农村电商、共享农庄、创意农业、特色民宿、文化体验等新产业新业态，培育提升一批乡村休闲旅游精品和特色小镇。加快家庭农场培育，持续实施新型职业农民培育工程，完善"农户＋合作社""农户＋公司"利益联结机制，落实扶持小农户和现代农业发展有机衔接的政策。

（五）多举措促进农民增收致富

深入实施"千企帮千村""强村帮弱村"工程，发挥社会力量，加强引导企业与村的项目合作，争取更多企业加入"千企帮千村"工程。用好巩固扶贫资金（含三区帮扶工作），助力农民致富奔小康。大力扶持农民专业合作社和家庭农场发展。盘活资源，发展壮大农村集体经济。充分运用好粤菜师傅培训室，加大新型职业农民技能培训。支持农民回乡创业就业，加强资源整合，破解影响农民返乡创业就业的难点，优化鼓励返乡创业就业的体制机制环境。

（六）成立广东省"一村一品"创新设计研究院

通过"一村一品、一镇一业"建设，大力发展富民兴村产业，形成一批主导产业突出、区域特色优势明显、市场前景较好、组织化程度较高、农民增收效果显著的专业村镇。大力发展富民兴村产业，强化创新意识，扶持循环农业、定制农业、"互联网 + 农业"、5G 智慧农业等新业态发展，延长产业链，提升价值链。大力扶持发展特色农产品加工业，研发具有从化特色的精深加工产品。继续指导培育特色农产品，做好"从化井岗红糯荔枝"申报国家地理标志证明商标筹备工作，争取增加 1 ~ 2 个省名牌产品和农产品地理标志认证商标。密切与华南农业大学合作，打造"科研院所、高校 + 农业"产学研平台，助推现代农业科技创新发展。

参考文献

张晋江：《山西省农业产业空间布局及差异评价》，《中国农业资源与区划》2019 年第 8 期。

闫晓璐、许阳、荀倩：《农业产业发展视角下的泰安乡村空间布局研究》，《山东农业大学学报》（社会科学版）2018 年第 12 期。

张建花：《优化农业产业布局的研究——以山西省乡宁县为例》，《山西农业大学学报》2018 年第 4 期。

阚中华：《我国农业产业空间布局差异影响因素研究》，《黑龙江农业科学》2017 年第 11 期。

B.19
探索广州乡村产业振兴之路

——以从化区南平村、莲麻村、西和村为例

广州市统计局课题组*

摘 要： "产业兴旺"是建设美丽乡村、实现乡村振兴、带动村民就业增收的关键所在。本次选取广州市从化区南平村、莲麻村、西和村三个特色小镇为调研案例，就产业发展情况进行深入专题调研，总结乡村振兴实践经验。实施乡村振兴战略，广州仍存在短板和问题，如用地紧张制约农村农业发展，生态保护与产业发展的矛盾亟待破解，农民家庭经营承包土地流转不畅阻碍规模经济发展，企业对村民主体的带动作用需进一步加强等。实施乡村振兴战略，要把大力发展优势产业摆在重中之重的位置，多措并举推动广州乡村振兴工作走在全省乃至全国前列。

关键词： 广州 产业振兴 乡村振兴 村企合作

一 乡村振兴调研案例分析

（一）南平村：以村企合作模式带动农户增收

南平村位于从化区温泉镇东南部，交通便利，距离省道和高速路口较

---

* 课题组组长：黄平湘，广州市统计局副局长，研究方向为农村经济分析。课题组成员：朱展翔，广州市统计局农村处处长，研究方向为农村经济；卢志霞，广州市统计局农村处主任科员，研究方向为农村经济统计。报告执笔人：卢志霞。

近，面积约 5 平方公里，拥有凤凰山、凤凰溪、原始森林、千年古枫等生态自然资源，水资源优质，森林覆盖率达 97%，全村林地面积 4.88 平方千米，耕地面积 670 亩，其中果园 100 亩。全村共有农户 291 户、人口 1131 人。南平村是以静修为主题建设的从化区首批十大特色小镇之一。该村种植的双壳槐枝荔枝因南平村特殊的地理位置和气候，迟熟价高，颜色红，品质优，闻名全国。南平村曾经是人均收入不足万元、没有集体收入的贫困村，2018 年人均可支配收入为 2.1 万元，集体收入达 53 万元。短短几年从一个贫困村发展成为山青水秀的特色小镇，成功经验在于以下几方面。

1. 依托优越生态环境，村企合作发展休闲观光旅游

南平村与市珠江实业集团成立合作公司，将村中的果园、空心村落等资产作价入股，珠江实业集团负责小镇的设计、建设和运营管理，村企按比例持股，村集体每年享有保底 100 万元收入，另加股份分红；珠江实业集团结合"静修"主题，融入南平村历史文化典故、依托优美的生态环境，承接村基础设施配套，投资建设精品养生酒店和高端名宿，打造红叶公园、凤溪栈道等旅游景点，发展休闲观光旅游产业。截至目前，南平客栈已经正式运营，吸纳 30 多名本地农民就业，年人均收入 5 万元，每月接待游客数量10000 人次，南平村村尚有 6 家民宿正在建设中，预计吸纳本地就业 300人。另外，南平村村民将果园和空心村落旧房、旧屋以 3000 元/亩的价格打包出租给村集体和珠江实业集团公司，调动了村民参与积极性，增加了农民的出租收入。

2. 开展荔枝私人定制，延伸农业产业链

南平村以种植荔枝为主要产业，全村种植荔枝 4500 亩，是全市荔枝最晚成熟的地方，荔枝品质上乘。南平村与从化区岭南水果协会合作，除了沿用传统的荔枝销售模式外，还采用荔枝定制销售新模式，即荔枝树以"棵"作为定制单位，订购者通过村委和岭南水果协会议定好每棵荔枝树的价格，签订定制合同，成为荔枝的"定制主人"，待到荔枝成熟时，订购者可以带着家人、朋友前来采摘自己定制的荔枝树上结出的荔枝。这样农户只需把荔枝树管理好，等待订购者上门采摘即可，无须担心荔枝的销量，而且收入也

比农户自己售卖荔枝更高，同时以荔枝为媒介，还带动本地提高了乡村旅游业收入。

（二）莲麻村：因地制宜发展特色产业，拓宽农民增收渠道

莲麻村位于广州市版图的最北点，流溪河发源地，全村约40平方千米，林地面积5.35亩，耕地面积1400亩，森林覆盖率为89%，下辖11个经济社，有农户424户、人口1582人。莲麻村拥有以流溪河水源地为代表的原生态自然资源，有莲麻头酒、莲麻豆腐等特色饮食文化资源和黄沙坑革命旧址的红色旅游资源及以古官道为代表的历史文化资源。莲麻村曾经环境闭塞，主要以手工作坊和自耕自种为主要发展模式，经济落后，是广州市重点扶持的贫困村，经过特色小镇建设后，莲麻村已经是广东省十大明星小镇，广州市名村，全国美丽宜居村。

莲麻村2014年村民人均年收入和集体收入分别为1.1万元和16万元，2015年莲麻小镇启动建设，至2018年人均收入已攀升至3.12万元，集体收入达88万元。

1. 采取"政府＋村集体＋农户"模式，发展特色民宿产业

莲麻村采取"政府＋村集体＋农户"的模式，由政府负责村基础设施建设，由村集体筹建公司对全村乡村民宿和餐饮农家乐进行统一规划，精细化管理，避免无序发展和恶性竞争，而农户则负责经营民宿和餐饮农家乐，带动都市农业和文化旅游融合发展。目前莲麻村已在经营的特色民宿达到26家，床位200多个，代表性精品民宿有华夏莲舍、莲中农家乐、望星楼、北源之家、大挞小农家等。

2. 打造酒文化主题产业，创新升级产业形态

莲麻酒业公司入驻莲麻村，充分利用莲麻村闲置防空洞建成酒窖，与30多家酒作坊建立合作关系，分散经营，集中管理，形成产业集聚效应，2018年全年酒产量达750吨。通过连片打造面积超过5000平方米的酒鬼街，与河对岸的十里画廊瓜田、阡陌花海、千年古官道遥相呼应，将村口打造成集特色酒文化、历史文化价值、休闲农业观光于一体的亮点项目。2018

年该村举办从化酒文化嘉年华，吸引游客参观和试酒，带动当地农副产品消费。此外，还有村民自主经营的 20 家酒馆、8 家酒铺，莲麻村以"酒"为特色的发展之路逐步显现。

（三）西和村：农业产业与乡村旅游充分融合

全村总面积约 5 平方千米，下辖 6 个经济社，有农户约 304 户、人口1159 人。该村地势平坦，田园风光优美，地理位置得天独厚，交通四通八达，以竹林、荔枝林为主的林木资源丰富，共有农林种植地 18.1 公顷。该村是广州市重点项目"万花园"的核心区，广州市首批美丽乡村和省旅游明星村。西和村在保留原有村庄形态上改善农村生产生活条件，从传统种植水稻转变成发展花卉种植产业和乡村旅游业，实现了两大产业充分融合，村民增收致富。2018 年全村人均可支配收入达 2.6 万元，2016～2018 年增速均在 15% 左右，集体收入达 48 万元。

1. 通过土地流转实现产业化发展高附加值花卉产业

西和村较早就开始实行流转土地政策，统一承包、统一管理，让土地使用"活"起来，全村共流转土地近 4000 亩，涉及农户 280 户，土地流转率达到 85%，通过土地流转形成大量连片土地可以开发利用，吸引了友生园林、大丘有机农产、营天下等 38 家花卉企业落户，形成了以生产花卉、特色苗木为主体的高度产业化发展格局，2018 年该村实现花卉产值达到 3 亿元，带动村富余劳动力就业 2000 多人，村民每户每年土地出租收入 2 万元左右，务工年收入达 2 万～3 万元。

2. 观光旅游业和花卉产业相互融合发展

规模化花卉种植带动了西和村旅游业和农家乐、农副产品销售，目前西和村已有宝趣玫瑰世界、天适樱花游乐园、郊野公园等 3 个规模较大的旅游景点，8 家农家乐和 4 家民宿，每年接待游客人数 89 万人次，吸引 25 名青年返乡创业。同时当地旅游企业和农户还将当地特色农产品变成旅游礼品售卖给游客，在提高农产品附加值的同时也增加了农民收入。通过经营小餐馆、小商店、农副产品零售、民宿等，西和村村民年收入过万元，西和村村民西和村在农业产业化发展的同时，将农产品销售、农业产业与农业景点餐饮、住宿充分结合起来，形成密切的"农业＋旅游"产业链。

二 调研村的乡村振兴经验启示与借鉴

"产业兴旺"是建设美丽乡村、实现乡村振兴、带动村民就业增收的关键所在。本次调研选取的三个村都是从化区的特色小镇，人均收入均在全区平均水平以上，从调研村的实际经验看来（见表1），发展乡村经济带动农民增收，要立足自身资源和产业基础，放大优势，突出特色，形成各具特色的产业强村，以产业兴旺助推乡村振兴。

表1 从化区特色小镇乡村建设基本情况对比

村庄	南平村	西和村	莲麻村
基本情况	行政区域面积5平方千米,农户291户,人口1131人,耕地面积670亩	行政区域面积5平方千米,农户304户,人口1159人,耕地面积1980亩	行政区域面积40平方千米,农户424户,人口1582人,耕地面积1400亩
资源优势	生态自然资源:凤凰山、凤凰溪、原始森林、千年古枫,森林覆盖率97%,优质水资源。历史文化资源:"一门四进士"黎氏家族	生态自然资源:地势平坦,田园风光优美;具有连片开发的土地。历史文化资源:客家文化元素及农耕文明	生态自然资源:流溪河水源地,森林覆盖率89%。文化资源:古官道、美食美酒文化。红色旅游资源:黄沙坑革命旧址
产业优势	传统荔枝种植,双壳槐枝荔枝是"一村一品"基地	花卉产业,高附加值,产业化经营	莲麻头酒,年总产量750吨
发展模式	"企业＋集体＋农户",珠江实业投资规划乡村基础设施建设,开发空心村发展高端名宿和精品名宿	龙头企业＋集体＋农户,村集体做中介,推进土地流转,吸引规模大的花卉企业产生集群效应	政府＋集体＋农户,由政府负责村的整体规划和基础设施建设,由村集体筹建公司对全村乡村民宿和餐饮农家乐进行统一规划管理,农户则负责经营民宿和餐饮农家乐

续表

村庄	南平村	西和村	莲麻村
产业融合情况	以定制模式销售荔枝，实现集种植荔枝、采摘荔枝，旅游，农家乐、住宿于一体的产业链条	花卉产业与旅游业全面融合，农产品销售、农业产业与农业景点餐饮、住宿充分结合起来，形成密切的"农业＋旅游业"产业链	都市农业和文化旅游融合发展，旅游带动莲麻头酒、山水豆腐花等土特产商品热销
带动农民收入情况	土地租金收入，高端民宿吸纳就业，农户开农家乐及售卖农产品特产	土地租金收入，企业吸纳农民就业，农户经营农家乐和售卖农产品，青年返乡创业	农户经营酒作坊，销售莲麻酒，经营民宿和餐饮农家乐，农村电商，青年返乡创业
2018年村集体收入及人均收入情况	村集体收入53万元，人均可支配收入2.1万元	村集体收入48万元，人均可支配收入2.6万元	村集体收入88万元，人均可支配收入3.12万元

（一）立足生态禀赋，规划融入当地文化、民俗特色

从化区位于广州市的北部山区，属于生态涵养区，因此在乡村建设上要注重立足当地实际，规划上紧密结合广州山水和岭南特点的生态资源禀赋，以主导产业为特色，以岭南建筑风貌和山水花绿等本土植被为特点，深入挖掘本地历史文化资源，坚持"产、城、人、文"四位一体的乡村设计理念。南平村是依托凤凰山、凤凰溪、原始森林、千年古枫等自然资源，深入挖掘黎民表家族文化典故，重点打造以养生为主题的静修小镇；莲麻村是结合当地酒文化和美食文化及红色旅游资源，以客家围屋为建筑特色而整体设计乡村旅游功能；西和村则将农耕文明及客家文化元素提炼和融入西和村的村庄特色中去，全力打造"花园"式乡村。正是因为在规划上突出特色，将文化、旅游和产业融入乡村建设上，深挖文化内涵和人文特色，避免了千村一面，真正展现乡村发展的持续生命力。

（二）政府和企业各司其职，推进市场化运作

"政府搭台，企业唱戏"，政府负责整体规划和基础设施建设，企业负

责建设和市场化运作。农村拥有低效的土地、闲置的空心屋、良好的自然环境等资源，而企业刚好拥有资金、技术和人才等资源。从资源配置方面来讲，引入企业可充分发挥双方资源的优势，"让专业人做专业事"，提高资源效益，发挥辐射、带动和品牌效应。例如，莲麻村就是由村集体筹建的公司对全村乡村民宿和餐饮农家乐进行统一规划管理；南平村则是引入珠江实业公司投资开发空心村发展高端民宿和精品民宿，带动农民经营农家乐和农产品销售。

（三）产业融合是推动乡村振兴的重要支点

农村经济不再局限于原有的种植业，通过挖掘资源，培育"一村一品"，因地制宜打造岭南乡村品牌，在产业中植入"旅游""文化"等理念，延伸产业链，提升附加值，推进产业升级和产业融合，才能带动农民非农产业收入，实现乡村振兴。例如，南平村以定制模式销售荔枝，实现集种植荔枝、采摘荔枝、旅游、农家乐、住宿于一体的产业链条；莲麻村则是莲麻酒产业和文化旅游相互结合，打造集特色酒文化、历史文化价值、休闲农业观光于一体的特色项目；而西和村将花卉产业与旅游业全面融合，花卉加工、花卉销售、花卉种植与花卉景点、餐饮、住宿充分结合，形成了密切的"农业＋旅游业"产业链。

三 实施乡村振兴存在的短板和问题

（一）用地紧张，制约农村农业发展

随着多年人口增长和分家导致农户对宅基地需求增加，农民在承包地和林地违规建设房屋，造成很多村庄内部矛盾和土地使用不规范问题。农村经营建设用地不足、用地审批手续烦琐等导致村民只能在宅基地原有设施用地基础上进行或者采用高脚楼、临时性建筑违规进行，经营条件简陋，停车场、卫生间等公共配套设施用地无法落实，成为限制农村产业发展的重要因

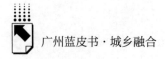

素。调研走访中发现，莲麻村就存在因为用地指标审批问题导致民宿建设中断的现象，南平村也反映农户因宅基地不能改建新建，没有多余的空间经营农家乐和民宿。

（二）生态保护与产业发展的矛盾亟待破解

近年来，广州市加大农村环境整治的力度，居住环境得到较大改善，但是调研发现，生态保护与农业产业发展之间尚存在矛盾。一方面，市政府对河流两岸的畜牧养殖场、农家乐进行了拆除，导致畜牧业产量连续几年大幅下降，但对于畜牧养殖农户的后续搬迁难、建厂难、补栏难问题尚未得到较完善的解决。另一方面，现代农业发展所必需的配套设施建设（保温大棚、田头冷库）、开展生态观光旅游等因为要严守生态保护的耕地红线和林业生态红线而较难实现，农业经营主体做大做强困难重重。本次调研的西和村正大力发展花卉产业规模化种植，该村农业企业反映农业设施用地无法落实，导致先进的技术设施无法使用，极大影响产业竞争力。

（三）农民家庭经营承包土地流转不畅，阻碍规模经济发展

从化区地形主要以山地丘陵为主，农户承包地零星分散，农村人均耕地面积不到1亩，蔬菜种植规模1.5亩以下的种植户占97%。西和村的案例说明土地流转可以整合分散经营、碎化的土地，实现农业产业化经营，带动农民收入的增加。但是还有不少村的农民惜地及相关政策不到位，导致家庭承包经营地流转不畅，土地流转率总体偏低，农业集约化、规模化生产受到限制。调研发现，农户一是受小农思想影响，在规模化项目土地整合上存在各自为政甚至有意斗气的情况；二是由于征地补偿价格高、耕地租金价格涨幅快等原因，农户只愿意短租给外来农业务工人员，难以形成规模化种植。

（四）企业对村民主体的带动作用须进一步加强

实现乡村振兴，实现农民增收，不是靠政府和企业包打天下，要充分调动农民的积极性，激发乡村自我发展的内生动力，增强其造血功能。政府和

企业在产业发展、乡村规划和基础设施建设上投入了较大的力量，但是村民还停留在粗放的经营模式上，企业的带动能力有限，农户和企业的利益联结不紧密。其原因：一是劳动力素质低，留在农村的大多是老人和妇女，且以初中高中学历为主，文化程度不高，文化程度较高的青壮年劳动力都选择到城镇打工，返乡创业的人数极少，吸纳就业也以打散工为主，缺乏经营管理、营销和设计等专业技术人才；二是经营规模散、小，经营模式单一，主要以帮补家计为目的，主动向第二、三产业转移融合的发展意识不强，农产品深加工、饮食服务业、休闲观光、生态旅游业等产业链延伸和融合发展不足；三是一家一户经营与市场信息不对称，初粗加工农产品仍然是主流，品牌化经营、标准化生产、精深化加工水平不高，农业发展同质化，跟风严重，导致农产品贱卖、难卖现象频繁出现。

四 大力发展优势产业加快推进乡村振兴的对策建议

实施乡村振兴战略，要把大力发展优势产业摆在重中之重的位置，通过解决一批制约农业农村发展的产业方面的重点难点问题，推动广州乡村振兴工作走在全省乃至全国前列，本文通过调研从化区三个特色小镇乡村振兴案例，以小见大，提出以下加快广州乡村振兴的建议。

（一）坚持规划先行，因地制宜制定乡村发展规划

乡村振兴是一个系统工程，首先要有科学、全面、高效的规划方案，这是能否实现乡村振兴战略首要环节。一方面，要统筹全局、统一规划、立足长远，围绕产业兴旺这个中心，协调、兼顾各地区发展实际，加强对不同区域范围内实施乡村振兴战略的总体规划研究；另一方面，由于农村地域广阔，乡村类型复杂多样，不同乡村之间各个方面差异很大，因此要通过对村庄历史文化的解读、对人文风情的体验、对产业功能的分析，增强村庄内生、持久动力，深度挖掘村庄文化资源，高起点、高标准制定好适应各个乡

村振兴发展要求的具体规划，实行"一村一规划""一村一策"。经济条件好的农村要突出现代化气息，自然生态好的农村要守护好青山绿水，历史文化丰富的农村要注重对历史文化遗产挖掘和保护，生存环境欠佳的农村则要实施生态移民搬迁，坚持乡村振兴规划先行，科学系统推进乡村振兴建设。

（二）坚持创新引领，推动农村三次产业的有机融合发展

大力推进三次产业在农村的融合发展，是实施乡村振兴战略的一个重要着力点，也是增加农民收入、提高农产品质量、整合农村土地资源、改变农村风貌和建设美丽乡村的核心路径。要大力发展花卉、水产、特色岭南水果和优质蔬菜等优势产业，依托现代农业产业园区、美丽乡村等，大力发展"互联网＋农业"、创意农业、"冷链物流＋农业"等产业新业态。要把生态环境优势转化为绿色发展优势，利用农村传统体验、田园风光和乡村文化，大力发展各具特色的农村生态旅游、乡村休闲旅游和民俗体验游，加快农副产品向旅游商品的转化，积极发展具有本区特色的旅游商品的设计、研发，促进产业融合。

（三）坚持产业为基，激发农村经济发展活力

要结合本地特色制定产业发展策略，在综合考虑农村地理位置、自然和人文资源、国家政策等方面的基础上，确定优先发展的产业，并以该主导产业为龙头，带动其他相关产业的发展。要重视农业品牌建设，围绕小镇农产品品质和特色进行品牌培育，由有竞争优势和带动力强的龙头企业引导形成产业链和延长价值链，形成品牌效应。加大特色产业集群和产业园区建设力度，形成特色产业带，做大做强更具特色的都市型现代农业。

（四）坚持合力共赢，鼓励社会资本参与乡村建设

乡村的发展不能仅仅依靠政府政策扶持，还需社会资本为农村持续发展提供源源不断的动力。积极鼓励社会资本、民间资金参与乡村振兴的项目建设和服务，通过政府引导，市场化运作，鼓励民营资本和企业进入农村改造

和建设主战场，充分发挥市场资源配置作用，形成支持农村发展的强大合力，创造更多就业机会，吸引更多青年劳动力回流，带动农民收入的增加。同时，在引导资本参与乡村振兴时要积极调动农民的主动性和创造性，防止资本将农民挤出去，确保农民的主体地位。

（五）坚持协调发展，正确处理生态保护与农村经济发展的关系

深化农村土地制度改革，根据农村建设和发展需求分配一定建设用地指标到农村地区。地方政府及国土、农业、林业等相关部门要妥善、协调解决好生态保护与乡村经济发展之间的矛盾，加快完善设施农业用地相关政策的配套制度，在严守生态红线的基础上，尽可能为农业生产经营提供产业发展空间，适当放松相关标准，简化相关审批手续，满足农业产业发展需求。探索农村宅基地流转方式，因地制宜地整合盘活农村闲置农宅资源，推动农村休闲养老、民俗旅游、乡村民宿等多种新型业态发展。积极引导牲畜定点屠宰企业升级改造，稳步推进规划外屠宰场关闭和补偿工作。

参考文献

刘成芳：《以产业发展带动乡村振兴工作的探索》，《区域治理》2019 年第 8 期。

潘远鹏：《筑牢产业基础，助力乡村振兴的实践探索》，《中国集体经济》2019 年第 12 期。

舒欣婷、陈燕、周秋平、张建星、姜仁华：《乡村振兴战略新趋势下白沙茶叶产业发展探索》，《农业与技术》2019 年第 5 期。

申振东：《黄江新发展理念下乡村产业振兴新动能探索》，《理论与当代》2019 年第 3 期。

李佳：《皖南山区乡村产业振兴思路探索》，《安徽农学通报》2018 年第 9 期。

农村调查篇

Rural Survey

B.20
广州市农村人居环境整治调查报告

广州市统计局、广州市农村发展研究中心联合课题组*

摘　要： 改善农村人居环境，是实施乡村振兴战略的重要任务，为全面了解广州农村人居环境的实施效果和存在问题，广州市统计局和广州市农村发展研究中心围绕广州农村人居环境治理，深入白云、番禺、花都、南沙、黄埔、增城、从化七个区开展调研活动。针对目前人居环境治理工作存在的资金不足、村民参与度不高以及村庄治理环境复杂等问题，有的放矢，提出当前治理必须建立资金重点扶持、鼓励引导社会资本参与、有序开展个体差异治理、发挥村民参与人居环境治理工作的积极性等对策建议。

---

* 课题组成员：朱展翔、莫旭辉、杨秀仪、卢洁辉、谭艳璐、卢志霞。执笔：谭艳璐，广州市统计咨询中心社情民意调查部副部长，研究方向为社情民意调查；卢志霞，广州市统计局农村处主任科员，研究方向为农村经济统计。

关键词： 广州农村　乡村振兴　人居环境

根据党的十九大做出的实施乡村振兴战略重大决策部署，广州市委市政府高度重视乡村人居环境治理工作，出台了《广州市美丽乡村建设三年行动计划》等系列规划政策措施，持续推进人居环境整治，打造农民安居乐业的美丽家园，把农村人居环境改善与推进美丽广州、活力广州、品质广州建设相结合。为了解广州市当前农村人居环境治理情况，2018年12月，广州市统计局农村处、广州市农村发展研究中心依托农村千户居民调查网络，随机抽取1000名年龄在18~65周岁的农村居民作为调查对象，调查范围覆盖白云、番禺、花都、南沙、黄埔、增城、从化七区，以入户访问填写调查问卷的方式开展调查，调查结果如下。

一　广州农村人居环境治理现状与效果评价

（一）农村居住环境评价及整治重点

1. 农村居住环境整体评价好

调查显示，58.5%的受访村民表示所在村的整体居住环境好（非常好7.5%，比较好51.0%），37.5%的表示一般，表示不好（不太好3.5%，不好0.1%）的比例为3.6%，另有0.4%的受访村民表示"说不清"。分区来看，从化和黄埔两区的评价最好，认为整体居住环境好的比例分别为98.9%和98.8%；南沙的评价也较好，为97.3%；番禺（95.7%）、花都（95.3%）、增城（94.0%）和白云（92.0%）四区的评价均低于整体水平（96.0%）。

2. 农村居住环境各方面满意度达七成以上

从受访村民对农村居住环境的满意度评价来看，"村道硬化"的满意度最高，为96.4%；"环境综合整治"和"集中供水"的满意度较高，分别为94.4%和93.3%；对"公共服务设施（卫生服务站设施、文化体育设施、电视网络通设、物流快递网络通设、教育和养老设施、公厕、公共照明设施等）的建设完善""村庄规划与设计（如农房建设指导、风貌管控等）""厕所改造"的满意度均超八成，分别为88.9%、88.0%和86.2%；"住房管理（规范报建程序、建设过程管理、外观管理等）""污水处理"的满意度较其他低，分别为79.8%和78.2%（见表1）。

表1 所在村居住环境的满意度评价

单位：%

内容	非常满意	比较满意	一般	合计
村道硬化	15.3	51.9	29.2	96.4
环境综合整治	8.5	48.2	37.7	94.4
集中供水	16.1	48.2	29.0	93.3
公共服务设施（卫生服务站设施、文化体育设施、电视网络通设、物流快递网络通设、教育和养老设施、公厕、公共照明设施等）的建设完善	5.2	36.7	47.0	88.9
村庄规划与设计（如农房建设指导、风貌管控等）	6.3	33.4	48.3	88.0
厕所改造	8.8	39.0	38.4	86.2
住房管理（规范报建程序、建设过程管理、外观管理等）	4.4	28.2	47.2	79.8
污水处理	5.6	28.8	43.8	78.2

3. 公共服务设施建设完善是当前最需开展的治理工作

从当前最需要开展的治理工作来看，"公共服务设施（卫生服务站设施、文化体育设施、电视网络通设、物流快递网络通设、教育和养老设施、公厕、公共照明设施等）的建设完善"中选率最高，为35.2%；"污水处理"和"环境综合整治"的中选率较高，分别为23.8%和21.2%；选择"村庄规划与设计（如农房建设指导、风貌管控等）"和"住房管理（规范报建程序、建设过程管理、外观管理等）"的比例均超一成，分别为19.1%和16.8%。

4. 人居环境治理更利于实现美好生活

调查显示，98.5%的受访村民表示农村人居环境的治理工作对其实现美好生活有作用（作用很大42.4%，作用较大41.7%，一般14.4%），极少数的受访村民表示作用小（作用较小0.6%，作用很小0.5%），另有0.4%的受访村民选择"说不清"。

从收入情况来看，每月总收入（包括全家人的工资、租金、分红、炒股、利息等各项收入，下同）在"10000~14999元"和"15000~19999元"的受访村民中，表示本村人居环境的治理工作对其实现美好生活有作用的比例均为100.0%；每月总收入在"7000~9999元"和"3000元以下"的受访村民中，表示本村人居环境的治理工作对其实现美好生活有作用的比例均超98.0%；每月总收入在"3000~6999元"的受访村民中，表示本村人居环境的治理工作对其实现美好生活有作用的比例均超97.0%（见图1）。

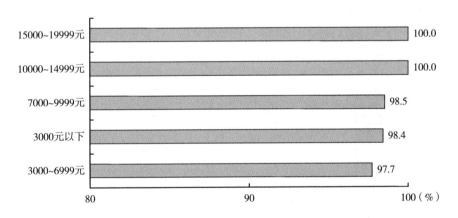

图1 人居环境治理工作对村民实现美好生活有作用的情况

分区来看，认为人居环境治理工作对实现美好生活有作用者，黄埔区所占的比例最高，为100.0%；从化和白云两区的占比分别为99.5%和99.0%；番禺和增城两区的占比与整体比例持平，均为98.5%；南沙和花都两区的占比较其他区低，分别为97.4%和97.3%。

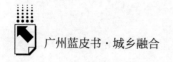

（二）人居环境专项治理工作开展情况及村民主体作用的发挥

1. 人居环境专项治理工作开展情况较好

调查显示，83.1%的受访者表示本村已开展人居环境治理工作，选择未开展的受访者比例为6.2%（已布置但未开展的占4.6%，未开展的占1.6%），选择"不清楚"的占比为10.7%，说明当前广州人居环境治理工作开展情况较好。分区来看，从化、白云和黄埔三区的人居环境治理工作开展情况最好，已开展的比例分别为99.5%、98.0%和97.6%；南沙和花都两区开展的比例均高于整体水平，分别为89.4%和87.7%；增城和番禺两区开展的比例较其他区明显较低，分别为79.0%和70.0%。这说明人居环境治理工作的开展，各区存在一定差异。

2. 政府财政拨款是治理资金的主要来源

在已开展人居环境治理工作的村，"政府财政拨款"是当前人居环境治理资金的主要来源，所占的比例为83.0%；"企业捐赠"和"村民募捐"的占比均较低，分别为5.3%和4.3%；选择"其他"的比例为19.1%，另有13.0%的受访者选择"不清楚"。（见图2）

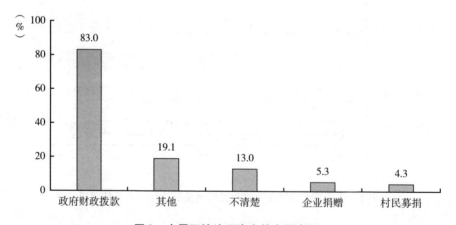

图2　人居环境治理资金的主要来源

3. 村民参与度高，时间、激励措施等是影响村民参与本村人居环境治理工作的主要因素

在已开展人居环境治理工作的村，72.3%的受访村民表示参与了本村的

人居环境治理工作（包括村民自发开展和村里集中组织），23.9%表示"未参与"，另有3.8%的受访村民表示"说不清"。分区来看，从化区受访村民参与本村人居环境治理工作的比例最高，为87.2%；南沙和白云两区的参与度均高于整体水平，分别为76.9%和72.4%；增城、黄埔、花都和番禺四区的参与度较其他区偏低，分别为67.7%、66.7%、64.9%和61.2%。

在未参加本村人居环境治理工作的受访村民中，"没有时间"是最主要的影响因素，所占的比例为70.8%；"奖励/激励措施不够"的影响也较大，占比为31.1%；"治理周期太长，耗费人力物力"和"只愿负责自家房屋或农田附近的治理工作"所占比例分别为25.8%和22.0%；"组织管理不规范，治理工程混乱""其他""乡/镇及村委相关部门的动员力度不够"所占的比例均超一成，分别为17.7%、16.3%和15.8%；仅有少数受访村民选择"觉得没有必要"（见图3）。

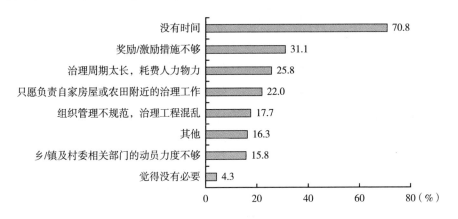

图3　未参与本村人居环境治理工作的主要原因

4. 基层党组织、党员应充分发挥带头作用，带动村民参与人居环境治理工作

为充分发挥农村人居环境治理中村民的主体作用，推动村民参与本村人居环境治理工作，72.5%的受访村民表示应"充分发挥基层党组织、党员带头作用"；选择"建立村规民约，制定奖惩细则"和"做好村民意见建议的收集工作"的比例均超四成，分别为49.5%和41.9%；选择"明确村民保护人居环境责任"的比例为39.0%；"明确村内公共空间整治责任""完

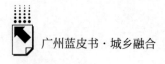

善整治项目情况公示制度""开展文明健康环保行为教育"的占比均超两成，分别为24.9%、23.3%和20.7%；另有12.7%的受访村民选择"鼓励成立农村环保合作社"。

（三）农村垃圾处理及分类工作开展情况

1. 农村垃圾处理工作总体开展较好

调查显示，96.5%的受访村民表示所在村的垃圾处理工作开展好（非常好9.5%，比较好56.4%，一般30.6%），表示不好（不太好2.6%，不好0.7%）的比例为3.3%，另有0.2%的受访村民表示"说不清"。分区来看，黄埔和增城两区的垃圾处理工作的好评率最高，分别为98.8%和98.0%；白云、南沙和从化三区的好评率均高于整体水平，分别为97.0%、96.7%和96.6%；花都和番禺两区的好评率较其他区低，分别为94.6%和94.3%。

从垃圾清运工作的及时程度来看，95.5%的受访村民表示所在村垃圾清运工作及时（很及时18.4%，较及时58.5%，一般18.6%），3.7%的受访村民表示垃圾清运工作不及时（不太及时2.4%，不及时1.3%），极少数受访村民选择"不清楚"。分区来看，黄埔区的垃圾清运工作最及时，所占比例为100.0%；南沙和番禺两区的垃圾清运工作较及时，占比分别为97.4%和97.1%；增城区认为村垃圾清运工作及时的所占比例与整体水平持平，均为95.5%；白云、花都和从化3个区认为村垃圾清运工作及时的所占比例较其他区低，分别为95.0%、93.9%和92.3%。

2. 垃圾处理工作配套设施较完善

从配备专职或兼职环卫清理人员来看，93.5%的受访村民表示已配备，2.3%的受访村民表示未配备，另有4.2%的受访村民选择"不清楚"。分区来看，增城区配备专职或兼职环卫清理人员的比例最高，为97.0%；番禺和南沙两区的配备率较高，分别为96.4%和95.3%；黄埔、白云和从化三区的配备率均低于整体水平，分别为92.6%、91.9%和91.1%；南沙区的配备率则明显低于其他区，为85.0%。

从配备垃圾集中处置点（如垃圾桶、垃圾箱及垃圾池等）来看，97.2%

的受访村民表示所在村已经配备，并正在使用；表示已经配备，但正在建设中的比例仅为1.6%；极少数受访村民选择"没有"和"不清楚"。分区来看，黄埔区配备垃圾集中处置点的比例最高，为100.0%；增城和番禺两区配备的比例较高，分别为99.0%和98.6%；南沙（96.7%）、白云（96.0%）、从化（95.6%）和花都（95.3%）4个区配备的比例均低于整体水平。

3. 受教育程度对垃圾分类的影响明显，没有分类习惯是当前垃圾分类工作面临的主要问题

调查显示，15.9%的受访村民表示"肯定会"将生产垃圾（农药包装、塑料薄膜等）和生活垃圾（厨余、生活用品塑料或纸盒包装等）进行分类处理，选择"有时会"的比例为49.8%，二者合计为65.7%；表示"不会"的比例为29.9%，极少数受访村民选择"说不清"。

从受教育程度来看对生产或生活垃圾进行分类处理的情况（见图4），受教育程度为"本科及以上"和"大专"的受访居民选择进行分类的比例最高，分别为75.4%和71.7%；受教育程度为"高中/中专/中技"的受访居民选择进行分类的比例高于整体水平，为68.6%；受教育程度为"初中"和"小学或以下"的受访居民选择进行分类的比例均低于整体水平，分别为62.1%和30.7%。这说明受教育程度对垃圾分类的影响较为明显，受教育程度越高，选择进行垃圾分类的意愿也越高。

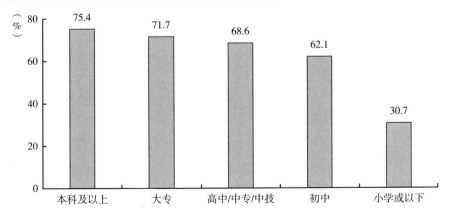

图4 从受教育程度来看垃圾分类情况

从未对生产或生活垃圾进行分类处理的受访村民来看，绝大多数选择"收集以后丢在集中处理地点"（93.7%），选择"丢在田间地头"（1.7%）和"就地填埋或焚烧"（1.3%）的比例较低，另有少数受访村民选择"其他"。

从未将生活或生产垃圾分类的原因来看，"没有分类的习惯"是最主要的原因，占比为67.2%；"本村还未执行垃圾分类工作"和"不清楚如何分类"所占比例均超四成，分别为47.8%和40.5%；选择"村民都未分类""分类监督不严格""没有时间分类"的比例分别为38.5%、24.1%和18.7%；"村委宣传普及不到位"所占比例较低，仅为9.4%（见图5）。

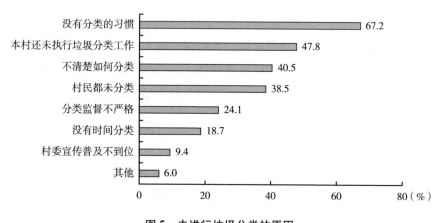

图5　未进行垃圾分类的原因

4. 做好分类配套措施更利于开展垃圾分类工作

就如何开展垃圾分类工作，六成（60.3%）的受访村民选择"做好配套垃圾分类设施（如分类垃圾箱）"，所占的比例最高；选择"开展多种形式的宣传和培训活动"和"建立规范的垃圾分类收运处理"的比例较高，分别为58.4%和46.1%；"建立稳定的环卫保洁人员队伍"和"确保专项整治资金的到位"所占的比例均超三成，分别为37.8%和32.0%；"推行奖惩制度，宣传推广优秀做法和经验"（26.1%）和"鼓励村民组建监督小组"（15.3%）的占比相对较低，另有少数受访村民选择"制定考核和验收标准，定期通报工作情况"（8.2%）。

（四）"三清三拆三整治"工作开展情况

1. 近半受访者知晓"三清三拆三整治"工作

"三清三拆三整治"工作作为广东省人居环境治理工作的重点方向，36.7%的受访村民表示"知道并清楚了解"，48.4%的受访村民表示"知道但并不了解"，另有14.9%的受访村民选择"不知道"，说明政策的宣传覆盖还有待进一步加强。分区来看，从化区对"三清三拆三整治"工作的知晓率最高，为61.7%；黄埔和白云两区的知晓率较高，分别为47.5%和42.9%；南沙、增城、花都和番禺四区的知晓率均低于整体水平。

2. "三清三拆三整治"工作开展成效佳

调查显示，"清理村巷道及生产工具、建筑材料乱堆乱放"的开展成效最好，占比合计为94.2%；"整治垃圾乱扔乱放"和"清理沟渠池塘溪河淤泥、漂浮物和障碍物"的成效较好，分别为93.3%和93.2%；"清理房前屋后和村巷道杂草杂物、积存垃圾"和"拆除非法违规商业广告、招牌等"治理成效好，分别为92.6%和92.0%；表示"拆除危房、废弃牛猪栏及露天厕所茅房"（90.3%）和"拆除乱搭乱建、违章建筑"（90.0%）成效好的比例也均超九成；"整治污水乱排乱倒"和"整治'三线'（电力/电视/通信线）乱搭乱接"的成效较其他低，分别为86.5%和80.4%（见表2）。

表2 "三清三拆三整治"工作开展成效评价

单位：%

内容	成效很好	成效较好	一般	合计
清理村巷道及生产工具、建筑材料乱堆乱放	10.6	43.5	40.1	94.2
整治垃圾乱扔乱放	8.4	49.2	35.7	93.3
清理沟渠池塘溪河淤泥、漂浮物和障碍物	9.1	42.2	41.9	93.2
清理房前屋后和村巷道杂草杂物、积存垃圾	12.2	47.3	33.1	92.6
拆除非法违规商业广告、招牌等	10.6	43.5	38.2	92.0

续表

内容	成效很好	成效较好	一般	合计
拆除危房、废弃牛猪栏及露天厕所茅房	10.8	38.7	40.8	90.3
拆除乱搭乱建、违章建筑	9.2	44.4	36.4	90.0
整治污水乱排乱倒	7.8	37.0	41.7	86.5
整治"三线"(电力/电视/通信线)乱搭乱接	5.4	28.9	46.1	80.4

二 广州农村人居环境治理工作存在的主要问题

(一)资金不足是当前工作面临的主要困难

改善人居环境是当前农业农村工作的重要任务,调查显示,"资金不足"是当前开展人居环境治理工作的最主要困难,中选率为70.2%;选择"政府应加大财政投入"的为85.5%。如何将政府投入与社会力量的参与结合起来,有效整合和筹集各方资金,提高专项资金的有效利用是当前解决资金不足问题的重点。

(二)治理环境复杂增加了人居环境整治工作的难度

"村庄自身治理环境复杂"也是目前人居环境治理工作的难点之一,中选比例为62.3%;选择"缺乏专业技术指导"和"规划不合理"的比例分别为38.6%和18.9%。农村地区在地域特征、传统乡村风貌和景观上有其独特性,在人居环境治理中,以本地特色、生态及文化保护为着眼点,加强农村居民的认同感与归属感,让更多的村庄留住底蕴,更多的农村居民记住乡愁,是当下人居环境治理工作的重点方向。

(三)缺乏激励机制和共同参与感

激发村民参与农村人居环境治理的主动性,是有效开展整治工作的重要环节。调查显示,有近六成(59.3%)的受访村民表示"村民参与不够";

16.3%的村民表示"政府宣传动员不够"。如何宣传带动村民主动参与治理工作，制定行之有效的激励机制和措施，让农村居民在治理工作中更有获得感，也是当前人居环境治理工作的难点所在。

三 广州农村人居环境治理对策建议

为扎实推进农村人居环境综合整治建设社会主义新农村的工作部署，广州通过开展农村人居环境综合整治工作，切实改善农村生产生活和生态环境，提升新农村建设水平，不断创造美好生活。调查结果显示：资金不足、村民参与度不高及村庄治理环境复杂是当前人居环境治理工作存在的最主要问题。针对当前治理现状，提出具体建议如下。

（一）建立资金重点扶持，鼓励引导社会资本参与治理工作

资金扶持是人居环境治理工作的前提，政府持续加大财政资金投入的同时，应鼓励和引导社会资本的参与投入，健全多元化的投入机制，切实保障人居环境治理工作的有效开展。首先，政府应切实保障专项整治资金的到位，市、区专项资金的下拨结合帮扶单位的支持等形式，保障治理资金充足；其次，通过开展"万企帮万村"活动，建立稳定的结对帮扶形式，帮助开展农村人居环境治理工作；最后，发动村集体和群众筹措资金，健全多元化投资体系，确保专款专用，持续推进人居环境治理。

（二）尊重个体差异，结合治理环境的复杂性有序开展治理工作

尊重农村发展规律和个体差异，因地制宜开展治理工作，营造干净整洁的生活环境，推动乡村绿色发展。首先，结合村庄治理条件与现状，开展生活垃圾、生活污水、畜禽污染、水体污染等综合整治工作；其次，结合岭南特色建筑与风貌，在保留特色文化的基础上，制订行之有效的工作计划，开展综合治理工作；最后，通过厕所改革、村道硬化、供水、供电、供气等基础设施的升级改造，焕新乡村面貌，实现美好生活。

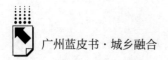

（三）发挥村民主体作用，提高群众参与人居环境治理工作的积极性

村民主体作用的发挥是人居环境治理工作的基础，充分调动群众参与，提高村民的文化认同，形成人人共建、人人共享的良好氛围，持续推动治理工作。首先，充分发挥基层党组织、党员带头作用，通过基层党组织、党员进行宣传和带动，引导村民融入人居环境治理和建设中；其次，通过村委等基层组织，开展长期的宣传教育工作，建立互帮互助的乡村社区氛围，强化集体认同意识和行为主体意识，调动群众参与治理工作的热情；最后，通过成立村民小组，制定行之有效的奖惩制度，并宣传优秀做法，形成带动效应，强化群众主体意识，全面推进人居环境治理工作。

B.21
增城区农村党建引领基层治理调查报告

国家统计局增城调查队等联合课题组*

摘　要： 为进一步了解增城区农村基层党的建设、党建引领基层治理、乡村振兴战略之"治理有效"等情况，以及干部群众对基层党组织和党员在乡村治理中发挥作用的满意度，国家统计局增城调查队党支部联合广东调查总队农业调查处与农村调查处党支部和增城区委办，于 2019 年 4~5 月在全区范围内选取 15 个村，对 150 名党员群众进行访问调研。调研结果显示，自党的十九大以来，增城区农村基层党的建设不断加强，在乡村治理中大部分农村党组织发挥了战斗堡垒作用，党员发挥了先锋模范作用，但仍存在一些突出问题，亟待引起各级党组织高度重视并研究解决，增城区农村党建引领基层治理仍然大有作为。

关键词： 增城区　农村党建　基层治理

一　调研对象的基本情况

本次调研涉及增城区 11 个镇街 15 个调查村，每个调查村抽取 10 个调

---

* 课题组由国家统计局广东调查总队、中共广州市增城区委办公室、国家统计局增城调查队联合组成；课题组主要成员：王日强、何莉、黄尔坚、吴楚、汤嘉伟、吴晓锋、袁诗彬、吴陈登、钟惠敏、黎映雪。主要执笔人：吴陈登，国家统计局增城调查队，研究方向为农村经济与统计；钟惠敏，国家统计局增城调查队，研究方向为农村经济、农村统计分析；黎映雪，国家统计局增城调查队，研究方向为农村统计。

查对象，共对 150 人开展走访调研，其中人员占比为：村党组织书记占 10%，支部委员占 20%，普通党员占 40%，群众占 30%。同时，对 15 个调查村党组织的基本情况进行座谈了解。

调研数据显示，15 个调查村中，党员占村总人口的比重为 3.3%；村民代表占村总人口比重为 2.3%，村民代表中党员的占比为 17.8%。调查党员中，男女比例约为 3.1∶1，大专及以上学历的党员占比为 29.9%，30 岁及以下的年轻党员占比为 15.9%。

二 党建引领基层治理成效显现，干部群众对党建引领基层治理期望值高

（一）基层党组织建设加强，坚守"战斗堡垒"政治定位

随着《广州市增城区、增城经济技术开发区加强党的基层组织建设三年行动计划实施方案（2018—2020 年）》全面深入的落实，增城农村基层党组织建设不断加强。调研的 15 个村中，党员人数超 50 人的有 14 个村，均进行了党组织规范化设置，其中党员人数超 100 人的 2 个村设立了二级党委；党员人数在 50~100 人的 12 个村，设立党总支，并下设党支部。党员人数不超 50 人的 1 个村，党支部设置维持不变。二级党委、党总支设在村委会，下设的党支部也大都设在村委会，党支部书记一般由村"两委"干部担任。调研中，85.7% 的党员认为党组织人数合适，管理到位。在重大事项的决策上，92.4% 的党员选择"村党组织提议，与村委会协商，村民代表大会决定"，5.7% 选择"村两委开会共同决定"，1.9% 选择"村党组织开会决定"。总体而言，党组织引领和带动群众参与农村社会经济建设作用明显，民主自治成效显现。

（二）党组织书记、村主任"一肩挑"，"带头人"作用增强

调研结果显示，81.9% 的党员认为所在党组织"班子结构合理，素质

能力较好"，16.2%认为"班子结构合理，但整体素质一般"，仅1.9%认为"班子结构不合理，且素质较差"。调研数据显示，73.3%的调查村实现党组织书记与村主任"一肩挑"，这些村能坚持和加强党的全面领导，落实党要管党、全面从严治党，坚持以加强党的长期执政能力建设、先进性和纯洁性为主线，以党的政治建设为统领，以调动党员积极性、主动性、创造性为着力点，不断提高党的建设质量，党领导基层治理的能力进一步增强。

（三）基层党组织建设基本实现标准化，"三会一课"等基本制度执行情况较好

调研中，82.9%的党员认为所在村的党组织执行"三会一课"、组织生活会、民主评议党员等基本制度能够"按规定次数组织开展，形式多样，内容丰富"，13.3%认为"按规定次数组织开展，但流于形式，内容一般"。在党组织标准化建设方面，大部分调查村能按要求配备组织书记及委员并按期换届，设置有固定的党员活动场所，定期开展党日活动和组织生活会等。对于新设立的党支部，目前基本能正常开展党员学习和党日活动。

（四）基层党组织重视乡村治理，并与新农村建设有机结合

调研了解，在推动乡村振兴战略上，七成的村成立了工作领导小组，制定了工作方案及规划措施并积极做好乡风文明和治理有效等相关工作。群众对村党组织在推进乡村振兴战略中"产业兴旺""生态宜居""乡风文明""治理有效""生活富裕"的满意度分别为86.7%、91.1%、88.9%、88.9%和80%。同时，增城各级党委政府和村"两委"将乡村治理工作与新农村建设有机结合起来，采取各种积极有效措施开展农村环境整治、农村生活垃圾收运处理、农村黑臭水体整治、"散乱污"清理整顿、乡村"厕所革命"、村庄美化、农房建设以及"扫黑除恶"、禁毒等工作，在提升农村人居生活环境品质、农村生态环境品质和生态宜居乡村品质方面取得较大成效，村容村貌较过去大幅改善，农村社会安定和谐。

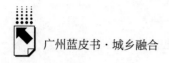

（五）超九成群众对基层党组织及党员发挥作用满意，希望党组织担当主动作为者的角色

访问调查结果显示，95.2%的群众对基层党组织发挥战斗堡垒作用表示满意，93.3%的群众对党员发挥先锋模范作用表示满意，满意度较高。群众普遍反映，在基层治理和乡村建设等方面，党员干部能冲锋在前，起带头促进作用。在问及"您希望村党组织在村民与上级党委政府之间充当什么角色"时，93.3%的群众希望村党组织充当"主动作为者"的角色，迫切希望基层党组织能提升自身建设水平，发挥在基层治理中的核心和领导作用。

（六）群众热切期盼党组织在基层治理中发挥更大作用，关注公共服务与民生服务领域

在问及"您希望村党组织提升哪方面的素质"时，有73.3%的群众选择"敢于担当和致富能力"，其次是"公平公正"（71.1%）、"廉洁奉公"（68.9%）、"勤政务实"（66.7%），群众希望拥有坚强有力、勇于担当的党组织来引领乡村治理和建设工作，带领群众走向致富道路。群众希望党组织重点改善和加强的服务项目，主要涉及公共服务和民生服务领域，依次排列为："加大公共服务资源的投入力度"（85.3%），"协调解决村民教育、医疗、养老、居住、出行等问题"（80%），"加强农村生态文明建设、加强污染防治、加强环境保护"（78%），"依法严厉打击农村黑恶势力、宗族恶势力、宗教极端势力、村霸等"（66.7%），"加强社会主义文明建设，多组织文体活动"（66.7%）。

三 基层党建及基层治理中存在的问题

（一）农村党建工作中存在的问题

1. 党建学习形式多样化，但学习创新性和积极性有待提高

一是学习创新方法不多。通过调研了解到，大部分村党支部的党建学习

是通过开会传达学习、外出参观学习、手机 App 自学等形式开展，但部分党支部主要以开会传达来贯彻党建学习，组织形式单一，创新方法不多，效果不够理想。二是学习积极性有待提高。党员素质参差不齐，思想觉悟高低不一，调研中了解到仍有少数党员存在"庸懒散"的情况，党建学习积极性不高。三是党组织生活的参与度有待提高。由于党组织活动、党建学习需要花费一定的时间和精力，对于在职党员尤其是流动党员而言，会对工作和生活产生一定的影响；对于年龄较大行动不便的老党员而言，参加党组织生活也显得有心无力，这两类党员的学习积极性和党组织活动的参与度有待提高。据了解，15 个调查村的党员大会出勤率在 80% ~ 90%。

2. 党建经费保障不足和村"两委"干部待遇偏低，难以调动党务干部积极性

一是党建经费保障不足，难以保障党建工作的日常开支以及党建活动开展。据了解，组织部门按党员人数下拨党建工作经费。2018 年，调查的 15 个村党建经费平均为 2.22 万元/村，党建经费最多的村有 6.55 万元，而经费最少的村仅 0.68 万元。另外，新成立的党支部没有专项的党建工作经费，费用在二级党委或党总支中列支。二是党务工作者待遇低。非"两委"村干部担任的支部书记或支委多数没有工资或其他正常报酬，致使他们的党务工作积极性大大降低，对党的新要求、新指示贯彻落实以及党员管理工作难以到位。三是党建工作量大而党务工作者配备不足。据反映，目前村级党建工作基本上是由村"两委"干部中的党员来兼任。党建工作任务重，而兼职党务工作者因本身承担较多其他业务工作，兼顾难度大。部分兼职党务干部还缺乏必要的党务知识，对新形势、新任务下的党务工作难以适应。四是在职的村"两委"干部待遇低。据调研了解，村党组织书记的工资待遇约为 3000 元/月，"两委"干部为 2400 元/月，不购买"五险一金"。工资待遇较低，难以调动干部的积极性，也难以吸引青年人才到"两委"工作。如派潭镇邓路吓村一位副主任，2017 年换届选举任村副主任，其之前在企业任职，年薪约为 15 万元，较大的待遇落差给他的家庭生活保障带来挑战，他表示回乡任职是奔着为党政群众做实事来的，但是较低的待遇让他觉得前

途有点渺茫。五是离任、退休村干部待遇低，当村干部有后顾之忧。据了解，目前多数村的情况是，村支部书记退休以后，按任职年限领取补贴，任职 10 年以下的一次性按 1200 元/年发放；任职 10~14 年的，每月领取补贴 600 元；任职 15 年及以上的，每月领取补贴 800 元。如派潭镇邓路吓村一位老书记，现年 85 岁，拥有 34 年的村委会工龄，退休以后仅依靠每月 800 元的退休补贴和 1000 元的社保养老金维持生活，加上年老体弱病多，生活确实穷愁。

3. 发展党员按指标分配不合理，不利于农村党员队伍的发展壮大

调研了解，2018 年 15 个调查村共新发展党员 16 人，约为 1 人/村。其中，新发展党员数量最多的村有 3 人，而有 3 个村没有新发展党员。据镇（街）、村干部反映，目前发展党员按上级分配指标进行，而发展党员的指标数量不足，出现入党积极分子多而指标不足的现象，不利于吸纳更多年轻优秀的青年群众到党组织中来，更不利于后备人才的培养和选拔使用。

（二）基层治理工作中存在的问题

1. 农村基层问题复杂敏感，民主自治不平衡不充分

一是基层党组织弱化问题。表现为农村基层党组织软弱涣散现象、基层"微腐败"等问题仍然存在。近年来，增城区开展基层党组织执行党章规定任务情况自查自纠行动，因政治上不合格、经济上不廉洁、能力上不胜任、工作上不尽职而被撤换调整的农村基层党组织书记有 8 人；因受过刑事处罚等被清理的村"两委"干部有 21 人。二是农村空间环境不佳。表现为增城区中北部农村村庄空心化、农户空巢化、农民老龄化等问题突出，而南部农村宅基地严重不足，村庄老旧、河涌道路乱脏差现象仍然存在。三是农村精英人才外流、乡村治理人才缺乏等问题凸显，加上部分农民的国家、集体观念及社会公德意识淡薄，对基层治理积极性弱、参与度低。四是民主自治存在不平衡不充分。表现为南中部农村对民主自治工作比较重视，做得比较好，涌现了下围村、西南村、久裕村等一批先进典型，但北部做得一般或变化不大，全区虽然已全面推广实行民主议事制度但发展不够平衡。民主自治

主要包括民主选举、民主决策、民主管理和民主监督等四个方面，但调研发现，一些干部群众把注意力和精力主要放在民主选举和民主决策中，而忽视了民主管理和民主监督，民主自治不够全面充分。

2. 村社分散发展，"三资"统筹管理难度大

据村干部、群众反映，村里主要的资产和资源分散掌握在各合作社手中，村社的分散发展、村社之间的意见不一、村民的意见不一导致村级难以统筹发展，给村庄规划和经济社会发展带来阻碍。调研数据显示，79.1%的党员认为村党组织对村经联社的经济事项拥有决定权，64.8%认为村党组织对村民小组的重大事项拥有决定权。村级对合作社资产是否拥有统筹决定权，对村经济的影响截然不同。调研中了解，石滩镇下围村自 2013 年底换届选举后，由村级统筹村社资源，村经济收入由 2014 年的 300 万元跃升为 2018 年的 2000 万元，近年更是引进广州市及增城区的乡村振兴重点项目"花果小镇"，计划总投资 12 亿元，目前已投资 1 亿元，预期会给下围村带来较大的经济效益以及带动村民就近就业。而派潭镇高滩村由于村社分散发展，村级无法统筹合作社资源，则呈现另一番景象。以该村的石岭合作社为例，该合作社主要依靠生态林补助［100 元／（亩·年），合计 1245 亩］，低效益的山头、林地出租（分别为 5000 元／年和 6200 元／年）和闲置空地出租（2 万元／年）等作为合作社的主要收入，该收入主要用于日常公共设施的维护和修理等，基本无结余。

3. 土地改革矛盾凸显，公共用地统筹难度大

土地改革措施落实后，土地分包到户 30 年长期不变，这项政策既有利于稳定和促进农村经济社会发展的一面，但是农村土地情况错综复杂，也有不利于农村规模化、产业化发展的一面。据派潭镇高滩村石岭合作社社长谭某某反映，该合作社土地分包到户以后，合作社基本上没有预留可以统筹的公共资源用地，一旦村社里需要建设公共基础设施而涉及村民个人的土地，往往会因为村民意见不一而导致项目搁置，给村社统筹发展、推进乡村振兴项目实施带来阻碍。

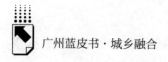

4. 公共基础设施不均衡，不能满足农村居民日益增长的需要

随着经济社会的发展，群众经济能力和生活水平的提升，人民对于生活环境和公共基础设施的需求有较大幅度的提升。但受村经济财力条件以及公共用地统筹等问题的影响，农村公共基础设施配置不均衡不充分。调研中，群众对于农田基础设施建设、道路硬底化、文化娱乐设施建设、网络通信基础设施等需求呼声较高，85.3%的群众希望党组织"加大公共服务资源的投入力度"。

四　对党建引领基层治理的建议

（一）加强党对基层组织的全面领导，切实做好基层治理工作

一是确保农村基层党组织领导核心地位。大力推进村党组织书记与村委会主任"一肩挑"，通过法定程序选举党组织成员担任村民委员会、集体经济组织、农民专业合作组织负责人，村民委员会成员、村民代表中党员应当占一定比例。二是出台更加切实有效的乡村治理配套政策，确保党组织对村集体经济和社会组织的绝对领导，建立和完善统筹村社发展机制，全面落实"四议两公开"，建立健全村委、村小组重要事项、重大问题由村党组织研究讨论决策机制。三是大力开展"两委"干部的培训教育，进一步提高农村基层党组织和党员在基层治理和乡村振兴工作中的组织力和治理能力，充分发挥基层党组织的战斗堡垒作用和党员的先锋模范作用。

（二）积极探索"党建＋社会组织"的治理模式，以组织振兴引领乡村治理

一是强化政治引领，着力提高党员干部思想素质。把学习宣传贯彻习近平新时代中国特色社会主义思想和党的十九大精神作为首要政治任务来抓，通过制订详细的学习宣传贯彻计划，以会议传达、座谈交流、专题讲座、集中轮训等多种形式，深入宣传学习，切实推动学习贯彻往深里走、往

实里抓。二是夯实党建基础，切实确立党组织在基层治理中的领导核心地位，建立健全党组织领导下的村民自治、民主协商、群团带动、社会参与机制，坚持党建引领，全面提升基层党组织的组织力、战斗力。三是积极探索"党建＋社会组织"的治理模式，镇（街）党委和政府要发动人大、政协、政法、文化、教育、农业、妇女、青年团、各种协会等政府组织和社会组织积极参与到乡村治理中，形成齐抓共建的治理格局。四是要引导干部群众自愿加入或组建各类社会组织，让每名干部群众都能找到并加入一个适合自己的组织，把分散的"社会人"再组织化，以更加多元化的形式和途径，参与到村社经济活动和公共事务管理中来，发挥主人翁的作用。

（三）突破现有的行政管理机制，使农村基层组织成为年轻党员干部干事创业的热土

一是重视选拔优秀基层干部。把基层一线作为培养锻炼干部的基础阵地，树立重视基层的用人导向，重视党支部书记队伍、党建工作指导员和党务政工干部队伍的建设。加大从本地户籍的高校毕业生、农民工、退伍军人、机关事业单位优秀党员中培养选拔村党组织书记力度；加大从青年农民、农村外出务工人员中发展党员力度，优化农村党员队伍结构，全面提高党员队伍素质。二是建立村干部待遇保障制度，有条件的地方试行村"两委"干部职业化。建立以财政投入为主的村干部报酬待遇增长机制，提高基层干部的薪酬待遇，落实农村基层党组织负责人、党务工作者的津贴补贴和绩效奖励。三是建立村社干部晋升机制。从优秀村党组织书记中按一定的比例选拔到乡镇任领导干部、考录乡镇公务员、招聘乡镇事业编制人员，使优秀村干部有一条晋升道路，充分调动村干部的积极性和主动性。

（四）强化农村基层党员队伍建设

一是开展"头雁"培育行动。加大培训力度，每年实行基层党组织书记培训全覆盖；通过"羊城村官上大学"工程，加强村"两委"干部学历教育，提升村"两委"干部大专以上学历比例。二是建立农村党组织书记

后备队伍人才库。实行"村推镇选区考察"的培养选拔制度，从带富能力强、复员退伍军人、外出务工经商人员、返乡大学生等党员中按比例选取人员建立党组织书记后备队伍。三是有针对性地开展党员教育。全面推行村党员定期培训制度，落实外出党员年度集中教育培训，充分发挥各类学习教育载体的作用，建立远程教育、集中轮训、"三会一课"等形式多样、层层深入的基层党员教育培训工作新格局，充分激发党员在乡村治理中的先锋模范作用。

（五）鼓励基层党组织积极制定和运用"村规民约"开展基层治理

一是修订和完善"村规民约"。根据《村民委员会组织法》规定，在国家法律允许的范围内，由村民会议制定并表决通过"村规民约"。建议各村结合本地实际修订和完善"村规民约"，可以制定涵盖民主自治、社会治安、环境治理、邻里纠纷、土地流转、农民致富、产业发展等社会公共事务管理内容的大而全的"村规民约"，也可以制定内容相近的专项"村规民约"，以便更好地开展有效的农村自治。二是宣传发动群众自觉运用"村规民约"推进农村治理。要充分发挥"村规民约"的本土性质和地域特点作用，强化道德约束，把"村规民约"与国家法律法规结合起来，共同推进农村治理，降低治理成本，协调利益关系，提升治理水平。三是运用"村规民约"强化农村民主自治能力水平。将"村规民约"的约束力贯穿民主自治全过程，做好村委组织换届选举工作、村民议事管理、民主决策执行和监督等，提高农村民主自治能力和水平。

（六）推动新农村基本设施建设提档升级

一是加强农村道路、水利设施建设。落实"四好农村路"建设三年行动计划，提升农村道路硬底化、公路路面铺装率，做好农村生活排水渠建设等。二是提升农业生产基础设施。大力推进高标准农田建设，全面做好农村机耕路、排水渠的建设与维护。三是加强农村文化娱乐设施建设。搭建农村文化传播载体，推进农村公共广播系统、乡村图书室等服务网点建设，加大农村休闲公园、文化舞台、运动娱乐设施建设力度，教育和制止农村赌博和封建迷信行为。

（七）大力推广模范乡村治理经验做法，带动全区乡村治理取得更大成效

大力宣传在党建以及村庄治理中取得成效的模范村治理经验，把这些可复制、可推广的治理经验供广大农村借鉴。如增城区石滩镇下围村实行"民主协商、一事一议"的乡村治理成功经验，值得全面推广应用。一是建立健全党领导下的村民代表议事制度。改变以往村干部"一言堂"的村务决策方式，以村民和村民代表作为村级事务决策的重要主体，村"两委"更多地将工作的重心放在了确保决策的执行、管理、监督上。二是做好村务公开。实行村集体"三资"（资产、资源、资金）公开，坚持公开每一笔收入和支出，邀请村民代表进行财务监督，村账目公开透明，有效消除村民的猜疑。三是加强法治保障。在农村基层治理过程中，要充分运用法治武器来破解基层治理难题，发挥政府和自治组织聘任律师作用，化解社会矛盾、协调利益关系，夯实法治基础，为基层治理保驾护航。四是创新人才培养模式。鼓励和支持本村乡贤和进步青年积极回乡参与乡村民主治理工作，大力组织举办各类面向青年人的培训班、志愿服务活动，对参与的青年建立活动档案，表现优秀者由村委会吸收或推荐至所在单位、企业、学校，作为干部、党员的培养对象，成为社会治理的骨干力量。

B.22
广东省梅州市梅江区西阳镇双黄村
脱贫攻坚调查报告

尹绣程*

摘　要： 2016 年，双黄村被广东省确定为"新时期精准扶贫精准脱贫扶贫开发重点帮扶村"，在广州市社会科学院和梅州市梅江区教育局对口帮扶下，脱贫攻坚取得显著成效。为巩固提升脱贫攻坚成果，确保脱贫后不返贫，推进乡村振兴战略，广州市社会科学院成立课题组，从村党支部建设、家庭人口、家庭主要劳动力创业就业、家庭年收入、家庭房屋和设施等方面开展专项问卷调查，在对调查问卷进行分析的基础上，提出双黄村应全力推进产业发展，强化人才对产业的支撑，加强社会治理，完善农村基础设施建设等对策建议。

关键词： 双黄村　脱贫攻坚　产业发展

一　调查背景与意义

党的十八大以来，以习近平同志为核心的党中央把脱贫攻坚工作纳入"五位一体"总体布局和"四个全面"战略布局，做出一系列重大部署和安排，全面打响脱贫攻坚战。党的十九大明确把精准脱贫作为决胜全面建成小

---

* 尹绣程，广州市社会科学院经济研究所实习研究员，研究方向为农村经济、生态经济。

康社会必须打好的三大攻坚战之一，做出了新的部署。为深入贯彻落实党中央、广东省委、省政府有关文件精神，广州市委市政府先后出台《中共广州市委广州市人民政府关于落实广东省新时期精准扶贫精准脱贫三年攻坚的实施意见》《关于坚决打赢脱贫攻坚战三年行动方案（2018—2020年）》，切实做好梅州市、清远市的对口帮扶工作，推动精准扶贫"三年攻坚、两年巩固"工作有序开展，助推全省在全面建成小康社会新征程上走在前列。

2016年，双黄村被广东省确定为"新时期精准扶贫精准脱贫扶贫开发重点帮扶村"，广州市社会科学院和梅州市梅江区教育局为对口帮扶单位，组织开展帮扶工作，紧扣"两不愁、三保障、一相当"的扶贫工作目标，扎实推进落实双黄村产业、就业、"三保障"（教育、医疗、住房）、基础设施、基层党建等方面具体扶贫措施和项目，脱贫攻坚取得显著成效。为巩固提升脱贫攻坚成果，确保脱贫后不返贫，推进乡村振兴战略，广州市社会科学院课题组于2019年9月9日至20日赴双黄村开展为期两周的实地调研和问卷调查，以期推动双黄村经济社会可持续发展。

二 调查设计与实施

（一）调查村基本情况

一是地理位置优越。双黄村位于梅州市梅江区西部，西阳镇北部，北连金丰村，南与莆蔚村隔江相望，东靠塘青村，西倚申渡村、黄坑村，往东可至国际慢城——雁洋镇，往西至梅州市中心城区。距离西阳镇政府约3公里，距离梅州市区约7公里，梅江由南往北流经村庄南部，省道S223东西向横穿村庄，是村的主要对外联系道路，村内道路基本实现水泥硬底化。二是生态环境优良。双黄村地处丘陵，山水环绕，自然资源禀赋良好，绿化覆盖率高，生态环境良好，属于典型的生态型山区村庄。梅江河沿村流经，地处梅州市饮用水水源保护区（畜禽养殖禁养区）。村域总面积960公顷，耕地水田面积约460亩、旱地250亩、林地面积11000亩。三是历史文化底蕴深厚。现今仍保存代表性民居有季朋庐、永安楼、承裕楼、永华楼，中西合璧小洋楼"星楼"，始建于清代的丘氏宗祠、李氏宗祠、罗氏宗祠、西圣宫寺庙、古桥、纪念亭、书屋、渡口等人文景观。双黄村是红色革命老区，1932 年大革命时期作为粤东山区地下革命据点，村内有革命烈士 7 名。四是村产业发展壮大。2018 年，村集体经济总收入超过 20 万元，其中，村级集体经济收入 11.12 万元，省、市、镇三级补助 10 万元。村内现有企业有梅州市三峰环保能源有限公司、双黄村农业发展有限公司、双黄村葡萄园采摘等。

（二）调查方法

课题组根据课题研究需要，制定了"双黄村村小组调查问卷""双黄村家庭调查问卷"。"双黄村村小组调查问卷"主要调查双黄村村小组人口数、村干部人数、党员人数、贫困户户数、领取社保（低保）人数。"双黄村家庭调查问卷"分为四部分：第一部分是家庭情况总表，调查家庭成员的姓名、年龄、性别、文化程度、劳动力情况、家庭耕地、林地数、社保及低保领取情况；第二部分是家庭主要成员就业、就学情况，调查主要家庭成员从事种植养殖的种类、规模和收入，村内就业创业、外出打工地点与收入情况、就学情况等；第三部分是家庭收入情况，调查家庭经营性收入、工资性收入、财产性收入、转移性收入；第四部分是家庭房屋及生活相关设施情况。调查家庭房屋建筑面积、家庭饮水来源、无害化卫生厕所改造以及家庭日常能源使用类别。

（三）调查对象

"双黄村村小组调查问卷"主要针对村小组进行问卷调查，发放调查问卷 8 份，回收 8 份，回收率 100%。"双黄村家庭调查问卷"以家庭户为单位，采用普查方式，调查研究对象为双黄村在村内居住并且户籍在本村的家庭或者户籍登记中至少有 1 人在本村居住的家庭，且该人对家庭的经济情况有清楚的认知和了解。调查由村小组长和课题组成员分组进行访问调查。调查发放问卷 260 份，回收 215 份，回收率 82.69%，回收数据用 EXCEL、SPSS 软件进行录入和分析。

三 调查结果与分析

（一）调查村党支部建设情况

双黄村党总支部设下黄坑党支部和双坑党支部，双黄村"两委"干部6名，其中支委5名、村委4名，两委交叉任职3人。在村民小组的基础上建立8个党小组，其中第一、二、三组隶属下黄坑党支部，第四、五、六、七、八组隶属双坑党支部。该村基本实现村党总支书记、村委会主任，村民小组长、党小组长"一肩挑"，其他基本情况详见表1。

表1 党小组基本情况

党小组	总户数	总人数	男	女	村干部数	党员数	贫困户数量	总耕地数（亩）	总林地数（亩）	领取低保人数
一组	68	247	124	123	3	13	3	145.067	2261	5
二组	40	177	89	88	—	8	4	86.49	1467.6	6
三组	59	228	116	112	1	10	7	97.8	2131.4	12
四组	32	85	41	44	—	5	1	72.247	871.9	1
五组	15	41	22	19	1	3	2	36.87	538.3	2
六组	14	41	21	20	—	3	0	37.323	835.4	2
七组	14	54	28	26	—	3	2	44.49	1136	3
八组	18	65	32	33	1	4	3	57.09	1521	6
合计	260	938	473	465	6	49	22	577.377	10762.6	37

（二）调查家庭及人口情况

1. 男性占比略高于女性

本次家庭调查样本涉及215户770人。其中男性398人，占比51.69%；女性372人，占比48.31%（见图1）。

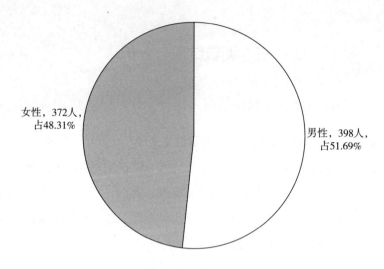

图1 人口性别比例

2. 农村青年（18~39岁）占比最多

17岁及以下131人，占17.01%；18~39岁共254人，占32.99%；40~59岁198人，占25.71%；60岁及以上187人（其中70岁以上98人），占24.29%（见图2）。

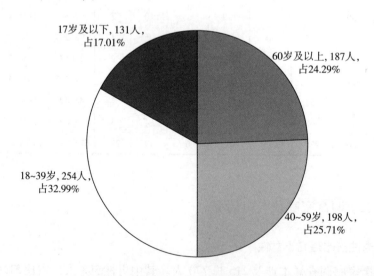

图2 人口年龄分布

（三）调查家庭劳动力情况

1. 劳动力人口占比高于无劳动能力人口

在年龄 18～59 岁的劳动力人口中，除去因病因残丧失劳动能力的 12 人，有劳动能力人口为 440 人，占调查总人口的 57.14%；无劳动能力人口为 330 人，占比 42.86%（见图 3）。

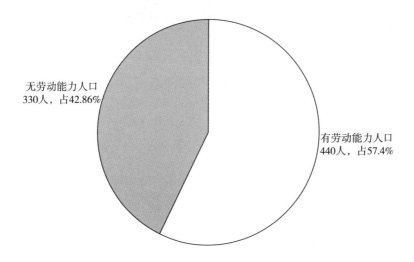

图 3　劳动力占比

注：本报告劳动力统计口径为 18～59 岁人口减去因病因残丧失劳动能力人数。

2. 劳动力整体受教育程度以初中为主

劳动力大专及以上学历 13 人，占比 2.95%；高中（含中专）59 人，占比 13.41%；初中 365 人，占比 82.95%；小学及以下 3 人，占比 0.69%（见图 4）。

3. 劳动力以社会就业为主

劳动力人口劳动、就业、求学情况如图 5 所示。自办企业、个体户 6 人，占比 1.36%；从事经营性种植养殖 27 人，占比 6.14%，以柚树种植为主；社会就业 251 人（不含短期工），占比 57.05%；从事自用性种植养殖

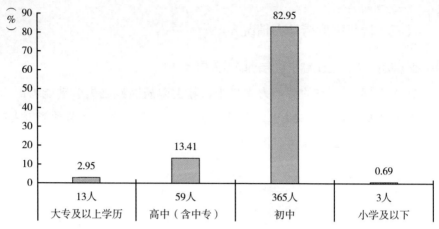

图4　劳动力学历分布

140人（其中4人同时做短期工），占比31.82%；服兵役3人，占比0.68%；求学5人，占比1.14%；待业及其他8人，占比1.81%。

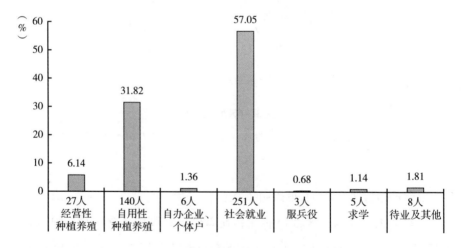

图5　劳动力劳动、就业、学习等情况

4.劳动力社会就业以企业务工为主

劳动力从事村委事务6人，占比2.39%；公益性岗位9人，占比3.59%，主要为养路、生态管护和卫生保洁工作在村内企业就业7人，占比2.78%；外出企业务工229人，占比91.24%（见图6）。

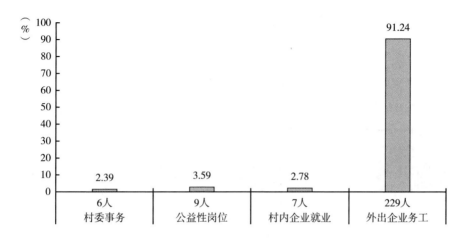

图 6　劳动力就业岗位分布

5. 劳动力外出打工地以梅州市、西阳镇为主

外出打工流向中，外出梅州市、西阳镇务工 141 人，占比 61.57%；广州 20 人，占比 8.73%；深圳 18 人，占比 7.86%；河源 5 人，占比 2.18%；新会区 4 人，占比 1.75%；中山 5 人，占比 2.18%；三亚 3 人，占比 1.31%；其他及打工地情况不明 33 人，占比 14.41%（见图 7）。

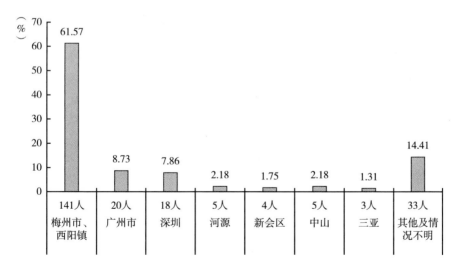

图 7　劳动力外出打工流向

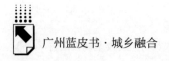

（四）调查家庭收入情况

1. 家庭年收入3万~6万元占比最高

调查家庭2018年年收入低于3万元的有59户，占比27.44%；3万~6万元的有91户，占比42.32%；6万~10万元的有51户，占比23.72%；10万元以上的有14户，占比6.51%（见图8）。

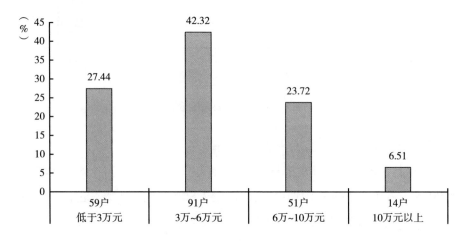

图8 家庭年收入分布

2. 外出企业务工平均工资性收入最高

社会就业村委事务岗年人均工资26400元，公益性岗位年人均工资24000元，村内企业年人均工资18000元，外出企业务工人均工资性收入为28724元（见图9）。

3. 外出打工工资性收入高于本地

其中梅州市、西阳镇就业工资人均收入为26279元，非梅州地区就业人均工资收入30891元（见图10）。

4. 家庭性经营服务业收入最高

2018年该村家庭型经营农业（第一产业）主要以柚树种植、家禽养殖为主，共14户，每户平均收入5112元；服务业（第三产业）如理发店、机电维修店，多以个体户形式，共3户，每户年平均收入36000元；村内暂

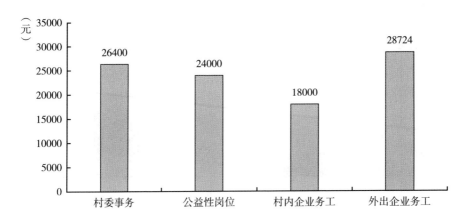

图9 各岗位年人均可支配收入

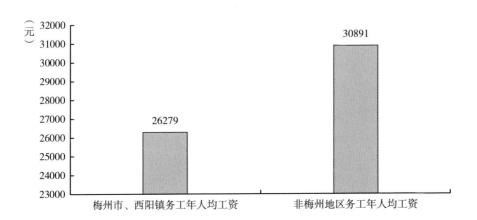

图10 外出企业务工年人均收入

无家庭从事农产品加工性产业（见图11）。

5. 财产性收入不断增加

调查样本集体分配股息和红利收入户均 745 元，135 户有林地（山地）承包经营权收入，户均收入 2285 元；2 户村民有房屋租金收入，户均 21000 元（见图12）。

6. 转移性收入占比提升

一是赠予类，2018 年双黄村接受农村外部亲友馈赠 5 户，户均 2000

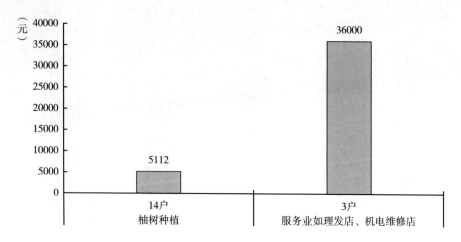

图 11　家庭经营性收入

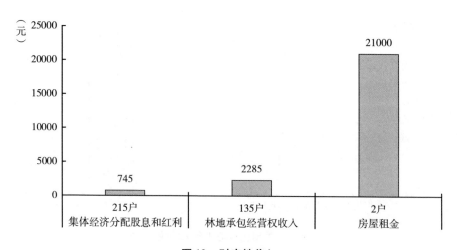

图 12　财产性收入

元；收到重阳节慈善基金会发放金 12 人，人均 150 元。二是离退休金、养老金、残疾人等社会保障保险。双黄村已经实现"应保就保"，无劳动能力贫困户兜底率 100%。双黄村纳入低保共 37 人，人均保障 4920 元/年（410 元/月），特困供养人员 9 人，人均 13200 元/年（1100 元/月），主要采取分散供养方式。60 岁以上老人领取社会养老保险 169 人，人均领取金额 9960 元/人（830 元/月）。接受残疾人生活津贴 13 人，人均 1890 元/年（157.5

元/月），残疾人全部纳入城乡低保；接受护理补贴27人，人均2520元/年（210元/月）。三是补贴收入。双黄村耕地户均补贴187元，困难党员收到村党支部春节、七一节日补贴12人，人均300元（见图13）。

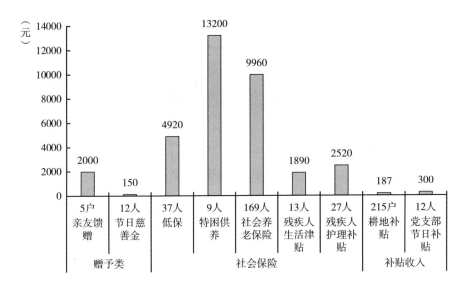

图13　转移性收入

（五）家庭房屋和设施情况

1. 家庭住房面积50~99平方米占比最高

调查家庭房屋住房面积低于50平方米60户，占比27.9%；50~99平方米69户，占比32.1%；100~149平方米67户，占比31.16%；150~200平方米19户，占比8.84%（见图14）。

2. 78.6%的家庭生活用水接管到户

村民家庭生活用水来源主要来源于山泉水，其中169户已经实现接管到户，占比78.6%；46户仍使用自挖井水（地下水），占比21.4%（见图15）。

3. 农村家庭用无害化卫生厕所普及率高

调查家庭中185户有独立无害化厕所或者化粪池，占比86.1%；30户

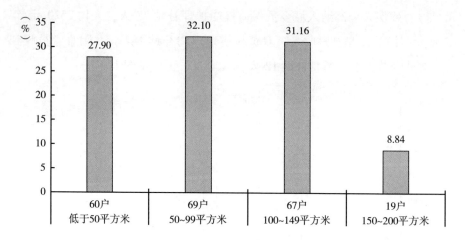

图14　家庭房屋面积分布

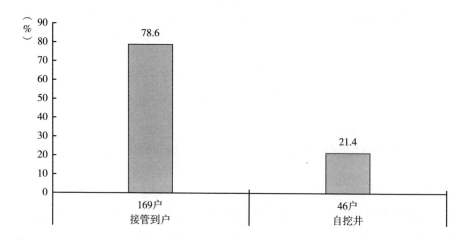

图15　家庭生活用水来源

无独立无害化厕所或化粪池，占比 13.9%（见图16）。

4. 家庭日常用能中燃气、电混合使用率较高

结合家庭用能的经济性和便捷性，139 户家庭实现燃气（瓶装气）和电混合使用，占比 64.65%；64 户使用柴、燃气和电混合使用，占比 29.77%；12 户仅使用柴，占比 5.58%（见图17）。

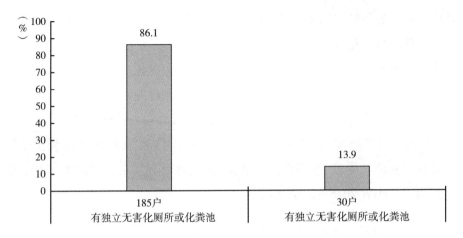

图16　家庭无害化厕所改造情况

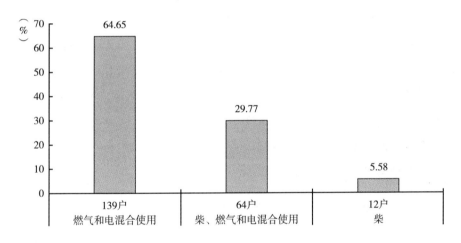

图17　家庭日常用能

四　结论

（一）双黄村党组织建设基础夯实

一是脱贫攻坚工作机制畅通。双黄村党支部凝聚对口扶贫单位、当地镇政府力量，加强村"两委"干部配合，大力整合资源，构建成区—镇—村总党支部—村小党组—村民的顺畅联系工作机制，为脱贫攻坚工作提供了有力组织保障。二是村"两委"人员整体受教育程度较高，其中大专以上学历占比83.3%，对党的路线方针，脱贫攻坚和乡村振兴战略有较全面的认识。三是党支部书记、选派驻村第一书记工作能力强、经验丰富。因在脱贫攻坚工作中的突出成绩，2019年村党支部书记李新棋被授予"广东省百名优秀村（社区）党组织书记"，广州市社科院派驻驻村第一书记李钟志同志获评为"广东省2016—2018年扶贫攻坚突出贡献个人"。

（二）双黄村人均可支配收入整体提升

一是劳动力倾向在本市本镇务工。近年来，双黄村所在的西阳镇以省道S333、S223线和沿白宫河为依托，大力发展电子信息产业、休闲旅游产业、农旅结合产业，推动该村劳动力回流、就近就地就业，可支配工资性收入上涨。二是政府转移支付推动村民收入增长。双黄村基本医疗、大病保险和养老保险政策落实到位，已实现"应保就保"，无劳动能力贫困户兜底率100%。随着双黄村人口老龄化以及养老金标准提高，拉动该村居民养老金收入增长，同时镇政府、村委对农村居民家庭发放多种节假日生活补贴，生态补偿和涉农补贴，推动村民补贴性收入不断提升。

（三）双黄村人居环境改善明显

一是家庭无害化厕所改造率达86.1%，有效抑制该村肠道传染病和媒介性疾病发生，提升人居卫生环境。二是住房安全有保障。全村没有危房改造，村户均居住面积大于城市。三是农村生活用水普遍实现到户使用，78.6%的家庭实现山泉水接管到户，方便日常生活用水。四是清洁能源使用率高，家庭实现燃气（瓶装气）和电混用能占比64.65%，仅使用柴的家庭占比5.58%。

（四）双黄村人才相对匮乏

一是农业从业人数总量不多。由于该村现有经营性种植业收入较低、以及农民存在跳出"农"门的传统惯性认知，村内劳动力外出务工现象普遍。据统计，该村外出务工人员占总劳动力的57.05%，18~40岁劳动力外出务工比例更高；从事自用性种植养殖人员占总劳动力的31.82%，主要以41~60岁劳动力为主；同时兼做镇、村内短工，从事经营性种植养殖人员仅27人，占6.14%。二是村民整体受教育程度较低。劳动力整体受教育程度以初中为主，多从事传统种植养殖业，多凭借种植养殖经验和村民日常交流，对农业种植养殖科学技术的认知意识、掌握能力不足，对农产品市场风险的辨别和防御能力较弱。三是村内相对缺乏有文化、懂技术和会经营的"新型职业农民"和"致富带头人"，返乡就业创业人员对农民致富的带动作用不强。

（五）村内产业、集体经济发展基础偏弱

一是村内产业规模化不足，产业特色不明显。村内居住农民大多数从事分散性、自用性蔬菜、水稻种植，经营性种植主要以柚树为主，尚未形成规模化特色农业产业和品牌。二是村内产业结构不合理。村内多以第一产业为主（种植、养殖），户均年收入低（5112元）；而促进农民增收的第二、三产业发展缓慢，暂无农产品加工业；第三产业多为传统服务业（理发、农机修理等），新型都市休闲农业在酝酿发展中，暂无明显收益。三是村集体经济收入稳定性不强。2018年村级集体经济收入20万元，其中村级实现收入11.12万元。村级收入主要为入股分红（入股镇经济联社和村内企业）和光伏发电，村委及村小组对入股企业的经营管理参与度不高、指导性不强，村集体经济收入的稳定性和可持续性难以预计。四是村内企业对村民的就业收入带动不足。考虑到季节性、用工成本，村内葡萄园、双黄村农业发展公司用工多以短期工为主，同时部分贫困户有"等靠要"思想，劳动积极性不高。

（六）各自然村、村民小组（党小组）之间发展不平衡

从人口分布上看，该村人口主要聚集在下黄坑村的第一、二、三小组，

占总人口的 69.51%。从村干部和党员的分布来看，也主要分布在第一、二、三组，双坑村及其小组对村集体事务的参与度、积极性相对不高。同时受地理位置和交通影响，第一、二、三村民小组邻近省道，土地相对平整，发展蔬菜、水果种植等产业基础相对较好，而第四、五、六、七、八村民小组位于山区，可结合现有柚树种植优势，进一步挖掘规模化生产潜力。

（七）农村饮水安全、污水排放问题亟待解决

一是集中供水管道系统待完善。目前双黄村村民生活用水主要来自山泉水和地下水。山泉水已实现接管到户，但管径普遍较小，缺乏消毒和过滤设施，供水安全性存在隐患。二是污水排放设施有待完善。村内有小型污水处理设施，但污水收集能力不足，村生活污水就近排放至池塘或溪流，现排水沟渠没有全面疏通清理，主要村道排污管线铺设未完成，雨污水分流、生活污水处理设施建设待完善。

五　对策建议

基于以上分析，为巩固脱贫攻坚成果，推动双黄村经济社会可持续发展，具体建议如下。

（一）全力推进产业发展

一是明确产业发展思路。产业兴旺是脱贫攻坚、乡村振兴战略的根本。坚持科学发展，因地制宜做好产业发展规划，明确产业发展思路。根据双黄村的地理位置、生态资源优势和种植基础，建议重点发展蔬菜、柚树、葡萄等农业种植业、乡村旅游、休闲农业，增强村集体经济造血功能。二是推动农产品规模化品牌化。集中现有零星柚树种植户，结合实际连片扩大种植规模。积极引进专业种植技术和优良品种，提高柚树的产量和品质。同时，双黄村距离梅州中心城区较近，有条件发展蔬菜产业。依托梅州乐得鲜农业开发有限公司（大湾区"菜篮子"首批生产基地），按照该公司提供的"种

苗＋技术指导＋生产标准＋销售网络"模式，整理集中较为连片的耕地，有序进行蔬菜生产，力争打造"一村一品"。三是提升乡村旅游业。配合梅江区"全域旅游"战略，大力发展自然生态旅游。依托古渡口、梅江河、青皮山等自然山水资源，开展梅江河水上观光旅游碧道、青皮山登山步道、基地拓展、葡萄园采摘体验、农家乐等项目。挖掘双黄村深厚的人文底蕴，以及古树、古桥、古民居、宗祠等一批保存较好的历史文化资源，建设丘易色将军故居红色教育基地，与周边北联村、塘青村等联合，串联红色旅游资源，形成梅江区红色旅游精品线路，为游客提供丰富多彩的文化体验。

（二）强化人才对产业的支撑

一是培养产业发展带头人。扶持和发展农业种植大户，在政策、资金、技术方面对农业种植大户倾斜。二是发展新型农业经营主体。建立以优质农产品为依托的农民专业合作社。鼓励农民专业合作社拓展农产品加工、销售等合作领域，开展产品、产地认证等服务，发动和吸引更多农民加入专业合作社，实现风险共担、利益共享。三是加强劳动力职业技能培训。结合"农业种植""乡村旅游"等农村实用技术技能培训，采用以工代训、现场指导教学、弹性培训等方式，切实提高农民科学种植和经营水平。

（三）加强基层社会治理

一是建议在现有村民理事会的基础上，以下黄坑、双坑自然村为单位成立村民理事会，代表各自然村村民参与、协商公共事务，实行民主管理和监督。充分发挥自然村理事会"一事一议"民主决策机制，积极开展协商议事、调解矛盾纠纷，推动产业发展等活动，从而调动村民积极性。二是选取各自然村致富能手、优秀党员、乡贤、大学生村官加入村民理事会，凝聚各方力量，深挖自身特色和优势；带领村民发展致富，引领自强不息新风尚。

（四）完善基础设施建设

一是推进饮水安全巩固提升工程。结合实际情况科学开展饮水安全工程

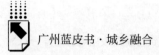

模式，如采用增设降氟设备、软化水设备及有关检测设备等措施，进一步提高农村集中供水率、自来水普及率、水质达标率和供水保证率。二是完善污水排放设施建设。积极与区、镇政府协调联系，加快村污水收集管网建设。加强对村庄生活污水收集和雨污合流制管网改造，提升村污水处理厂污水收集率和污水进口浓度。同时，结合实际情况在人口密集区域采取收集集中处理模式，分散式农户采取化粪池＋污水处理分散处理方式，不断改善农村水环境质量。三是加强对饮水排水管网设备的维护。加强饮水排水安全教育，有序推进农村饮水排水"建、管、养、用"一体化建设。倡导文明节约绿色的生活意识和生活习惯，不断提升公众参与管网维护的能力。

B.23
生态涵养与产业兴旺的融合发展之路探索

——以广东省梅州市梅江区西阳镇双黄村为例

阮晓波*

摘　要： 发展现代农业产业，会打破农村原有生态系统的平衡。如何在保护农村健康生态的基础上，发展现代化的农业产业，梅州市双黄村提供了一个有示范意义的现代化农村生态产业模式：充分利用本地资源，开展服务于城市的生态旅游、环保旅游、红色旅游和休闲拓展等项目，发展拥有高附加值的农业采摘项目，种养高附加值的动植物产品，通过互联网电子商务系统打造优秀农产品销售体系，从田间地头直通大都市消费市场，让农民迅速参与到现代化的产业体系中来，具备极大推广价值。

关键词： 生态涵养　产业兴旺　乡村旅游

国家推动乡村振兴战略是乡村经济实现跨越发展的重要机遇，广东省梅州市双黄村作为梅州市近郊的生态涵养区，拥有优质农产品和青山绿水的优美环境，但是产业结构比较落后，经济发展水平低，农民通过劳动生产脱贫致富相对困难。优美生态环境和农村现代化产业如何融合发展，双黄村探索在生态优先的城市郊区走出产业振兴发展的道路，坚持"扶持、共享、共

---

* 阮晓波，广州市社会科学院经济研究所研究员，密歇根大学访问学者，研究方向为区域经济学、产业经济学。

生"的产业价值观，以党建为引领，逐步引导村庄产业从满足需求到拉动需求的方向转型，从粗放开发向精致高效型开发的方向转型，想方设法充分发挥农村的劳动力、土地、环境等重要资源，把绿水青山的巨大价值充分发挥，探索出一条生态涵养与产业兴旺的融合发展之路，打造成为集生态农业种养、青山绿水观光、红色基地缅怀、历史人文回顾于一体的美丽乡村。

一 产业结构传统，发展基础薄弱

双黄村地处丘陵，有山有水，自然资源禀赋良好，绿化覆盖率高，属于典型的生态型山区村庄，村域总面积 960 公顷，耕地约 460 亩、林地约11000 亩、旱地 250 亩。村庄大部分用地为农林用地，占村庄总用地面积的92%，建设用地受自然条件限制主要分布在村域南部，沿省道 S223 分布在相对平坦的区域。双黄村集体可利用资源少，缺少村办企业，"造血功能"不足，集体经济发展基础总体偏弱。经济发展资金比较短缺，发展潜力不足。存量土地资源少，现代产业引进困难，产业发展需要的建设用地指标少。缺乏融资手段，发展经济面临严重资金困难。大部分村民居住位置相对偏僻，很难发展优质项目，8 个村民小组经济发展不平衡。部分村民自我发展能力弱，受长期贫困的影响，村民普遍缺乏致富的动力，得过且过，"等、靠、要"思想严重。村基础设施建设仍需完善，道路交通安全存在隐患，主要出村通道是省道 S223 线，村内道路通达度不够，虽基本完成水泥硬底化，但次要村道、宅间路等破损严重，局部断头，村道狭窄，村公共停车场配建滞后。这样的发展基础，造成双黄村长期面临发展难题和基础设施瓶颈，也缺乏致富带头人和致富技能，农民群众迫切希望党和政府投入各种资源，发展经济致富奔小康。

二 党建引领，培养致富人才队伍

推动产业进步，党的坚强领导是第一位的。双黄村"两委"坚持不忘初心，牢记使命，树立"廉洁、务实、为民、高效"的双黄村党员干部新形象。通过抓学习、强班子、做表率等举措，不断提升双黄村党建工作水平。

一是显著提高村"两委"干部大局意识、奉献意识和服务意识。抓好队伍建设，提高干部素质，转变工作作风，做好凝聚党心、服务群众工作，把村干部服务群众作为村班子成员年终考核的重要内容予以推动落实。加强村干部队伍建设，发展具有现代知识的新党员，提高发展党员的知识结构和生产能力，培养青年农民、致富能手等入党，为党组织注入拥有现代经营意识的新鲜血液，推动双黄村的新农村建设和乡村振兴。

二是号召党员干部要做产业的带头人，要率先垂范。除了自己积极学习新的致富技能，还要提供技术指导等，带动村里其他农户致富。结合"创文巩卫"、社会主义新农村建设，党员带头开展新农村建设，优化提升村整体环境，不断提高村民的获得感和幸福感。党员干部要在新农村建设中冲锋在前，做好表率作用，擦亮党员形象。要做乡村振兴的主力军、先遣队和战斗员。

三是大力推进村民就业。充分利用各种扶贫结对活动，推动村民就业，提升村民工资性收入。引入"互联网＋就业创业服务"，通过广泛收集各种信息扩大就业服务。通过村委会购买服务方式，引导有劳动能力的农民从事清洁、绿化等工作，增加双黄村村民的劳务性收入。拓宽农民外出到周边以及大城市的就业渠道，鼓励村里有专业特长的能人和技术人才外出就业，通过勤劳致富。实施符合村实际的便利措施，发挥农村能人的优势，培养有双黄村特色的家庭农村、手工作坊，扩大就业门路。支持农业科技人员、本村高校毕业生等各类人才创业创新，带动就业。

三 科技引领，发展现代产业

（一）投资回报型产业

发动和组织村民入股集体经济组织，通过股份投资提升收入水平。充分

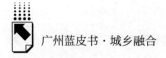

利用各种扶贫政策，发展光伏发电项目。

一是发展政府统筹背景下的投资入股。双黄村所在的西阳镇区镇工业需要资金，农民的资金也需要寻找良好回报，政府做好中间环节，组织农村资金投资区镇工业企业，同时监控企业资金的安全使用，保障农民投资者的权益。西阳镇统筹 1400 万元入股企业，扶持发展粮食加工、自来水、农电商产业，每年分红 10%，为每个贫困村集体收入增加 2 万元以上，为每户贫困户增加可支配收入 2000 元以上。双黄村也筹集 110 万元农村资金投入农业龙头企业，大力发展农业产业，为农民增加收入。要总结这种精准扶贫模式，做好跟踪管理和风险防控，筹集更多的扶贫资金参与"统筹入股"扶贫解困活动，让更多的贫困户受益。

二是充分发挥国家政策优势，推进"光伏发电"项目。光伏发电，是当前中央给予贫困地区的重要扶贫配套政策，从其他地区的运行来看，取得了巨大的成功，一方面增加了农民收入，另一方面也在节能减排方面成绩斐然。双黄村光伏发电扶贫项目累计投入 28.9 万元，在旧村小学和部分村民屋顶进行安装，通过这个项目，为村里的贫困户每年增加收入达 4100 元，也给村集体带来收入。要坚持公平公正的原则，充分调动各方积极性，扩大光伏发电安装场所，增加发电收益，将发电收益用于村内扶贫济困，避免已脱贫的贫困户返贫。村干部要入户讲解，率先垂范，让贫困户更加了解光伏发电项目的各种好处，推动光伏发电脱贫项目深入发展。

（二）加快发展生态种养业

改善田园生态系统，发展生态循环绿色农业，充分利用传统和现代农业技术手段发展生态精致农业。依托村内较为丰富的山水田园土地生态资源优势，推进葡萄园扩容提质增收工程，建设水果、中药材生态林业基地，推广以金钱龟、驯养野猪、家畜家禽等为代表的珍稀高级禽畜驯养基地，野菜和有机蔬菜种植基地等项目。大力发展灵芝、铁皮石斛、黑皮花生、水果玉米、山羊等"特色种养"，通过自营电商或委托销售，扩大网络销售农副产品比例。培育推广优质品种，推广机械化、信息化生产和经营管理，建设优质水稻、蔬菜、花卉、水产、水果等优势产业规模化生产基地，推广优质项目和优良品种，带动农民致富。

一是"葡萄种植园＋休闲体验"农业。继续种植巨峰、夏黑、阳光玫瑰等优良葡萄品种，总结当前葡萄种植园的经验，逐步引进有竞争力的其他优良品种，在条件许可的情况下扩大种植面积，提高产量，形成规模集聚效应，吸引更多的游客采摘。在现有葡萄园基础上，通过引进新品种、新技术提高葡萄产量、品质。配套葡萄知识科普讲座和展示、农家乐休闲餐饮度假、特色田园风光休闲观光采摘等多种方式的休闲活动。扩大其他水果种植品类和种植面积，除了葡萄之外，在村周边形成其他水果采摘基地，以便在不同的季节都有采摘活动。利用周边农田和低丘缓坡种植草莓、沙田柚、火龙果、百香果、西瓜、甜瓜、枇杷、无花果、佳宝果、杨梅等水果，采取葡萄园的经营模式，通过采摘活动提升水果的附加值。完善接待和配套措施，配套建设停车场、厕所等辅助设施，方便游客停车游览，在附近地区配套农家乐餐厅、特色农产品销售场地等，充分发挥人流优势，形成综合效应。

二是珍稀动物、苗木、中药材种养。梅州市双黄农业发展有限公司拥有养龟场、名贵花木场，该公司创建于 2014 年，主营业务为农林开发、水产品养殖，拥有金钱龟和珍稀苗木种植养殖项目。公司盆景园有名贵花木九里香、桂花、鹊梅、山送、真柏、梅花、榆树、福建茶、紫微、朴树、米兰等共 265 盆，各种名贵花木共计 2000 多株。经过园艺师多年细心雕琢，经济效益良好。公司积累多年金钱龟养殖经验，目前规模化养殖南种石金钱龟，龟板售价可达每斤 200 多元。借助该公司的种植和养殖技术与经验，适当扩大规模，增加村集体经济分红收入。金钱龟和珍稀苗木种植养殖属于资金和技术密集项目，可以解决农民就业问题和创造良好的经济效益。双黄村可以按照这个模式，打造技术平台，做强做大产业。同时充分利用山水资源，养殖种植其他品种，充分发挥山林土地资源价值。

梅片树种植。2015 年，双黄村双坑村小组开始种植梅片树，已种植树苗 16 万余棵、500 余亩。梅冰片药用价值主要用于喉风散及中药，2019 年进入丰产期，前景可观。梅片树是一种高级香料，还具有中医药用途。未来应该继续扩大种植规模，通过专业技术帮扶，使其成为双黄村的农业产业名牌产品。

三是蔬菜生产基地。梅州地区拥有蔬菜种植的悠久历史和自然生态条件，广东省农科院蔬菜研究所在梅江区郊区建立了蔬菜种植基地，蔬菜基地还得到了国家、省等的专项资金支持，科技含量不断提高，产业规模不断扩大。双黄村距离梅州中心城区较近，有条件发展蔬菜产业。广州市正在大力推进粤港澳大湾区"菜篮子"建设，梅州乐得鲜农业开发有限公司是大湾区"菜篮子"首批生产基地，乐得鲜公司提供种苗、技术指导、生产标准、销售网络，借助该公司的技术、资本、销售及网络优势，整理集中较为连片的耕地，根据市场需要安排蔬菜生产。积极联系上级有关部门，争取政策配套支持，发展电商网络，打开双黄村蔬菜品种的市场销路。目前，西阳镇新联村与乐得鲜公司合作，大规模种植蔬菜，双黄村可借鉴新联村模式开展蔬菜生产，力争打造"一村一品"。

四是农产品加工业。梅江区有腌制、制作咸菜的悠久历史，可引进相关加工制作咸菜的企业，成立咸菜农产品加工业合作社，通过"公司＋合作社＋农户"的形式，建立咸菜农产品加工产业，带动本村及周边农户种植咸菜原料产品，公司组织生产、品牌策划及销售，为农民增收拓展可行渠道。

四 优化环境，发展乡村旅游休闲业

美化绿化双黄。提升省道和村道沿线绿化景观建设水平，美化村庄形象，整合沿线景点，增加旅游元素，打造生态文化旅游示范带。实施沿省国道公路、沿梅江河道两侧，开展美丽宜居村整治行动，以新带旧改善村环境风貌，保持客家村舍传统特色、自然风貌与新型农村社区建设和谐共生，绿化美化山林，将平面绿化与立体绿景结合起来，通过发展乡村休闲旅游业，打造环境友好型旅游度假休闲产业。

一是探索发展农村休闲旅游业。配合梅江区"全域旅游"战略，发挥双黄村毗邻梅州中心城区、交通便利的优势，大力发展休闲旅游业。双黄村与梅江区相距 4 公里，山青水碧，村域面积小，单独进行旅游开发，由于旅游资源不足，较难形成旅游观光线路，所以必须在梅江区旅游部门的支持下，与周边北联、塘青、申渡、莆蔚、四平村的相关旅游景点、旅游元素串联，形成相对成熟完善的旅游线路。北联村有"红色小镇"，阁公岭村有"艺术小镇"，清凉村有"森林小镇"，将这些资源联动发展，以休闲旅游和都市农业为主要发展方向，定位绿色"田园小镇"，开展相关旅游项目策划。

二是发展梅江水上碧道。双黄村旅游资源主要集中在村委会周边及沿省道区域，包括村内古榕树、梅江河一河两岸自然景观，是双黄村发展生态旅游、休闲观光的重要基础。依托村内较为丰富的山水生态旅游资源优势，开展梅江水上游乐和两岸生态观光旅游，为游客提供观光、休闲、餐饮等服务，推进双黄村生态观光休闲旅游发展。建设游船码头，在梅江区水务部门、旅游部门的支持下，充分挖掘村庄历史，将古渡口进行重新修复，打造成村特色名片，配置游船、设置相关游乐活动，组织适合两小时到一天游的不同旅游休闲线路和节目，联合周边北联村的渡口合作经营，对外招商引资，引进专业旅游经营企业，建造适合梅江河旅游的游船，配套建设梅江河岸上游憩、观光点及农家乐等项目，形成亲民的旅游产品。在码头增加安全指示牌和围栏绳索，让游客感受古时双黄村老百姓坐渡轮、等渡轮的场景，欣赏"船在江上行，人在画中游"的美景。建设古渡口湿地公园，围绕梅江河及规划修复的古渡口，在古渡口周边建设梅江区生态湿地公园，打造梅江河岸特色湿地公园。建设青皮山登山绿道，依托双黄村山青水碧的自然优势，打造青皮山登山步道，建设观景亭。登山步道每段设置不同的主题，例如，竹林、小溪、瀑布等，沿途设置停歇、休息、观光的小驿站，适当增加文化元素，吸引游客前往，体验登山乐趣。

三是红色历史田园文化旅游。双黄村历史悠久，人文荟萃，村内历史文化资源较为丰富，现今仍保存的代表性民居有季朋庐、永安楼、承裕楼、永华楼，中西合璧小洋楼"星楼"，始建于清代的丘氏宗祠、李氏宗祠、罗氏宗祠、西圣宫、古桥、纪念亭、书屋、渡口等，村内仍保留具有客家传统的民俗节日、宗族活动、民间传说等，为村未来旅游开发提供有力支撑。利用丘易色将军楼推出红色教育基地，双黄村是革命老区，1932年大革命时期，是粤东区的一个地下革命据点，有7名革命烈士。丘易色将军楼目前基本修缮完毕，可以串联北联村红色革命基地、塘星村阁公岭村林风眠故居等开展爱国主义教育，在上级部门的大力支持下，组织机关、企事业单位、在校学生等参观学习。双黄村还可以发展田园小镇休闲文化体验，利用双黄村深厚的人文底蕴，包括古树、古桥、古民居、宗祠等一批保存较好的历史文化资源，规划通过建设游憩绿道串联境内各项目，适当增设文化标识牌等，为游客提供丰富多彩的文化体验。结合村庄实际，保护与利用并行，对村内主要传统民居建筑，包括季朋庐、泰新楼、景瑞楼、肇建楼、星楼等进行保护性开发，结合传统民居建筑，适当活化利用，为游客提供别具特色的墙绘浮雕。

四是"环保教育基地+工业旅游"。资源热力电厂环保教育基地参观路线。通过实地观察垃圾处理的全过程，体验垃圾资源发电的科学和合理性，从而引起全社会关心和支持垃圾焚烧发电。梅州市环保能源发电项目是垃圾资源利用、转化的公益性项目，垃圾焚烧处理技术先进，设施环保安全，可将该项目同时开辟为环保教育基地，组织广大市民、中小学生进行参观，接受垃圾焚烧处理等环保知识和理念教育。通过现身说法，打消人们对于垃圾焚烧的恐惧和排斥心理，更好促进垃圾资源变废为宝，实现可持续发展。

五是开办拓展基地项目。双黄村靠近省道有大片空地可以设置户外拓展基地项目，村内有山地、山路、河流、小溪等串联设计拓展项目，也可把水稻夏收、秋收等劳动设计成拓展项目，增加拓展项目的体验性与实用性。双黄村内环境优雅、绿树成荫，具备良好的拓展条件，可邀约专业的拓展训练机构，针对双黄村自然条件现状，设计相应拓展项目。

六是发展稻田民宿项目。看得见山、望得见水、留得住乡愁，是当前民宿成为都市休闲度假"新网红"的重要原因，而其中尤其受到追捧的就是稻田资源。靠近省道两边，双黄村拥有大片青翠稻田，翻起稻浪，俨然一幅现实版的山水田园画。结合双黄村打造绿色田园小镇的发展定位，开拓稻田民宿项目。借助稻田民宿，吸引画家、作家及美术学院的学生开展采风、写生等活动，增添人文气息。塑造双黄村稻田民宿特色，逐步形成产业。盘活利用附近村民的闲置房，星楼（将军楼）、泰新楼、景瑞楼、肇建楼等传统特色建筑，都可以经过修缮改建成民宿，通过发展民宿产业，盘活村沉睡资源，进一步激发村产业活力，促进农村三次产业融合发展，培育村发展新动能。

七是打造花花世界项目。沿着村道进入双黄村腹地，特别是双坑片区，有不少零星闲置土地，以及村民抛荒的田地，沿路两侧有杂乱的原始林带，可以把这些闲置土地打造成旅游项目。目前，梅江区缺乏成片的花卉景观资源，双黄村距离梅江城区不远，可以打造出以花卉为主体的花花世界。对荒地杂草等进行整治，把不同的路段打造成不同的景观带。如春天的时候可以打造油菜花海，夏天和秋天用适合村气候的花草进行成片打造。山上也可以成片栽种桃花、梨花、樱花、风铃木等，打造成花的世界、花的海洋。青皮山及其他山坡、丘陵地带可多种植不同品种的勒杜鹃，打造双黄村十里杜鹃之美景，再配套各种休闲餐饮设施和特色小吃，让游客能够充分享受观花海、品美食带来的愉悦。

要实现双黄村依托生态资源大力发展现代产业，必须加强党的领导，充分发动群众，动员各种力量，落实主体责任，更好发挥规划对双黄村发展的指导作用。要依靠有技术、有经验、有热情、有实力的先进群众，打造农民致富标兵、带头人、领路者，探索适合村实际的农民致富模板，形成集群效应，以先富带后富。引导农民开展生产致富，建设美丽乡村，充分利用村资源和国家政策，发挥人的主观能动性，勤劳致富。要发挥上级农业及科技部门的优势，加强对双黄村农业科技帮扶。在水果种植、蔬菜生产、家禽饲养等方面提供帮助指导。通过上级部门，联系科技专家服务团队下村服务，推动农业科技进村入户。联系相关高校、科研院所，按照双方自愿、市场运作的原则，与双黄村农民专业合作社等生产经营主体开展深度合作，实现科技成果转化，带动村产业兴旺。

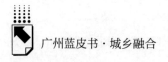
参考文献

宗锦耀：《扎实推进农村一二三产业融合发展》，《农产品市场周刊》2018 年第 2 期。

杨建利、邢娇阳：《我国农村产业融合发展研究》，《中国农业资源与区划》2017 年第 38 期。

姜长云：《推进农村一二三产业融合发展新题应有新解法》，《中国发展观察》2015 年第 2 期。

王乐君、寇广增：《促进农村一二三产业融合发展的若干思考》，《农业经济问题》2017 年第 38 期。

高海：《农民专业合作社法的改进与完善建议》，《农业经济问题》2018 年第 5 期。

唐丽桂：《农民专业合作社发展中的不规范现象研究》，《重庆社会科学》2019 年第 2 期。

饶凤艳：《乡村振兴视角下珠三角边缘区农村空心化现象及其治理探讨：以肇庆市广利镇砚州村为例》，《农村实用技术》2018 年第 8 期。

权威报告·一手数据·特色资源

皮书数据库
ANNUAL REPORT(YEARBOOK)
DATABASE

分析解读当下中国发展变迁的高端智库平台

所获荣誉

- 2019年，入围国家新闻出版署数字出版精品遴选推荐计划项目
- 2016年，入选"'十三五'国家重点电子出版物出版规划骨干工程"
- 2015年，荣获"搜索中国正能量 点赞2015""创新中国科技创新奖"
- 2013年，荣获"中国出版政府奖·网络出版物奖"提名奖
- 连续多年荣获中国数字出版博览会"数字出版·优秀品牌"奖

成为会员

通过网址www.pishu.com.cn访问皮书数据库网站或下载皮书数据库APP，进行手机号码验证或邮箱验证即可成为皮书数据库会员。

会员福利

- 已注册用户购书后可免费获赠100元皮书数据库充值卡。刮开充值卡涂层获取充值密码，登录并进入"会员中心"—"在线充值"—"充值卡充值"，充值成功即可购买和查看数据库内容。
- 会员福利最终解释权归社会科学文献出版社所有。

数据库服务热线：400-008-6695
数据库服务QQ：2475522410
数据库服务邮箱：database@ssap.cn
图书销售热线：010-59367070/7028
图书服务QQ：1265056568
图书服务邮箱：duzhe@ssap.cn

社会科学文献出版社 皮书系列
SOCIAL SCIENCES ACADEMIC PRESS (CHINA)
卡号：838851719814
密码：

S 基本子库
SUB DATABASE

中国社会发展数据库（下设 12 个子库）

整合国内外中国社会发展研究成果，汇聚独家统计数据、深度分析报告，涉及社会、人口、政治、教育、法律等 12 个领域，为了解中国社会发展动态、跟踪社会核心热点、分析社会发展趋势提供一站式资源搜索和数据服务。

中国经济发展数据库（下设 12 个子库）

围绕国内外中国经济发展主题研究报告、学术资讯、基础数据等资料构建，内容涵盖宏观经济、农业经济、工业经济、产业经济等 12 个重点经济领域，为实时掌控经济运行态势、把握经济发展规律、洞察经济形势、进行经济决策提供参考和依据。

中国行业发展数据库（下设 17 个子库）

以中国国民经济行业分类为依据，覆盖金融业、旅游、医疗卫生、交通运输、能源矿产等 100 多个行业，跟踪分析国民经济相关行业市场运行状况和政策导向，汇集行业发展前沿资讯，为投资、从业及各种经济决策提供理论基础和实践指导。

中国区域发展数据库（下设 6 个子库）

对中国特定区域内的经济、社会、文化等领域现状与发展情况进行深度分析和预测，研究层级至县及县以下行政区，涉及地区、区域经济体、城市、农村等不同维度，为地方经济社会宏观态势研究、发展经验研究、案例分析提供数据服务。

中国文化传媒数据库（下设 18 个子库）

汇聚文化传媒领域专家观点、热点资讯，梳理国内外中国文化发展相关学术研究成果、一手统计数据，涵盖文化产业、新闻传播、电影娱乐、文学艺术、群众文化等 18 个重点研究领域。为文化传媒研究提供相关数据、研究报告和综合分析服务。

世界经济与国际关系数据库（下设 6 个子库）

立足"皮书系列"世界经济、国际关系相关学术资源，整合世界经济、国际政治、世界文化与科技、全球性问题、国际组织与国际法、区域研究 6 大领域研究成果，为世界经济与国际关系研究提供全方位数据分析，为决策和形势研判提供参考。

法律声明

"皮书系列"（含蓝皮书、绿皮书、黄皮书）之品牌由社会科学文献出版社最早使用并持续至今，现已被中国图书市场所熟知。"皮书系列"的相关商标已在中华人民共和国国家工商行政管理总局商标局注册，如LOGO（ ）、皮书、Pishu、经济蓝皮书、社会蓝皮书等。"皮书系列"图书的注册商标专用权及封面设计、版式设计的著作权均为社会科学文献出版社所有。未经社会科学文献出版社书面授权许可，任何使用与"皮书系列"图书注册商标、封面设计、版式设计相同或者近似的文字、图形或其组合的行为均系侵权行为。

经作者授权，本书的专有出版权及信息网络传播权等为社会科学文献出版社享有。未经社会科学文献出版社书面授权许可，任何就本书内容的复制、发行或以数字形式进行网络传播的行为均系侵权行为。

社会科学文献出版社将通过法律途径追究上述侵权行为的法律责任，维护自身合法权益。

欢迎社会各界人士对侵犯社会科学文献出版社上述权利的侵权行为进行举报。电话：010-59367121，电子邮箱：fawubu@ssap.cn。

社会科学文献出版社